21世纪应用型人才培养规划教材
“双创”型人才培养优秀教材

网上支付与结算

主　编　庄小将　黄福高　张照枫
副主编　毛　利　李岩涛　薛麦然
　　　　高　磊　陈　泰　刘智雄

WANGSHANG ZHIFU YU JIESUAN

上海交通大学出版社
SHANGHAI JIAO TONG UNIVERSITY PRESS

内容提要

本教材兼顾电子商务专业课程内容的连续性，以适应教学改革的要求。本书共分7个项目模块，包括网上支付与结算概述、网上银行、电子货币与电子支付系统、网上支付与结算实务、移动支付、网上支付与结算安全、网上支付与结算的增值业务等内容。本教材求概念清楚、内容精炼、语言通顺、文字流畅、图文并茂、可读性强。

图书在版编目（CIP）数据

网上支付与结算／庄小将、黄福高、张照枫主编．—上海：上海交通大学出版社，2016（2021.1重印）

ISBN 978-7-313-15086-8

Ⅰ.①网… Ⅱ.①庄…②黄…③张… Ⅲ.①电子银行-支付方式-教材②电子银行-结算方式-教材 Ⅳ.①F830.49

中国版本图书馆CIP数据核字（2016）第126484号

网上支付与结算

WANGSHANG ZHIFU YU JIESUAN

主　　编：庄小将　黄福高　张照枫

出版发行：上海交通大学出版社　　地　　址：上海市番禺路951号

印　　制：三河市鑫鑫科达彩色印刷包装有限公司　　经　　销：全国新华书店

开　　本：787mm×1092mm　1/16　　印　　张：16

字　　数：249千字

印　　次：2021年1月第2次印刷

书　　号：ISBN 978-7-313-15086-8/F

定　　价：39.50元

精品课程配套教材 “双创”型人才培养优秀教材 编写委员会

前　言

网上支付与结算是电子商务业务流程的重要环节，网上支付的安全性直接关系着电子商务的开展效果。当前，我国许多网络用户在心理层面上仍然存在对使用网上支付方式不放心的问题。最新调查资料显示，我国网络用户对网络电子支付安全性不放心的比例高达30%之多。显然，支付安全问题已成为我国电子支付产业发展壮大的瓶颈。

近几年，随着互联网技术的不断更新，我国的电子商务在以前所未有的速度迅猛发展。然而，伴随着电子商务的高速发展，网上支付过程中出现了一些新问题，网上支付方面的理论也出现了很多研究成果。基于这方面的情况，本教材在编写时注意及时吸收网上支付方面的最新的理论和研究成果，以培养职业能力为核心、以项目为导向、用任务进行驱动，全面阐述网上支付结算的相关理论知识与实践操作方法，并把网上支付的理论分析与国内外网上支付的实践环境紧密结合起来，培养学生分析问题和解决问题的能力，为学生日后的实践工作奠定坚实的基础。

本教材兼顾电子商务专业课程内容的连续性，以适应教学改革的要求。全书共分七个项目模块，包括网上支付与结算概述、网上银行、电子货币与电子支付系统、网上支付与结算实务、移动支付、网上支付与结算安全、网上支付与结算的增值业务等内容。本教材力求概念清楚、内容精练、语言通顺、文字流畅、图文并茂、可读性强。

本教材可作为电子商务专业、经济管理专业及相关专业的教材，也可作为电子商务管理和应用人员的参考用书。

本教材有以下几个特色。

1. 图文并茂，浅显易懂

根据目前学生的认知能力和综合素质，本教材在内容的处理上做到知识结构合理，图文并茂，浅显易懂。在内容的安排上，先易后难，使教材内容在够用、实用、会用等方面体现出特色，符合教育规律，让学生掌握必要的网上支付与结算的基本原理和基本操作技能。

2. 每个项目开头列出应掌握的知识目标和技能目标

每个项目由情境写实引人，通过分析情境问题，使学生了解任务产生的实际背景、相关知识与技能的实际应用，从而增强学生的学习兴趣。每个项目都有两至三个相关链接和经典实例，帮助学生进行理解和分析。每个项目最后还设置了概念索引、闯关考验、课外修炼栏目，侧重实际应用，注重培养学生的动手能力。

本书在编写过程中，参阅了大量的文献资料，借鉴和吸收了国内外众多学者的研究成果，在此向有关作者表示最诚挚的谢意！由于编者水平有限，教材中难免存在疏漏和不足之处，恳请广大读者和专家批评指正。

编　者

目　录

项目一 网上支付与结算概述

课堂笔记

案例导入

2015年“双十一”于0时准时开锣。第18秒，交易额就超过1亿元！第1分钟，天猫成交额达到了7.94亿元！1分12秒，销售额破10亿元！12分28秒破了100亿元！这让人血脉喷张的数字背后，还有一场比拼物流配送、后台技术、支付能力的“暗战”。“双十一”生态圈，没有硝烟的战争早就上演了。

一大早就被网友吐槽网络“瘫痪”刷屏，如果凌晨在刷单的你一定会对订单出现“哎呦喂，被挤爆啦，请稍后重试”的模式而无可奈何，网络一旦恢复，商品不是被抢完就是下架了。有数据显示在刚刚开始的“双十一”活动中，蚂蚁金服旗下的支付宝支撑起了8.59万笔/秒的交易峰值，是去年“双十一”峰值3.85万笔/秒的2倍有余。此前有消息称，为迎接今年“双十一”，各家银行已精心准备数月，并将系统容量在去年“双十一”的基础上扩大了1倍。测试覆盖了用户开始购物到创建交易、访问收银台到最终完成支付的整个链条。蚂蚁金服首席技术官程立表示，今年“双十一”支付宝可以稳定支持6万笔/秒的支付。但是网购的安全风险仍然存在，如何保证自己网上支付安全，在购物过程中如何省钱？

1. 支付时慎扫二维码

网购虽然便利又实惠，但存在的安全隐患也不容小觑。中信银行信用卡中心工作人员提醒，为了防止一些钓鱼网站的侵入，避免自己的有效信息被窃取，在使用信用卡网上支付时，银行都会提醒客户安装安全控件。需要注意的是用户一定要在银行官方网站下载安全控件，以防病毒软件。

对于网购不太熟练的消费者来说，用信用卡支付应该保护好自己的卡面信息，包括卡号、信用卡有效期、卡背面的3位数字等。在网上支付时，选择了快捷支付，只需要这3个信息就可以完成支付。如果支付时，页面跳出其他支付信息则需要注意，有可能是非法链接，不可随意点击。

近期，异常火爆的二维码支付也有可能出现支付危险。因此，要慎扫

课堂笔记

二维码，以此降低盗用风险。记者了解到，有的不法分子提供的二维码其实是一个木马病毒的下载地址，病毒下载后可自行安装，并不会在桌面显示任何图标，而是潜伏在移动终端后台运行，悄无声息地盗取持卡人的信息。

2. 谨防“假客服”“假网站”

顺利支付结束后，风险仍会存在。记者了解到，一些不法分子通过非法渠道获取客户网购信息后，以“退款”或“退货”为由假扮客服，电话联系客户要求与客户网上聊天，并要求客户点击其提供的“钓鱼网站”链接，以此盗取用户银行卡密码及动态验证码。因此，用户应尽量下载网购平台客户端，并利用平台提供的聊天工具进行货品信息沟通，减少通过网页直接沟通，从而降低遭遇“假客服”的风险。此外，从购买记录查询卖家的电话，电话咨询也可避免遭遇“假客服”。

另外，每到“双十一”还会出现大批打着“低价”“优惠”等旗号的“钓鱼网站”在你上网过程中自动弹出，对于普通用户来说防不胜防。因此，消费者在网购时，尽量不要点击和网购网站无关的弹出窗口和推送信息，以免遭遇“钓鱼网站”。

3. 信用卡支付有积分

已经有6年网购经验的李女士是个网购达人，她告诉记者，支付宝与很多银行都合作推出信用卡网络支付积分的活动。比如，可以通过信用卡快捷支付能获得相应集分宝。100个集分宝可在淘宝、天猫上抵扣1元钱。也就是说，信用卡在淘宝上支付获得的积分可以抵现金用。不同银行的信用卡积分，兑换集分宝的标准并不一样，每家银行所返的集分宝数量也是不一样的，但这部分钱虽然不多，但是当你累积到一定程度时也是一笔不小的数字。

记者了解到，网购用户在网上购物付款时，选择中行、农行、招行等多家银行的信用卡快捷支付，付款页面会实时显示你所拥有的信用卡的积分和可以抵现的金额，选择“我要抵现”，完成积分兑换，即可完成用积分购物。这种新的积分使用途径又被称为“积分快捷支付”。用户在淘宝、天猫、聚美优品、一号店等国内众多购物网站购物时都能很方便地使用，还可以通过支付宝使用积分实时抵现缴纳水电煤气费、还信用卡，甚至可以用来给慈善机构捐款，但不可以转让或者换取现金。

4. 提前申请调高信用卡额度

不少持有信用卡的消费者对自己信用卡的额度不太在意，而“双十一”当天一般消费者消费的笔数较多，总数额较大很有可能出现额度不够，也就是信用卡刷爆的情况。而为了避免不小心“刷爆”卡产生额外的费用，浦发银行兰州分行信用卡中心的工作人员建议，消费者在“双十一”之前应当先查询信用卡账户的余额，了解自己信用卡的可用额度以免

课堂笔记

造成因额度不够而产生的支付不成功。此外，在信用卡透支额度自动降到原来的额度前，应先把超额部分还掉，把未还部分的金额控制在透支额度之内，这样就能避免因额度不够而支付不成功。

至于不少信用卡持卡人担心的信用卡刷爆会产生“超限费”，记者了解到，目前兰州包括浦发、招行在内的多家银行已经不再给予信用卡超限的功能，也就不存在扣取“超限费”问题。

任务一 电子商务基础知识

美国学者瑞维·卡拉克塔和安德鲁·B. 惠斯顿在《电子商务的前沿》一书中提出：“广义地讲，电子商务是一种现代商业方法。这种方法通过改善产品和服务质量、提高服务传递速度，满足政府组织、厂商和消费者的降低成本的需求。这一概念也用于通过计算机网络寻找信息以支持决策。一般地讲，今天的电子商务通过计算机网络将买方和卖方的信息、产品和服务联系起来，而未来的电子商务则通过构成信息高速公路的无数计算机网络中的一条线将买方和卖方联系起来。”

1.1.1 电子商务的定义

电子商务是20世纪90年代末才出现的新生事物。由于出现的时间短，再加上这是一个发展极为迅速的领域，业界对电子商务的认识还有待在实践中进一步发展和完善，因此，目前还没有统一的电子商务的定义。

综观近年来对这一定义的认识和演变，各种定义的区别主要体现在上电子和商务这两个词的外延和范围上。

电子即电子技术，这是一个覆盖范围极广的领域。无疑，电子技术是现代高新技术的核心，而现代电子技术的核心又是计算机技术和通信技术，而计算机网络是计算机技术和通信技术结合的产物，因特网（Internet）则是计算机网络技术到目前为止最为重要的应用。可以说，自20世纪90年代中期以来，Interne是整个电子技术乃至整个高新技术中发展最快的领域之一。

由于Internet在整个电子技术中的特殊地位，在对电子商务概念的理解中，一般人认为“电子”指的就是Internet。当然，也有人认为电子商务中的“电子”是以Internet为主要工具，同时也包括其他计算机网络、通信设备（如电话、传真）等电子手段。甚至还有人认为，电子商务中的“电子”就是现代高新技术，商务活动中使用到的高新技术手段都可以包括在“电子”一词中。

再来看对“商务”一词的理解。

西方学者认为，商务是将社会资源转换为产品和服务，并以盈利为目的向消费者进行销售的有组织的活动。社会资源包括：自然资源、资本、劳动力和企业家。在这一定义中，商务的核心是销售活动。同一般的销售活动相比较，商务活动的规模较大，具有严格的商业协议，并受到相应的法律法规的保护，是一种有组织的活动。

在使用商务这一概念时，实际上也有广义和狭义之分。有人认为，企业的活动都直接或间接地与销售有关。因此，除了销售，企业的其他活动也属于商务活动。而有人则认为，商务活动只包括企业的销售产品和服务的活动。

正是由于有了对“电子”和“商务”的不同理解，一些组织、机构和个人从不同的角度出发，对“电子商务”给出了不同的定义。下面列出一些典型定义。

美国政府在其《全球电子商务纲要》中，指出电子商务“是通过Internet进行的各项商务活动，包括广告、交易、支付、服务等活动。”显然，在该定义中，对商务活动的定义是很笼统的。

全球信息基础设施委员会（GIIC）电子商务工作委员会报告草案中对电子商务的定义为：电子商务是运用电子通信作为手段的经济活动，通过这种方式人们可以对带有经济价值的产品和服务进行宣传、购买和结算。

联合国国际贸易程序简化工作组对电子商务的定义为：采用电子形式开展商务活动，它包括在线供应商、客户、政府及其参与方之间通过任何电子工具，如EDI、Web技术、电子邮件等共享非结构或结构化商务信息，并管理和完成在商务活动、管理活动和消费活动中的各种交易。

IBM公司对电子商务的理解是，电子商务是在Internet的广阔联系与传统信息技术系统的丰富资源相结合的背景下，应运而生的一种在互联网上展开的互相关联的动态商务活动。电子商务又有广义和狭义之分。狭义的电子商务称作电子交易，主要是指利用Internet提供的通信手段在网上进行的交易。而广义的电子商务是包括电子交易在内的，利用Internet进行的全面的商业活动。如，市场调查分析、财务核算、生产计划安排、客户联系、物资调配等。

从上面的各种定义中可以看到，由于人们对“电子”和“商务”两词有不同的理解，因此对“电子商务”的理解也不同。从外延来看，最广义的概念把电子商务定义为利用一切电子手段进行的所有商业活动（包括商务），最狭义的概念则认为电子商务是在Internet上进行贸易活动。通俗的电子商务定义可以理解为是以电子作为载体的商务活动总称。

这种定义有两层含义：任何商务活动必然存在一个载体，而电子商务却是使用电子作为媒介的载体；第二层电子商务是一个商务活动。

课堂笔记

传统的商务活动在交易的过程中是使用纸质媒介的载体。例如，交易合同、文件、凭证、支票、现金等。

从这种角度理解电子商务这个定义可以较方便地把握住电子商务的特点和本质，并理解给出的各种电子商务的定义。

这里得提一下 E-Commerce（EC）和 E-Business（EB）这两个英语单词，许多中文资料上都把它们统一翻译为电子商务。一般来说，EC 是以商品的买卖为中心，在以 Internet 为平台的商品交换出现之后，西方媒体上最先使用的就是这一词汇，又有人将其译为电子贸易。而 EB 是 IBM 公司在 1997 年率先推出的电子商务概念。IBM 认为，电子商务不仅包括了在线的商品交换，而且还应包括对客户的服务和商业伙伴之间的合作，IBM 甚至认为企业在其按照 Internet 标准构造的企业内部网（Intranet）和企业互联网（Extranet）上从事的业务都包括在 EB 之中。又有人将 EB 翻译为电子业务。有人认为，EB 包括了 EC，而 EC 是 EB 的精华所在。

事实上，EB 和 EC 是历史的产物。Internet 发展迅速，新名词层出不穷，有时候其发展速度甚至快到连取一个恰当的名称都来不及。因此，在许多英文资料上，许多作者并没有严格区分 EC 和 EB，有时候甚至是混用。

我们倾向于 IBM 的看法，认为电子商务是以 Internet 为平台所进行的全面的商业活动。这种理解也是人们和社会较为认同的一种通俗理解的电子商务。这里所说的以 Internet 为平台，指的是在商务活动的各个环节，包括谈判、交易、资金支付等都要在 Internet 上进行，其他手段如电话、网下资金支付等仅仅是补充。所谓全面的商业活动，是指包括了企业和个人商业活动的各个环节，而不仅仅是贸易阶段，当然贸易是其中的核心。

电子商务简单地讲就是利用先进的电子技术进行商务活动的总称，它是指通过网络，使用先进的信息处理工具，利用电子这种载体，将买卖双方的商务信息、产品信息、销售信息、服务信息，以及电子支付等商务活动，用相互认同的交易标准来实现。这就是人们所说的“在网上进行买卖活动”。

1.1.2　电子商务的特点

电子商务是 IT 技术和商务运行结合而产生的一种新型的商务交易过程，是 21 世纪市场经济商务运行的主要模式，也是新经济涵义下的一种主要经济方式。从某种意义上讲，它是一种在 21 世纪高科技技术背景条件下，发展建立的新型生产关系过程中所形成的必然产生的一种新经济模式。

商务活动中必然包括了信息流、物流、和特殊的信息流及资金流的一种整合。这3种流需要一个“通道”（媒介）来传输。同传统商务所使用的媒介相比较，Internet在传输信息流和资金流时表现出鲜明的特点，这就形成了电子商务的主要特点。

1. 高效率与多选择性特点

作为一种电子通信手段，同邮政通信相比较，Internet的信息传输速率极快，传输的信息量也很大。由于采用了分组交换技术，极大地提高了网络的使用效率，同电话、传真等电子通信手段相比较，使用Internet来传输信息的费用很低。而且，同电话、传真等电子通信手段不同，Internet上的Web站点能够在无人值守的情况下24小时运行。

正是由于Internet在传输信息时的高速度和低成本，是电子商务具有高效率的特点，它充分体现在时间上和成本的效益上。

从时间上看，通过Internet，商务活动中需要的信息流能够高速度地传输，无论是买卖双方的信息交换，还是企业内部的信息传递，都可以方便地通过Internet来传递。电子商务的应用无疑提高了商业活动的时间效率。此外，计算机能够在无人值守的情况下工作，使得电子商务能够尽可能地摆脱时间的限制。例如，网上的商店可以做到一周7天、一天24小时开业。

从成本上看，由于使用Internet来传输信息的成本很低，电子商务降低了商务活动的成本。例如，用电子邮件来代替信函往来，无疑可以节省企业的办公费用。

Office Depot是美国的一家专营办公用品的零售商，它旗下有1 000多家商铺，光商品供应的各类表单就有1 300万份。在实施电子商务后，表单数量降到100万份，成本控制提高了7%。

2. 商业全球化特点

与电视、报纸等媒介不一样，在Internet中，计算机与计算机之间、客户机与服务器之间能够方便地实现信息的双向传输，从而实现信息的快速交换。正是有了这种交互性，使得商务活动能够在不同地点的不同人之间非面对面地进行，这就是电子商务的虚拟性。它将传统商务的实体市场的地域性改为网上虚拟环境的全球性。因此，从理论上电子商务的市场是商业全球化的大市场。

而且，在目前的Internet中，使用WWW技术，能够传输包括文字、声音和图像在内的多媒体信息，这使得相隔遥远的人之间也能够通过计算机方便地进行交流，从而使得非面对面的电子商务与现实商务之间的感觉越来越接近。

Internet是一个覆盖全球的网络，只要是在有通电话的地方，就能够实现上网。这样一来，从理论上讲，一家企业如果开展了电子商务，该企业就能够通过Internet向世界上任何一个地方的客户提供非面对面的服务，

课堂笔记

从而摆脱了地域的限制，进入全球市场。

当然，电子商务的虚拟性也会带来相应的问题，主要是由于非面对面交易而产生的网上诈骗、抵赖等行为，这就给电子商务技术上的保障提出一个新的研发问题。

3. 支付方式网上数字化的特点

同传统商务一样，电子商务过程中也涉及资金支付问题，但是这种支付方式是在网络环境上进行，传递的是网络的数字化资金信息。

随着金融电子化的发展，电子商务中买卖双方的结算行为可以通过Internet来方便、高效地进行，这就是网上支付。网上支付需要有银行的参与。在网上支付行为中，买卖双方的资金结算实际上是彼此开户银行账户上资金的增减。因此，它传递的是支付的指令信息而不是传统商务交易中的实体货币。买卖双方与各自开户银行之间的联系是通过Internet和银行的专用网共同参与完成来进行的，而银行与银行之间的资金清算却是通过银行内的专用计算机网络进行的。

在网上支付中，各种资金信息都是通过计算机网络来进行的，这就对计算机网络的安全性提出了很高的要求，容不得半点差错。此外，由于金融电子化还有待进一步发展。目前，许多电子商务活动中也保留了传统的支付方式来作为补充，如货到付款、邮局汇款等。

4. 交易方便快捷性特点

由于是以电子为载体的商务交易，因此，在电子商务的交易完成过程中除物流配送的环节外，一切都在网络环境下进行。因此，信息和资金的传递都以每秒30万公里的速度传送，理论上在一瞬间就将交易过程中售前、售中的商务过程完成，具有交易方便快捷的特点。而且即使在售后的商品的信息服务也可通过网上进行，并能做到个性化需求的服务。

5. 消费者个性化需求的特点

由于计算机技术的发展，信息的储存和数据库技术的进步，数据挖掘技术的实现，消费者个性化的信息可以大量地日积月累地储存在计算机数据库中，通过数据挖掘的技术使商家能根据客户个性化需求在商务上满足而加以实现。这种个性化需求的特点只有在技术进步的今天才能在电子商务的模式下得以实现。这就是电子商务满足消费者个性化需求的新特点。

6. 低成本渗透的特点

电子商务在网络环境下减少了交易过程中的很多中间环节，在时间上和空间上节约了交易的成本。因此，它具有低成本核算渗透到各个过程环节中的特点，从经济上实现价值的增值，而成为商务中将会被人们普遍采用的一种经济增长的商务模式。

课堂笔记

1.1.3 电子商务的分类

电子商务按电子商务交易涉及的对象、电子商务交易所涉及的商品内容和进行电子业务的企业所使用的网络类型等对电子商务进行不同的分类。

1. 按参与交易的对象分类

(1) 企业与消费者之间电子商务（Business to Customer，即 B to C 或 B2C)。企业与消费者之间的电子商务可以说就是通过网上商店（电子商店）实现网上在线商品零售和为消费者提供所需服务的商务活动。这是大众最为熟悉的一类电子商务类型。目前，在 Internet 网上有很多这类电子商务成功应用的例子。如，世界上最大的网上书店亚马逊书店（http://www.amazon.com)。随着 Internet 网的普遍应用，这类电子商务有着强劲的发展势头。

企业与消费者之间的电子商务引发了商品营销方式的重大变革，无论是企业还是消费者都从中获益匪浅。

网上商店的出现，消费者可以足不出户，通过自己的计算机在网上寻找、购买所需的商品，获得商家提供的一系列服务。通往全球的 Internet 网，使消费者购物的选择范围被最大化地扩展；网络多媒体技术可以将商品由内到外进行全面介绍，便于消费者选择；Internet 网上高速度，低费用的信息传递可以让消费者高效、便捷、低成本地完成网上购物过程。尤其值得称道的是，网上购物为现代社会消费时尚的个性化进一步提供了便利，消费者不再是只能被动地购买已生产出的商品，而是可以通过网络向商家提出个人要求，甚至可以虚拟出自己想要的商品，商家获取信息，就可能满足消费者独特的消费愿望。

对于商家而言，建立网上商店，完全更新了原有的市场概念。传统意义上的商圈被打破，客户扩展到了全国乃至全世界，形成了真正意义上的国际化市场，赢得了前所未有的商机。另外，网上商店交易成本比传统店堂销售成本大大降低。因为，在线销售可以避免有形商场及流通设施的投资，将依靠人工完成的交易活动转化成数字化的信息传送过程，可以节省大量商流费用，这都带来了经营成本的降低使商家更具竞争力。

(2) 企业与企业间的电子商务（Business to Business，即 B toB，B2B)。企业对企业的电子商务是指在 Internet 上采购商与供应商谈判、订货、签约、接受发票和付款以及索赔处理、商品发送管理和运输跟踪等所有活动。企业间的电子商务具体包括以下的功能：

供应商管理：减少供应商，减少订货成本及周转时间，用更少的人员完成更多的订货工作；

课堂笔记

库存管理：缩短“订货-运输-付款（order-ship-bill）”环节，从而降低存货促进存货周转；

销售管理：网上订货；

信息传递：交易文档管理，安全及时地传递订单、发票等所有商务文档信息；

支付管理：网上电子货币支付。

企业间的电子商务又可以分为两种。一种是非特定企业间的电子商务，它是在开放的网络中对每笔交易寻找最佳伙伴，并与伙伴进行从定购到结算的全面交易行为。第二种是特定企业间的电子商务，它是过去一直有交易关系而且今后要继续进行交易的企业间围绕交易进行的各种商务活动，特定的企业间买卖双方既可以利用大众公用网络进行从定购到结算的全面交易行为，也可以利用企业间专门建立的网络完成买卖双方的交易。

（3）企业与政府之间电子商务（Business to Government，B to G，或C 2 G）。企业与政府之间的电子商务涵盖了政府与企业间的各项事务，包括政府采购、税收、商检、管理条例发布，法规政策颁布等。政府一方面作为消费者，可以通过Internet网发布自己的采购清单，公开、透明、高效、廉洁地完成所需物品的采购；另一方面，政府对企业宏观调控、指导规范、监督管理的职能通过网络以电子商务方式更能充分、及时地发挥。借助于网络及其他信息技术，政府职能部门能更及时、全面地获取所需信息，做出正确决策，做到快速反应，能迅速、直接地将政策法规及调控信息传达至企业，起到管理与服务的作用。在电子商务中，政府还有一个重要的作用，就是对电子商务的推动、管理和规范作用。在发达国家，发展电子商务主要依靠私营企业的参与和投资，政府只起引导作用，而在像我国这样的发展中国家，则更需要政府的直接参与和帮助。与发达国家相比，发展中国家企业规模偏小，信息技术落后，债务偿还能力低，政府的参与有助于引进技术、扩大企业规模和提高企业偿还债务能力。另外，许多发展中国家的信息产业都处于政府垄断经营或政府管制之下，没有政府的积极参与和帮助将很难快速地发展电子商务。另一方面，由于电子商务的开展涉及很多方面，没有相应的法规予以规范也是难以进行的，而对于法规的制定、法规实施监督及违法的制裁，政府发挥着不可替代的作用。总之，电子商务中政府有着两重角色：既是电子商务的使用者，进行购买活动，属商业行为；又是电子商务的宏观管理者，对电子商务起着扶持和规范的作用。对企业而言，政府既是电子商务中的消费者，又是电子商务中企业的管理者。

（4）消费者之间的电子商务（Customer to Customer，即C to C，或C 2 C）。这种电子商务形式目前在网上表现的形式是消费者间的二手货的拍买，随着今后各种技术的进步，以及网上支付形式的变化和电子货币的

课堂笔记

推广和使用，可以相信在网上的 C 2 C 形式的电子商务也像在现实社会中的自由市场上的商品一样会得到同样的发展。

2. 按交易的商品形式分类

如果按照电子商务交易所涉及的商品形式分类，电子商务主要包括两类商业活动。

（1）间接电子商务。电子商务涉及商品是有形货物的电子订货，如鲜花、书籍、食品、汽车等，交易的商品需要通过传统的渠道如邮政业的服务和商业快递服务来完成送货。因此，间接电子商务要依靠送货的运输系统等外部要素。

（2）直接电子商务。电子商务涉及的商品是无形的货物和服务，如计算机软件、娱乐内容的联机订购、付款和交付，或者是全球规模的信息服务。直接电子商务能使双方越过地域界线直接进行交易，充分挖掘全球市场的潜力。目前，我国大部分的信息服务类网站都属于这一类，但这还不是真正意义上的直接电子商务，因为很多都是免费的服务性质，还没有发展到经济意义上的收费。

3. 按电子商务使用的网络类型分类

根据开展电子商务业务的企业所使用的网络类型框架的不同，电子商务可以分为如下 3 种形式：

（1）EDI（Electronic Data Interchange）电子商务。即电子数据交换。国际标准组织将其定义为“将商务或行政事务按照一个公认的标准，形成结构化的事务处理或文档数据格式，从计算机到计算机的电子传输方法”。简单地说，EDI 就是按照商定的协议，将商业文件标准化和格式化，并通过计算机网络在贸易伙伴的计算机网络系统之间进行数据交换和自动化处理。EDI 主要应用于企业与企业、企业与批发商、批发商与零售商之间的批发业务。相对于传统的定货和付款方式，大大节约了时间与费用。相对于下述因特网方式，EDI 较好地解决了安全保障问题。但由于软件开发、硬件设备和对于加入 EDI 的企业本身的要求过高。使得 EDI 至今仍未广泛普及。

（2）因特网（Internet）电子商务。按照美国 Internet 协会的定义，是一种“组织松散、国际合作的互联网络”。该网络“通过自主遵守计算的协议和过程”，支持主机对主机的通讯。具体来说，因特网就是让一大批计算机采用一种叫做 TCP/IP 的协议来即时交换信息。因特网商务是现代商业的最新形式，也是电子商务的主流模式。它以计算机、通信、多媒体、数据库技术为基础，通过互联网络，在网上实现营销、购物服务。它突破了传统商业生产、批发、零售及进货、销售、存储、调运的流转程序与营销模式，真正实现了少投入、低成本、零库存、高效率，从而实现了社会资源的高效运转和最大节约。消费者可以不受时间、空间、国界、厂

课堂笔记

商的限制，广泛浏览、充分比较，力求以最低的价格获得最为满意的商品和服务。

（3）内联网（Intranet）电子商务。也称为企业内部网电子商务。它是在因特网基础上发展起来的企业内部网，在原有的局域网上附加一些特定的软件，将局域网与因特网连接起来，从而形成企业内部的虚拟网络。它与因特网之间最大的区别在于：内联网内的敏感或享有知识产权的信息受到内联网防火墙安全网的保护。它只允许经过企业授权的访问者介入内部 Web 站点，外部人员只有在许可条件下才可以进入企业的内部网络。内联网（Intranet）将大中型企业分布在各地的分支机构及企业内部有关部门和各种信息通过网络予以连通，企业各级管理人员能够通过网络掌握自己所需要的信息，利用在线业务的申请和注册代替传统贸易和内部流通的形式，从而有效地降低交易成本，提高经济效益。

4. 按照交易的范围分类

按照开展电子商务交易的范围来分类，电子商务可分为 3 类：本地电子商务，远程国内电子商务，全球电子商务。

（1）本地电子商务。通常是指利用本城市内或本地区内的信息网络实现的电子商务活动，电子交易的地域范围较小。本地电子商务系统是利用 Internet、Intranet 或专用网将下列系统联结在一起的网络系统：参加交易各方的电子商务信息系统，包括买方、卖方及其他各方的电子商务信息系统；银行金融机构电子信息系统；保险公司信息系统；商品检验信息系统；税务管理信息系统；货物运输信息系统；本地区 EDI 中心系统（实际上，本地区 EDI 中心系统联结各个信息系统的中心）。本地电子商务系统是开展有远程国内电子商务和全球电子商务的基础系统。

（2）远程国内电子商务。是指在本国范围内进行的网上电子交易活动，其交易的地域范围较大，对软硬件和技术要求较高，要求在全国范围内实现商业电子化、自动化，实现金融电子化，交易各方具备一定的电子商务知识、经济能力和技术能力，并具有一定的管理水平和能力等。

（3）全球电子商务。是指在全世界范围内进行的电子交易活动，参加电子交易各方通过网络进行贸易。涉及有关交易各方的相关系统，如买方国家进出口公司系统、海关系统、银行金融系统、税务系统、运输系统、保险系统等。全球电子商务业务内容繁杂，数据来往频繁，要求电子商务系统严格、准确、安全、可靠，应制订出世界统一的电子商务标准和电子商务（贸易）协议，使全球电子商务得以顺利发展。

5. 按资金支付的方式分类

按资金支付的方式分类，分为完全的电子商务和非完全的电子商务两类。

（1）完全的电子商务。是指电子商务交易能在网上进行资金支付这个

课堂笔记

环节的电子商务，而不是货到付款的方式。这种完全的电子商务是资金流加入到了网上商务的环节中，更提高了效益，减少了中间环节。也是电子商务发展中较高级的一个环节。

(2) 非完全的电子商务。它是指电子商务交易过程中只有交易中的前期环节在网上进行，即商品的选购，信息的查询、谈判、下单等信息查询和撮合等在网上进行，而没有资金支付的环节加入的电子商务。目前，我国的很多电子商务正是在发展和经历这个非完全电子商务的阶段。

1.1.4 电子商务的实现

信息流、物质流和资金流是实现电子商务的 3 个环节，而三流的整合形式，也是决定电子商务模式的基础。即：信息服务、交易和支付。主要内容包括：电子商情广告；电子选购和交易、电子交易凭证的交换；电子支付与结算及售后的网上服务等。

信息流和资金流均可以在网上传递和储存，这正是电子商务不同于传统商务的特点所在，而除了数字商品外的物质商品流并不能在网上传递。因此，就有一个物流的配送体系。信息流和资金流传递的快捷和物流运送的差异性决定了电子商务发展模式三流整合的方式，也决定了电子商务实际运作中是否可行和高效的关键。因此，从三流整合的角度和观点去研究电子商务，是电子商务发展模式研究的基础，也是电子商务实现的关键。有些学者认为电子商务是四流的整合，它还应包括商流，也就是增加交易过程管理的商流，其实商流也是信息流的一种。因此，为简化问题，电子商务的实现归结为三流的整合更恰当。如果不是资金流的特殊，而且带有经济意义上的价值，其实也可以归结为二流的整合，而将资金流归结为一种具有价值的特殊信息流，它的传递和储存要具有安全性，不可更改性、不可否认性和完整性，基于这点资金流单列出来就更为合理些。因此，电子商务的实现是采用三流整合的观点来认识更恰当。

电子商务是商务模式的改变，它不能代替传统企业，它仍属于服务领域；电子商务离不开物资的流动，这就需要传统企业的积极参与，特别是配送系统的建立至关重要；资金的网上流动可以通过电子货币和支付工具和支付方式的改变来得以实现。

一般来说，进行电子商务的步骤如下。

1. 信息的收集

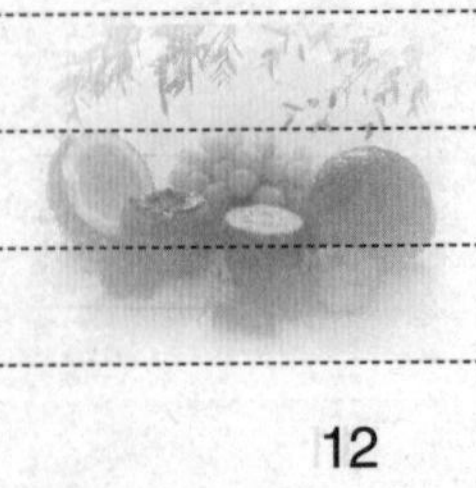

通过网络信息收集，对于熟悉网络的人并不陌生。可能你已经习惯了网上那“铺天盖地”的信息。通过网络收集商业信息，重点应该是要到哪里去寻找有用的信息。

2. 信息发布及客户支持服务

信息发布和客户支持服务都是以网上公司的建设为基础的。通过网上

课堂笔记

公司站点的建立，是了解网上商务活动的基础。

3. 宣传与推广

在网上进行电子商务的交易，重要的是宣传推广自己的公司，树立良好的商业形象，吸引消费者的参与，拓广市场和消费群体这是电子商务交易存在的市场基础。

4. 签订合同

在网上交易双方完成信息的撮合后，双方就可签订电子合同。合同的签订具有法律的效力，一定要有电子签名法的保障。前不久我国人大常委会已经通过了电子签名法的法律条文，这就使电子类的文件和文书类具有了法律地位的保障。

5. 在线交易

最重要的是有银行的参与，才能进行网上支付与结算，怎样进行资金的流通和账户间资金的划拨，这是电子商务在线支付的关键，是实现真正的高效率电子商务的一个关键。

6. 商品运输与售后服务

交易中的支付环节完成后，必须完成商品的转移，并提供相关的售后服务，这就要有一个完善的物流配送体系的参与和加入，以保证商品即时、完整地送到消费者手里，以提高电子商务的效率。

任务二 网上支付与结算概述

1.2.1 网络支付结算的兴起

随着社会经济与信息网络技术的不断发展，人们对支付系统的运行效率和服务质量的要求也越来越高，促使支付系统不断地从手工操作走向电子化、网络化。网络支付是电子商务的关键环节，也是电子商务得以顺利发展的基础条件。电子商务的一个极重要的观念，是在进行付款、信用借贷及债务清偿过程中，能获得即时、方便且安全的服务，将商品销售与服务的付款行为整合在电子销售网快速进行。

课堂笔记

小资料：传统支付结算方式的局限

传统的支付方式主要有现金支付、票据支付和银行卡支付3种类型，即所谓的现金+三票一卡。这些传统的支付结算方式在处理效率、方便程度、安全可靠、运作成本等多方面存在着诸多局限性。

(1) 运作速度与处理效率比较低。大多数传统支付与结算方式涉及人员、部门等众多因素，牵扯许多中间环节，并且基于手工处理，造成支付结算效率的低下。

(2) 大多数传统支付结算方式在支付安全上问题较多，伪币、空头支票等现象造成支付结算的不确定性和商务风险增加，特别是跨区域远距离的支付结算。一些传统支付结算方式，如现金、支票，有时还带来人身安全的威胁。比如，纸质现金与支票等均是病毒的热点携带者。

(3) 绝大多数传统支付结算方式应用起来并不方便，各类支付介质五花八门，发行者众多，使用的辅助工具、处理流程与应用规则和规范也均不相同，这些都给用户的应用造成了困难。即使信用卡、电汇、EFT等电子支付结算方式，由于基于不同银行各自的金融专业网络，使用上有的还需要有专业人士才会用的专业应用软件，所以在开始普及应用上就存在很大的局限性。

(4) 传统的支付结算方式由于涉及较多的业务部门、人员、设备与较为复杂的业务处理流程，运作成本较高。特别像邮政汇兑、支票等方式，很多不但需要设置专业柜台和人员处理，而且浪费资源。

(5) 传统的支付结算方式，包括目前一些电子支付方式在内，为用户提供全天候、跨区域的支付结算服务并不容易，或很难做到。随着社会的进步和商品经济的发达，人们对随时随地的支付结算、个性化信息服务需求日益强烈。比如，随时查阅支付结算信息、资金余额信息等。

(6) 传统的支付结算方式特别是中国企业比较流行的纸质支票的应用并不是一种即时的结算，企业资金的回笼有一定的滞后期，增加了企业的运作资金规模；现金的过多应用给企业的整体财务控制造成一定的困难，同样对国家控制金融风险不利，且给偷税漏税、违法交易提供了方便。

网上支付的目的在于减少银行成本、加快处理速度、方便客户、扩展业务等。它将改变支付处理的方式，使得消费者可以在任何地方、任何时间，通过Internet获得银行的支付服务，而无须再到银行传统的营业柜台办理。

课堂笔记

电子商务要实现网络支付，需要采用得到银行支持的许多网络支付工具，需要通过银行专用支付清算网络和支付系统才能完成。比如，信用卡以其方便、快捷、安全等优点而成为人们消费支付的重要手段，并由此形成了完善的全球性信用卡计算机网络支付与结算系统，使“一卡在手、走遍全球”成为可能。进行网上交易，需要通过开放性的Internet、专用的电子银行网络和其他业务网络，组成一个完整的电子商务运作环境。需要消费者、企业、商户、配送公司、银行、电信部门、Internet服务提供商等的通力合作，才能有效地推进电子商务的发展。其中，银行的参与是至关重要的，如果没有银行提供网络支付服务，就不能进行电子贸易。然而，目前在应用网络支付与结算工具时出现了一些新的情况，主要有以下。

客户普遍对网络支付的安全性持怀疑态度，致使网民对电子商务中进行网络支付持谨慎心态。特别我国信用体系发育程度低。

网络支付与结算改变了电子商务双方支付结算处理的方式，需要改变过去的习惯，很多客户难以适应和接受，进而抵制电子商务。

网络支付与结算需要一个完善的技术平台和管理机制，很多银行的技术与管理能力还不足以支撑网络支付结算的可靠运转。

目前，电子商务中网络支付与结算采用的方式是否真能做到快捷、方便、安全、可靠，还有待观察。特别在国内，国内银行网络支付结算工具如信用卡结算等各自为战，难以联合，给用户带来不便。而资金流是电子商务的核心流程，基于网络支付结算的资金流运转的不畅将直接影响电子商务的发展，是目前电子商务发展的瓶颈，在我国尤其如此。

1.2.2 网络支付及其特征

网络支付，也称网上支付，英文可定义为Net Payment，就是指以金融电子化网络为基础，以各种电子货币为媒介，通过计算机网络特别是Internet以电子信息传递的形式实现流通和支付功能。可以看出，网络支付带有很强的Internet烙印，并越来越发如此。网络支付是基于Internet的电子商务的核心支撑流程。

从电子支付与网络支付的发展及概念可以看出，网络支付可以认为是电子支付的一个最新发展阶段，或者说，网络支付是基于Internet并适合电子商务的电子支付。网络支付比现在流行的信用卡ATM存取款、POS支付结算等电子支付方式更新更先进一些，将是21世纪网络时代里的主要电子支付方式。

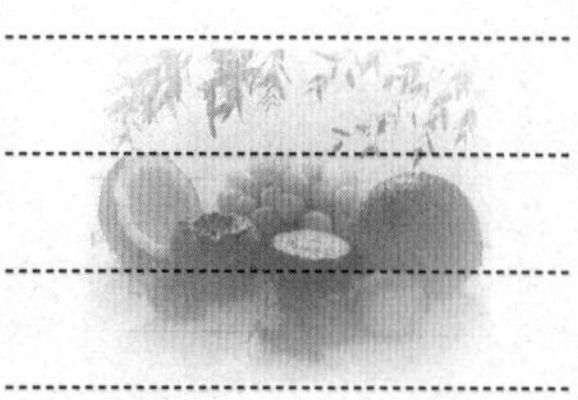

网络支付主要在开放的公共网络系统中，通过看不见但先进准确的数字流，完成相关支付信息传输，即采用数字化的方式完成款项支付结算。这种以一个开放的Internet为主要平台的网络支付结算方式一经产生，就

课堂笔记

呈现出传统支付结算方式所无法比拟的诸多优势，具体表现为以下。

（1）信息流代替现金流。网上支付完全是通过信息流的传输代替现金的交换，其各种支付方式都是通过数字化方式、自动完成交易款项收付的。这与电子商务的理念是完全一致的。

（2）基于因特网的开放平台。网上支付的信息传递是基于因特网实现的。这是一个完全开放的公共通信网络平台，因此对网络可靠性的依赖程度较高，而传统支付则是在一个相对封闭的系统中完成的，已经形成了相对比较可靠的支付机制。

（3）较高的安全性和一致性。网络支付的安全性高。它可以保护交易双方不被非法支付和抵赖，也可以避免双方被冒名顶替。而且，由于支付的全过程使用的都是数字货币，这也有效地防止了假币的产生。所以，网络支付远比传统的支付结算更安全可靠。另外，网络支付还可以使人们不再携带大量现金，从而保证了人身安全。

（4）网络支付的技术支持。由于网络支付工具和支付过程具有无形化、电子化的特点，它将传统支付方式中面对面的信用关系虚拟化。因此，对网络支付工具的安全管理不能依靠普通的防伪技术，而是通过用户密码、软硬件加密和解密系统及防火墙等网络安全设备的安全保护功能实现。为了保证网络支付工具的通用性，还要制定一系列标准与规则。因此，网络支付使得企业资金管理的复杂性在开始时增大，但随着网上各种资金监测系统的研发应用与电子商务发展得更加成熟，系统的自动处理能力越来越强，复杂性将逐渐降低。

（5）方便高效的支付方式。与传统的支付形式比较，网络支付具有方便、快捷、高效的特点。客户只需要在联网的计算机上轻点鼠标就可以足不出户完成全部支付过程。不仅支付过程短，而且支付成本低，仅相当于传统支付的几十分之一，甚至几百分之一。因此，也降低了企业电子商务的成本。

1.2.3 网络支付的基本功能

虽然网络支付体系的基本构成和方式在不同的环境不尽相同，但安全、有效、方便、快捷是所有网络支付方式或工具追求的共同目标。对于一个实用的网络支付与结算系统而言（可能专门针对一种网络支付方式，也可能兼容几种网络支付方式），它至少应该具有以下7种基本功能。

（1）能够使用数字签名和数字证书等实现对网上商务各方的认证，以防止支付欺诈。为实现网上交易与支付的安全性，对参与网上贸易的各方身份的有效性进行认证，通过认证机构或注册机构向参与各方发放数字证书，以证实其身份的合法性。

课堂笔记

(2) 能够使用较为尖端的加密技术，对相关支付信息流进行加密。可以采用单密钥体制或双密钥体制进行信息的加密和解密，可采用数字信封、数字签名等技术加强数据传输的保密性与完整性，防止未被授权的第三者获取信息的真正含义。例如，防止网上信用卡密码被黑客破译窃取。

(3) 能够使用数字摘要（即数字指纹）算法确认支付电子信息的真伪性，防止伪造假冒等欺骗行为。为了保护数据不被未授权者建立、嵌入、删除、篡改、重放等，完整无缺地到达接收者一方，可以采用数据杂凑技术（Hash technology）。

(4) 当网上交易双方出现纠纷，特别是有关支付结算的纠纷时，系统能够保证对相关行为或业务的不可否认性。网络支付系统必须在交易的过程中生成或提供足够充分的证据来迅速辨别纠纷中的是非，可以用数字签名等技术来实现。

(5) 能够处理网上贸易业务的多边支付问题。支付结算涉及客户、商家和银行等多方，传送的购货信息与支付指令信息还必须连接在一起，因为商家只有确认了某些支付信息后才会继续交易，银行也只有确认支付指令后才会提供支付。为保证安全，商家不能读取客户的支付指令，银行不能读取商家的购货信息，这种多边支付的关系能够借用系统提供的诸如通过双重数字签名等技术来实现。

(6) 整个网络支付结算过程对网上贸易各方，特别是对客户来讲，应该是方便易用的，手续与过程不能太繁琐，大多数支付过程对客户与商家来讲应是透明的。

(7) 能够保证网络支付结算的速度，即应该让商家与客户感到快捷，这样才能体现电子商务的效率，发挥网络支付结算的优点。

1.2.4　网络支付种类

网络支付结算方式按照不同的分类标准可以有不同的类别。如按照支付数据流的内容性质划分，网络支付结算方式可分为指令传递型网络支付结算方式和电子现金传递型网络支付结算方式。按照网络支付金额的规模划分，网络支付结算方式可分为微支付、消费者级网络支付、商业级网络支付。

1.2.4.1　按照开展电子商务的实体性质划分

网络支付结算方式可分为 B 2 B 型网络支付结算方式和 B 2 C 型网络支付结算方式。

1. B 2 C 型网络支付结算方式

B 2 C 型网络支付结算方式是指适应企业对消费者、政府对消费者及

课堂笔记

个人对消费者进行电子商务交易时采取的网络支付方式。比如信用卡网络支付结算方式、智能卡网络支付结算方式、电子现金网络支付结算方式、电子钱包网络支付结算方式等。这些方式适用于交易金额较少的网络支付结算，应用方便灵活，实施简单、风险不大。

2. B 2 B 型网络支付结算方式

B TO B 型网络支付结算方式是指适应企业对企业、企业对政府进行电子商务交易时采取的网络支付方式。如电子支票网络支付结算方式、电子汇兑系统等。这些方式往往适用于交易金额较大的网络支付结算。

1. 2. 4. 2 按照网络支付的支撑平台可以划分为两类平台

一类是传统成熟的 EDI 专用网络支付平台，另一类是大众化网络平台 Internet。

1. EDI 专用网络支付平台

EDI（Electronic Data Interchange，电子数据交换）出现在 20 世纪 70 年代初美国，EDI 是一种在贸易企业之间借助通信网络，以标准格式传输订货单、发货通知单、运货单、装箱单、收据发票、保险单、进出口申报单、报税单、缴款单等贸易作业文件的电子文本，可以快速交换贸易双方或多方之间的商务信息，从而保证商务快速、准确、有序并且安全进行。

目前，EDI 与 Internet 有相互结合的发展趋势，即 Web-EDI。所谓 Web-EDI，就是把 EDI 系统建立在 Internet 平台上，而不是原来的专用网络，而 EDI 运作规则与标准基本不变。这样，Web-EDI 就能大大减少中小企业实现 EDI 的费用，允许中小企业只需要通过 Web 浏览器和 Internet 链接来执行 EDI 信息交换，大大拓展了 EDI 的应用范围。

EDI 具体用于网络支付时就是金融 EDI，英文为 FEDI（Financial EDI），它是 EDI 技术在金融领域的专业应用，能够实现银行和银行、银行和客户间的各种金融单证的安全有效交换。FEDI 是实施企业间电子商务的关键，也是银行提供金融电子商务服务的重要领域。金融 EDI 与普通的 EDI 原理与过程基本是一致的。

2. 大众化网络平台 Internet

在传统通信网和专用网络上开展网络支付结算业务，由于终端和网络本身的技术难以适应电子商务业务量的急剧上涨等一些局限性因素，使用户很难扩大，且使用户、商家和银行承受昂贵的通信费用。因此，寻求一种物美价廉、易应用且对大中小型企业与普通消费者都能适用的大众化平台，成了当务之急。基于 Internet 上进行网络支付已经成为现代化支付系统特别是支撑电子商务支付结算的发展趋势。

Internet 网络支付平台并不只包括 Internet 部分，大众化 Internet 网络

课堂笔记

支付平台主要由 Internet、支付网关、银行内部专用业务网络 3 个部分组成。支付网关的作用是特殊而重要的，它是位于 Internet 和传统的银行专用网之间，用于链接银行专用网络与 Internet 的一组专用服务器。设置支付网关的主要目的是安全地链接 Internet 和银行专用网，完成两者之间的通信、通信协议转换和进行相关支付数据的加密、解密，将目前不安全的开放的 Internet 上的交易信息传给内部封闭的安全的银行专网，起到隔离和保护银行内部网络的作用。正是有了支付网关，整个 Internet 网络支付平台才是一个安全可靠的平台，大大方便了商家与客户对网络支付系统的应用，因为支付网关的运作对商家与客户来讲均是“透明”的，它由第三方或银行来研发运作。

1.2.5　网络支付体系构成

网络支付的产生和发展是和电子商务的发展分不开的。网络支付的难点之一在于实现网络支付不仅是银行的事情，也不仅是商家和顾客的事情。网上支付几乎涉及电子商务活动的所有实体。网上支付的实现需要一个有网络链接的所有实体所组成的复杂体系的支持。网络支付与结算的过程要涉及电子商务活动参与的主体（由客户、商家、银行和认证中心 4 个部分组成），网络支付与结算体系也相应地由电子商务活动参与主体、支付方式及遵循的支付协议等几个部分。因此，网络支付体系可以说是融购物流程、支付与结算工具、安全技术、认证体系、信用体系，以及现在的金融体系为一体的综合系统。概括地说，网络支付体系的基础设施是金融电子化网络，流通的支付工具是各类电子货币。支付功能的实现要通过在线商用电子化机制及因特网中的交易信息来体现。网上支付的交易安全保证则通过网络交全认证机构的全过程认证及互联网络本身的防火墙、信息加密措施及对恶意攻击和欺诈的实时跟踪检测防卫措施来实现。

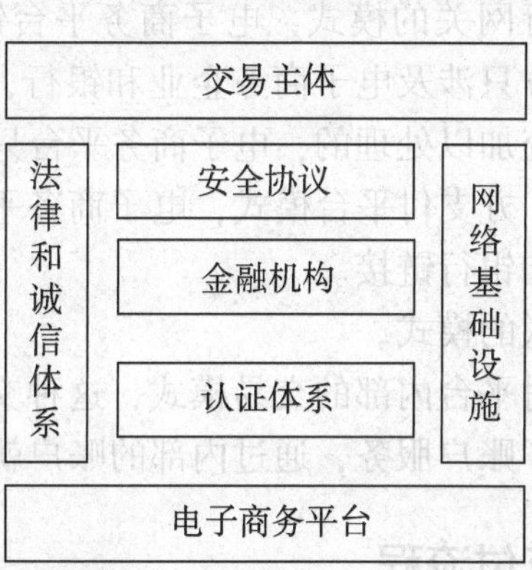

(1) 网上交易主体。网上支付系统的主体首先应该包括买（消费者或用户）卖（商家或企业）双方。

课堂笔记

(2) 安全协议。网络支付系统应有安全电子交易协议或安全套接层协议等安全控制协议，这些涉及安全的协议构成了网上交易可靠的技术支撑环境。

(3) 金融机构。包括网络金融服务机构（含第三方支付）。商家银行和用户银行。

(4) 认证体系。公开安全的第三方认证体系可以在商家和用户进行网上交易时为他们颁发电子证书，在交易行为发生时对数字证书和数字签名进行验证。

(5) 网络基础设施。电子支付建立在网络平台之上，包括因特网、企业内联网，要求运行可靠，接入速度快、安全等。

(6) 法律和诚信体系。属于网上支付与结算的外部环境，是由国家及国际相关法律法规的支撑实现的。另外，还要依赖于完善的社会诚信体系。

(7) 电子商务平台。可靠的电子商务网站及网上支付工具（电子货币，如数字现金、电子支票、信用卡、电子现金）等。

综上所述，电子商务网络支付体系的基本构成即为电子商务活动参与各方与网络支付工具、支付通信协议及外部环境的结合体。

任务三 网上支付的基本流程和基本模式

1. 3. 1 网上支付模式

从网上支付模式来看，大概划分为以下 4 种模式。

第 1 种模式是银行网关的模式，电子商务平台链接到银行网银系统，这种模式下面买卖双方只涉及电子商务企业和银行，网上交易实际上是直接进入银行的网银系统加以处理的，电子商务平台只跟银行签约。

第 2 种模式是第 3 方支付平台模式，电子商务平台先链接到第 3 方支付平台，支付平台再和银行链接。

第 3 种模式是银联的模式。

第 4 种模式是支付平台内部的交易模式，这种交易模式实际上是封闭的，为买卖双方提供了账户服务，通过内部的账户就可以完成这种交易。

1. 3. 2 网上支付流程

互联网平台的网上支付一般流程如图 1-1 所示。

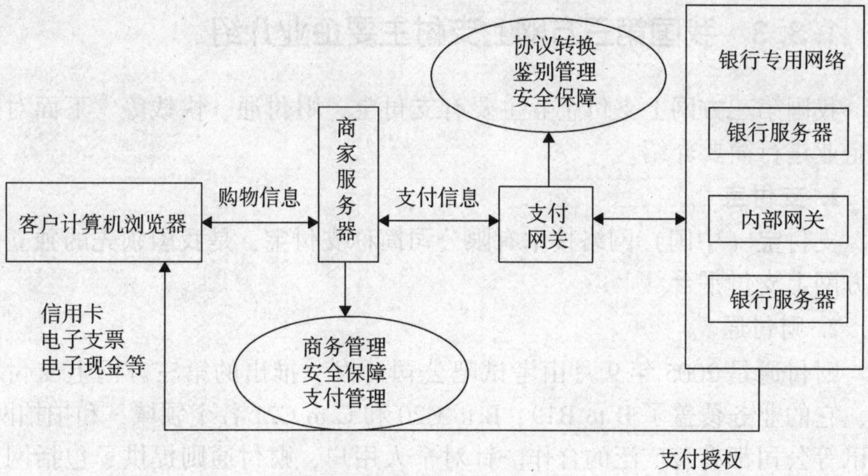

图 1-1 网上支付一般流程

第一步：客户接入互联网通过浏览器在网上浏览商品，选择货物，填写网络订单，选择应用的网络支付结算工具，并且得到银行的授权使用，如银行卡、电子钱包、电子现金、电子支票或网络银行账号等。

第二步：客户机对相关订单信息，如支付信息进行加密，在网上提交订单。

第三步：商家服务器对客户的订购信息进行检查、确认，并把相关的、经过加密的客户支付信息转发给支付网关，直到银行专用网络的银行后台业务服务器确认，以期从银行等电子货币发行机构验证得到支付资金的授权。

第四步：银行验证确认后，通过建立起来的经支付网关的加密通信通道，给商家服务器回送确认及支付结算信息，为进一步的安全，给客户回送支付授权请求（也可没有）。

第五步：银行得到客户传来的进一步授权结算信息后，把资金从客户账号上转拨至开展电子商务的商家银行账号上，借助金融专用网进行结算，并分别给商家、客户发送支付结算成功信息。

第六步：商家服务器收到银行发来的结算成功信息后，给客户发送网络付款成功信息和发货通知。至此，一次典型的网络支付结算流程结束。商家和客户可以分别借助网络查询自己的资金余额信息，以进一步核对。

以上的网络支付一般流程只是对目前各种网络支付结算方式的应用流程的普遍归纳，表示各种网络支付方式的应用流程完全相同，并大致遵守该流程。

课堂笔记

课堂笔记

1.3.3 我国第三方网上支付主要企业介绍

我国第三方网上支付企业主要有支付宝、财付通、快钱等。下面对这些企业进行简要介绍。

1. 支付宝

支付宝（中国）网络技术有限公司简称支付宝，是我国领先的独立第三方网上支付平台。

2. 财付通

财付通是2005年9月由考试吧公司开发、推出的第三方网上支付平台，它的业务覆盖了B to B19、B to C20和C to C21各个领域，和拍拍网、腾讯等公司都有着广泛的合作。针对个人用户，财付通则提供了包括网上充值、兑现、第三方支付、交易详情管理等多种功能。针对企业用户，财付通提供了非常安全、可靠的第三方支付、清算等服务，以及独具特色的腾讯QQ营销资源等支持。财付通目前提供的是免费的支付平台服务。

3. 快钱

快钱是处于国内领先位置的独立的第三方网上支付企业，成立于2004年，主要为各类企业和个人业务提供安全、保密和便捷的第三方网上支付服务。快钱拥有丰富的支付方面产品，也是覆盖人群最为广泛的电子支付企业，它所提供的支付类产品不单单限于第三方网上支付、人民币支付、外汇支付、移动、联通等手机充值卡支付等，同时还支持互联网络、手机、电话、POS机等多种终端设备，满足了各类企业和个人在支付方面的不同需求。快钱的很多服务都实行免费提供，它的收费项目是针对个人高级用户所使用的快钱网关及快钱链收取服务费1%。

1.3.4 我国第三方网上支付分类与盈利模式

我国目前的第三方网上支付机构大致可以分为非独立、独立和新兴这三类，第一类是以大型互联网电子商务平台为依托的支付机构。例如，支付宝、财付通。这类机构被称为非独立第三方网上支付机构。其中支付宝依托的是淘宝网，而财付通则是以考试吧作为依托平台。第二类支付机构是为网络在线交易提供支付中介的支付机构，称为独立第三方网上支付机构。这类支付机构主要以技术路线取胜，例如，快钱、银联等。第三类则是由互联网门户巨头们自主研发的第三方网上支付平台。这类支付平台能够为互联网的相关增值业务提供便利的支付条件，也能够减少和其他支付平台合作而需支付的中介费用。这类支付机构称为新兴第三方网上支付机构。这三类支付机构中第一类支付机构依靠良好的用户基础而占据了市场上大部分的份额。第三类第三方网上支付机构由于在市场上发展较晚，占据的市场份额也相对最少，但由于有互联网巨头作为后盾，其推广力度、用户基础都占有着绝对优势，有着巨大的发展潜力。

随着第三方网上支付市场的不断扩大，第三方网上支付企业之间的竞争也随之显现。在第三方网上支付平台推出的初期，由于市场对于新型网络支付的接受程度及银行的政策面的相关影响，当时第三方网上支付公司竞争的主要方式是集中在关于商户身份的有效性、平台运营的稳定性、支付的安全性、平台资金流量是否有足够保障等，第三方网上支付平台的盈利模式主要是以收取服务费为主。随着第三方网上支付发展，也出现了如“沉淀资金”“小额信贷的利息”等盈利模式。但相比其他互联网公司第三方网上支付的盈利模式仍然欠缺，需要不断地探索与发展。

课堂笔记

任务四　网上支付系统的基本构成和基本功能

1.4.1　网上支付系统的基本构成

网上支付与结算过程涉及客户、商家、银行或其他金融机构、商务认证管理部门。因此，支持网上支付与结算的体系可以说是融购物流程、支付与结算工具、安全技术、认证体系、信用体系和金融体系为一体的综合系统，其基本构成如图 1–2 所示。其中客户与商家分别代表在网上开展商务交易的双方，即买方与卖方；客户开户行，表示网上寻求商品服务的客户在其中有资金账号的某金融机构，主要是指银行，称为支出行；商家开户行表示商家在其中有账号的某金融机构，主要指银行，称为接收行；电子商务认证中心（CA 认证中心）的功能，可以说是维护网上商务活动各方进行的第三方认证机构，且向商务活动各方发放、验证各种认证安全工具。

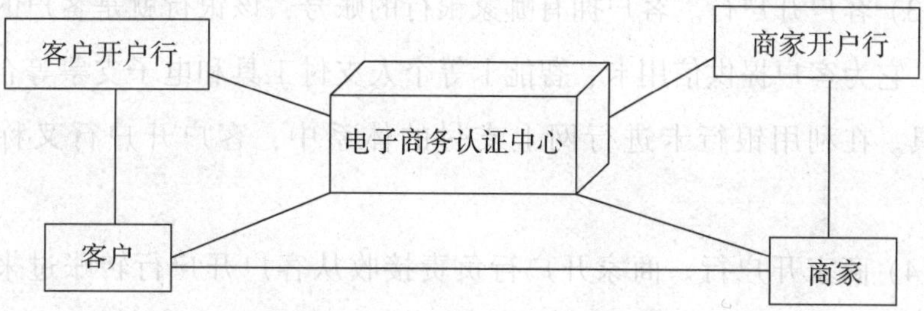

图 1–2　网上支付系统的基本构成

课堂笔记

现阶段，有些接收方为促进电子商务网上支付与结算的开展，也可能设置自己的注册机构，由注册机构向在本行开设账户的商家发放数字证书，商家可以向客户出示这个数字证书，用来证明商家是合法的。

基于互联网公共网络平台的网上支付系统的基本构成涉及七大构成要素，如图 1-3 所示。

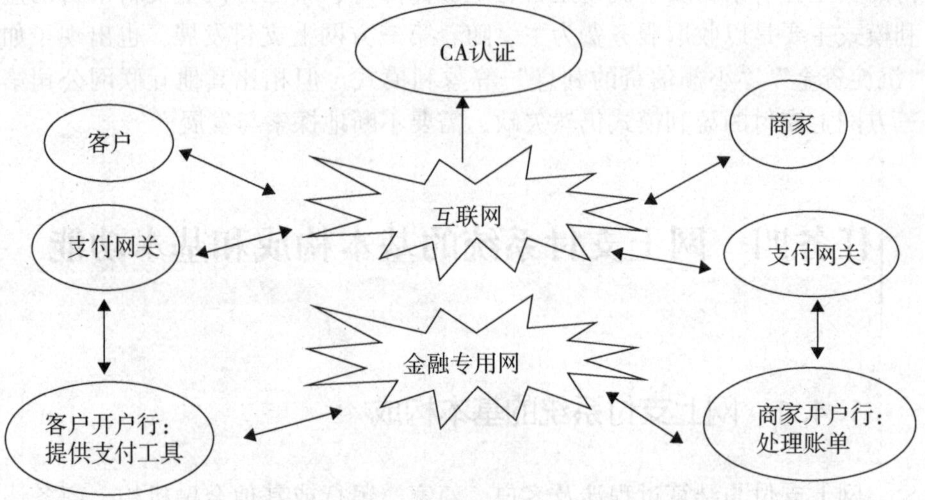

图 1-3　网上支付系统的基本构成

（1）客户。客户在网上选定商品，确认订单后进入网上支付环节。客户用自己拥有的网络支付工具（如信用卡、电子钱包、电子支票等）进行支付，他们是网上支付系统运作的原因和起点。

（2）商家。商家是网上支付的接受方。一般来说，商家需要有各个银行的账号，以方便持有任何网上支付工具的客户都能进行在线支付。商家还可以搭建自己的支付平台，客户购物后可以直接在此平台上进行支付。商家还可以租用第三方支付平台，然后定期与其进行结算。

（3）客户开户行。客户拥有哪家银行的账号，该银行就是客户的开户银行，它为客户提供信用卡、智能卡等个人支付工具和电子支票等企业支付工具。在利用银行卡进行网上支付的体系中，客户开户行又称为发卡行。

（4）商家开户行。商家开户行负责接收从客户开户行转账过来的资金，是这个支付与结算过程中资金流向的目的地。例如，客户在淘宝网支

课堂笔记

付时，可以选择中国建设银行、中国工商银行、中国银行、中国农业银行等多家银行的支付工具，说明这么多家银行都是淘宝网的开户银行。而具体到某一项交易时，如果客户使用的是中国建设银行的龙卡，那么淘宝网的开户银行就是中国建设银行。这样，银行处理过程较为简单，属于银行内部的账号转账；如果不是的话，就需要通过金融专用网进行银行间的转账结算。商家开户行是依据商家提供的合法账单来工作的，因此又称为收单行或接收行。

（5）支付网关（payment gateway）。支付网关是公用互联网平台和各银行专用网之间的安全接口，它所起的作用是两者之间的一个过滤器。在支付过程中，商家不能看到客户信用卡账号和密码等支付信息，商品种类、规格等交易信息也不能让交易双方之外的人获取，以此来保证交易中的隐私。为安全起见，网上支付信息必须经过支付网关的处理才能进入金融专用网，完成转账和支付。

（6）金融专用网络。金融专用网络是银行内部及各个银行之间进行信息和数据处理的专用网络，不对外开放，因此具有很高的安全性。在我国国家金融通信网上，运行着中国国家现代化支付系统、中国人民银行电子联行系统、中国工商银行电子汇兑系统、银行卡授权系统等。我国传统商务中的电子支付与结算应用如信用卡的销售终端（POS）机支付结算、自动柜员机（ATM）资金存取、电话银行系统，均运行在金融专用网上。

（7）CA 认证中心。CA 认证中心是第三方公证机构，是电子商务市场的准入者和规范者，它的作用与工商局类似。与传统商务一样，电子商务活动中的参与各方在交易时也需要身份证明。CA 认证中心主要负责为客户、商家、银行、支付网关等各方发放证明其身份的数字证书。

除以上七大构成要素，在电子商务网络支付系统的构成中还应该包括网络支付时使用的网络作支付工具及应遵循的支付通信协议。其中，网络支付工具包括：银行卡、电子现金、电子支票等；支付通信协议主要是指支付的安全与控制模式，如安全套接层（SSL）模式与安全电子交易（SET）模式等。

课堂笔记

1.4.2 网上支付系统的基本功能

网上支付系统的基本功能如下。

（1）数字签名和数字证书。能够使用数字签名和数字证书等实现对网上商务各方的认证，防止支付欺诈。

（2）加密技术。能够使用较为高端的加密技术，对相关支付信息流进行加密，防止未被授权的第三方获取信息的真正含义。

（3）数字指纹。能够使用数字摘要（数字指纹）算法确认支付电子信息的真伪性，保护数据不被未授权者建立、嵌入、篡改、删除、重放等，完整无缺地到达接收者一方，可以采用杂凑（HASH）技术。

（4）不可否认性。当网上交易双方出现纠纷，特别是有关支付结算的纠纷时，系统能够保证相关行为或业务的不可否认性。

（5）多边支付。能够处理网上贸易业务的多边支付问题，这种多边支付的关系能够借用系统提供的诸如通过双重数字签名等技术来实现。多边支付协议应满足以下两个要求：商家只能读取订单信息，如物品的类型和销售价，当接收行支付认证后，商家就不必读取客户信用卡的信息；接收行只需知道支付信息，无须知道客户所购何物，在客户购买大额物品时可能为例外。

（6）方便易用、手续便捷。整个网络支付结算过程对网上贸易双方，特别是对客户来说，应该是方便的，手续与过程不能太繁琐，大多数支付过程对客户与商家来说应是透明的。

（7）快捷的支付结算速度。能够保证网上支付与结算的速度，即让商家与客户感到快捷，这样才能体现电子商务的效率，发挥网上支付的优点。

课堂笔记

任务五　国外第三方网上支付概况

1.5.1　美国第三方网上支付现状

美国的第三方网上支付起源于20世纪80年代，并且在20多年中取得了迅猛的发展，其基础是成熟的信用卡业务和自动清算中心（Automatic Clearing House）的建设，从而逐步扩展到互联网络。第三方网上支付在美国发展迅速的又一前提条件是美国的用户已经将信用卡支付和银行支票支付作为最普遍的金融交易工具。所以在原有的金融系统中增加网上支付、网上清算等业务的流程、标准和风险控制等高标准的信息系统都不需要对原有系统进行大的改动。美国第三方网上支付公司主要有PayPal、Money-Gram、Yahoo Paydirect、ikobo、Google Checkout等，其中最具有代表性的公司为PayPal。到2006年底，PayPal公司在全球的103个国家及地区开展支付业务，它支持17种货币，用户数量超过1.3亿人，其中的活跃用户就有3 760万人。虽然PayPal有着极易复制的技术与业务模式，但是即便拥有着雄厚金融支撑的花旗C2it，以及拥有着强大的品牌背景的Yahoo Paydirect都未能在第三方网上支付领域战胜PayPal。

Google公司在2006年6月也推出了第三方网上支付业务Checkout，Checkout第三方网上支付服务的优势在于，Google公司在搜索引擎市场占据领导地位，使得Checkout第三方网上支付服务对于依赖Google搜索引擎服务的很多用户、很多商家都有强大的吸引力，另外在价格方面也有着很大的优势。Google公司推出第三方网上支付服务以后，为了能够抢夺PayPal手中的市场份额，给商家和用户都提供了多种优惠政策。据统计，第三方网上支付业务是Google公司利润率最高的业务。尽管如此，Checkout的品牌知名度及用户使用率仍落后于对手PayPal。

PayPal之所以获得如此巨大的成功主要依托于很多特定的条件，其中包括金融支付业务特定的支撑环境、其所处恰当的金融历史时期及准确的市场条件定位、丰富坚定的市场扩张战略与有效的风险控制措施、特殊的法律制度与政策环境等。

课堂笔记

1.5.2　欧盟第三方网上支付现状

欧盟各国在最近几年的第三方网上支付业务进展迅速，但是欧盟各国的电子商务发展水平差异较大，导致各国第三方网上支付业务水平差异也较大：北欧的丹麦、芬兰等国家在第三方支付方面处于领先的地位，中欧国家如英国、德国等国家处在中间地位，南欧国家例如意大利、希腊等则处在落后水平。

1.5.3　亚洲第三方网上支付现状

在亚洲各国中，日本的第三方网上支付处在领先位置，韩国、新加坡以及印度等国家紧随其后。日本的第三方网上支付电子商务之所以发展迅速与其良好的企业间纽带角色和良好的既有基础设施是分不开的。日本的企业在长期的经营活动中形成了中小企业群体以大企业为核心的共生共荣系统。例如，NEC、新日铁等大型企业依托雄厚的金融资本和强大的技术推进电子商务业务，很多相关的中小企业就会随之参与到电子商务业务中来。还有一点不得不提的是日本拥有成熟的零售配送系统，这解决了日本电子商务配送物流的问题。新加坡第三方网上支付电子商务的发展则是依靠政府的大力参与，尤其是政府对参与该业务的中小企业的强力支持的结果。而制约其他国家第三方网上支付业务发展的主要因素是网上支付系统的不成熟及企业与用户未建立起信用等问题。

概念索引

电子商务、网上支付、网上结算、微支付

闯关考验

一、选择题

1. 电子商务的最终目的是要实现网上(　　)、商流、信息流的统一。

A. 资金流　　　　B. 物流

课堂笔记

C. 人力资源　　　　D. 产业链

2. 网上交易的安全隐患主要体现在(　　)。

A. 支付密码泄露　　　　B. 支付信息被窥窃

C. 支付数据被篡改　　　　D. 对支付不承认

二、简答题

1. 我国网上支付与结算面临的问题有哪些?

2. 简述网上支付的模式及流程。

3. 简述国外第三方网上支付的概况。

课外修炼

1. 登录淘宝网（www. taobao. com），查看淘宝有哪些常见的网上支付与结算方式。

2. 登录电子商务教育平台（www. cnecedu. cn），了解我国电子商务与网上支付的发展情况。

课堂笔记

项目二 网上银行

案例导入

账户的钱怎么没有了？

张某开了一家民营企业，2015 年由于银行贷款额度收紧，出现了融资难的问题。一天张某从报纸上看到“无须抵押、银行贷款”的小广告，立即拨打了广告上留下的手机号码。在向不法分子就无须抵押的银行贷款进行咨询时，不法分子要求张某到银行网点开立一个零余额账户并签约网上银行，提供网上银行签约信息、密码等，张某按照不法分子要求开立了账户，进行了网上银行签约，并将签约信息、密码等信息提供给不法分子。不法分子在得到这些签约信息后，立即登录网上银行下载客户证书。之后，不法分子要求张某再开立一个账户，并存入贷款金额 30%的保证金进行验资，验资合格后进行放款。不法分子还提醒张某要保存该账户密码，不要透露给任何人，以赢得客户信任，同时要求张某将此账户签约网上银行。张某以为持有账户介质，账户密码也未透露他人，资金应该是安全的。在受骗客户将存有保证金的账户签约网上银行后，不法分子立即通过网上银行将该账户的资金转走。

课堂笔记

任务一　网上银行的产生与发展

2.1.1　网络银行概述

1. 网络银行定义

近年来，由于计算机技术和网络通信技术的快速发展，信息的交流与传播在社会经济活动中所担负的作用日益增大。从个人的衣食住行，到单位、组织、国际的商贸与合作，信息正成为经济生活中最活跃的因素。有人曾形象地比喻说，我们正步入一个崭新的信息经济时代。国际互联网 Internet，作为一种全球性的、开放式的数字信息交换载体，它的拓展建设和普及应用，特别是对人们传统行为观念的冲击和影响正日益受到广泛关注。伴随着 Internet 应用环境的日渐成熟，电子商务（e-commerce）、电子服务（e-service）等新型商务模式的种类和规模得到了迅速的发展，并逐渐得到大多数人的认可和接受，互联网市场正在成为全球发展最快、规模最大、前景最美好的经济领域。远程教学、远程医疗、网上购物、网上理财等所有这些互联网交易和服务行为的发展，都要求传统的商业银行或金融机构提供一种基于 Internet 技术的开放的支付结算服务，也就是说，提供网上银行服务。

从最初阶段的电话银行，发展到 PC 银行，再到现在的 WAP 银行和目前正在被信息界、金融界广泛讨论的“蓝牙”技术，网上银行的形成是一个不断成长、发展和完善的过程。因此，在认识网上银行时，我们必须运用不断发展的眼光看待问题，而不能局限于某一技术阶段形成的某种特定的银行形式。实际上，今天人们对网上银行的认识仍在不断深化，并不存在一个最终的、统一规范的网上银行的定义。现有的关于网上银行的定义，是出于对网上银行管理和研究的需要，因而不同国家关于网上银行的定义之间存在着一些差异，涵盖的范围也有所不同，形成了网上银行广义和狭义两种概念。

广义的网上银行，简单地说是指那些利用电子网络为客户提供产品与服务的银行。这里的“电子网络”包括电信网、内部封闭式网络和开放型

课堂笔记

网络；这里的“产品与服务”包括3个层次：一般的信息和通信服务、简单的银行交易和所有银行业务。

狭义的网上银行是指利用网络为通过使用计算机、网络电视、机顶盒及其他一些个人数字设备连接上网的消费者提供一类或几类银行实质性业务的银行。这里的“网络”一般是指开放性网络。

具体来说，网上银行又可以称为网络银行、在线银行、电子银行、虚拟银行，是指银行利用 Internet 技术，通过 Internet 向客户提供开户、销户、查询、对账、行内转账、跨行转账、信贷、网上证券、投资理财等传统服务项目，使客户可以足不出户就能够安全便捷地管理活期和定期存款、支票、信用卡及个人投资等。可以说，网上银行是在 Internet 上的虚拟银行柜台。

撇开不同概念之间差异的表象，可以认清网上银行的一些基本属性。这些属性包括：电子虚拟的服务方式；业务运行环境的开放；业务时空界限的模糊；交易实时处理；交易费用与物理地点非相关等。

从这些属性中可以看出：网上银行不只是将现有银行业务移植到网上进行处理那样简单，它是金融创新与科技创新相结合的产物，是一种新的银行产业组织形式和银行制度。

2. 网络银行的分类

网上银行发展的模式有两种。一是完全依赖于互联网的无形的电子银行，也叫“虚拟银行”；所谓虚拟银行就是指没有实际的物理柜台作为支持的网上银行，这种网上银行一般只有一个办公地址，没有分支机构，也没有营业网点，采用国际互联网等高科技服务手段与客户建立密切的联系，提供全方位的金融服务。以美国安全第一网上银行为例，它成立于1995年10月，是在美国成立的第一家无营业网点的虚拟网上银行，它的营业厅就是网页画面，当时银行的员工只有19人，主要的工作就是对网络的维护和管理。

另一种是指在现有的传统银行的基础上，利用互联网开展传统的银行业务交易服务。即传统银行利用互联网作为新的服务手段为客户提供在线服务，实际上是传统银行服务在互联网上的延伸。这是网上银行存在的主要形式，也是绝大多数商业银行采取的网上银行发展模式。

课堂笔记

3. 网上银行特点

（1）以客户为中心，创建独特品牌。网络银行突破了时间、空间的限制，不是面对面地与客户接触，一切交易和沟通是通过互联网进行的。这就要求网上银行的营销理念从过去的注重一般性金融产品的开发和管理，转移到以客户为核心，根据每个客户不同的金融和财务需求，“量身定做”个人的金融产品并提供银行业务服务。此外，网络银行要将客户作为一个个人来对待，在为客户解决金融疑问和困难的时候，使得客户感觉到解决的方案是按自己的想法和愿望而形成的，并且自己拥有自由和灵活控制的资金。这就是“创建独特品牌”的内在含义，也是成熟金融市场的要求。

（2）打破了传统商业银行的结构和运行模式。信息技术是任何规模的银行都可采用的经营工具，可以使任何规模的银行运用较少的投资购置最好的计算机系统，使用最先进的银行应用软件连接到用户，并以此向传统的巨无霸型的大型商业银行挑战。过去银行聚集廉价存款的分支机构正变成耗资巨大的包袱，银行必须由粗放经营走向依靠科技进步的集约经营。

（3）银行业务运营的电子化。传统银行使用的票证被全面电子化，如电子支票、电子汇票和电子收据等。同时，全面使用电子货币，即电子钱包、电子现金和安全零钱等。银行的业务文件和办公文件完全改为电子化文件、电子化票据，签名也采用数字签名。票据和文件的传送，改由计算机和数据通信网完成，往来结算由电子资料交换进行，客户足不出户就可以享用网上银行服务。

（4）银行标准化的服务。网络银行标准化的服务接口使得它们的服务速度快、效率高、内容广、方式多、成本低。传统经营模式下的因人力资源造成的响应时间慢、服务水平参差不齐的问题迎刃而解。同时，通过互联网进行金融交易的网络银行具有开支少的特点，大大降低了银行的经营管理费用。据测算，网上银行更容易进行成本控制，其利率比一般的商业银行要低 1/4。

（5）银行的信息共享。网络银行的业务操作可以形象地比喻为一条生产流水线。因此，员工之间、员工与上司之间及各部门之间要建立沟通和协调的渠道和机制；同时，各部门要大量收集客户及有关的信息，通过内部信息网络管理系统，进行信息共享（这也包括社会信息的共享），以达到提高效率的目的。

课堂笔记

4. 网上银行业务优势

一是大大降低银行经营成本，有效提高银行盈利能力。

开办网上银行业务，主要是利用公共网络资源，不需设置物理的分支机构或营业网点，减少了人员费用，提高了银行后台系统的效率。

二是无时空限制，有利于扩大客户群体。

网上银行业务打破了传统银行业务的地域、时间限制，具有3A特点，即能在任何时候（Anytime）、任何地方（Anywhere）、以任何方式（Anyhow）为客户提供金融服务。这既有利于吸引和保留优质客户，又能主动扩大客户群，开辟新的利润来源。

三是有利于服务创新，向客户提供多种类、个性化服务。

通过银行营业网点销售保险、证券和基金等金融产品，往往受到很大限制，主要是由于一般的营业网点难以为客户提供详细的、低成本的信息咨询服务。利用互联网和银行支付系统，容易满足客户咨询、购买和交易多种金融产品的需求，客户除办理银行业务外，还可以很方便地进行网上买卖股票债券等。网上银行能够为客户提供更加合适的个性化金融服务。

2.1.2 网络银行的业务内容

一般说，来网上银行的业务品种主要包括基本业务、网上投资、网上购物、个人理财、企业银行及其他金融服务。

基本网银业务——商业银行提供的基本网上银行服务包括：在线查询账户余额、交易记录，下载数据、转账和网上支付等。

网上投资——由于金融服务市场发达，可以投资的金融产品种类众多，国外的网上银行一般提供包括股票、期权、共同基金投资和CDs买卖等多种金融产品服务。

网上购物——商业银行的网上银行设立的网上购物协助服务，大大方便了客户网上购物，为客户在相同的服务品种上提供了优质的金融服务或相关的信息服务，加强了商业银行在传统竞争领域的竞争优势。

个人理财助理——个人理财助理是国外网上银行重点发展的一个服务品种。各大银行将传统银行业务中的理财助理转移到网上进行，通过网络为客户提供理财的各种解决方案，提供咨询建议，或者提供金融服务技术的援助，从而极大地扩大了商业银行的服务范围，并降低了相关的服务成本。

课堂笔记

企业银行服务是网上银行服务中最重要的部分之一。其服务品种比个人客户的服务品种更多，也更为复杂，对相关技术的要求也更高，所以能够为企业提供网上银行服务是商业银行实力的象征之一，一般中小网上银行或纯网上银行只能部分提供，甚至完全不提供这方面的服务。

企业银行服务一般提供账户余额查询、交易记录查询、总账户与分账户管理、转账、在线支付各种费用、透支保护、储蓄账户与支票账户资金自动划拨、商业信用卡等服务。此外，还包括投资服务等。部分网上银行还为企业提供网上贷款业务。

其他金融服务：除了银行服务外，大商业银行的网上银行均通过自身或与其他金融服务网站联合的方式，为客户提供多种金融服务产品，如保险、抵押和按揭等，以扩大网上银行的服务范围。

2.1.3　网上银行的功能

随着 Internet 技术的不断发展创新，网上银行提供的服务类别、服务深度都在不断地丰富、提高和完善。从总体上讲，网上银行提供的服务一般包括两类：一类是传统商业银行的业务品种的网上实现。这类业务基本上在网上银行建设的初期占据了主导地位，传统商业银行把网上银行作为自身业务品种的一个新兴的分销渠道来看待。另一类是完全针对互联网的多媒体互动的特性来设计提供的创新的业务品种。同时，在组织机构和业务管理模式上也从根本上打破了传统商业银行的各种条条框框，成为真正意义上的网上银行。

从业务品种细分的角度来讲，网上银行一般包括以下几个方面的功能。

2.1.2.1　展示功能

网上银行主页体现了银行展示的和被访问的界面。全世界已经有 400 多家金融机构拥有自己的主页，其内容一般包括银行的历史背景、经营范围、机构设置、网点分布、业务品种、利率和外汇牌价、金融法规、经营状况及国外金融新闻等。通过公共信息的发布，网上银行向客户提供了有价值的金融信息，同时起到了广告宣传的作用；通过公共信息的发布，客

课堂笔记

户可以很方便地认识银行、了解银行的业务品种情况及业务运行规则，为客户进一步办理各项业务提供了方便。

2.1.2.2 客户的咨询投诉

网上银行一般以 E-mail、BBS 为主要手段与客户进行联络。客户可以在他们方便的任何时候——无论在营业还是在银行关门之后，向银行咨询以及投诉。在此基础上，网上银行可以建立市场动态分析反馈系统并通过收集、整理、归纳、分析客户的各式各样的问题和意见及客户结构，及时地了解客户关注的焦点及市场的需求走向，为决策层的判断提供依据，便于银行及时调整或设计创新的经营方式和业务品种，更加体贴周到地为客户服务，并进一步扩大市场份额，获取更大收益。

2.1.2.3 账务的查询勾兑

网上银行可以充分利用 Internet 门对门服务的特点，向企事业单位和个人客户提供其账户状态、账户余额，账户一段期间内的交易明细清单等事项的查询功能。同时，为企业集团提供所属单位的跨地区多账户的账务查询功能。这类服务的特点主要是客户通过查询来获得其银行账户的信息，以及与银行业务有直接关系的金融信息，而不涉及客户的资金交易或账务变动。

2.1.2.4 申请和挂失

主要包括存款账户、信用卡的开户、电子现金、空白支票申领、企业财务报表、国际收支申报的报送、各种贷款、信用证开证的申请、预约服务的申请、账户挂失、预约服务撤销等。客户通过网上银行清楚地了解有关业务的章程条款，并在线直接填写、提交各种银行表格，简化了手续，方便了客户。

2.1.2.5 网上支付功能

网上支付功能主要向客户提供互联网上的资金实时结算功能，是保证电子商务正常开展的关键性的基础功能，也是网上银行的一个标志性功能，没有网上支付的银行站点，充其量只能算作一个金融信息网站，或称作为上网银行。网上支付按交易双方客户的性质分为 B TO B（Business to Business），B TO C（Business to Consumer）两种交易模式。目前，由于从法律环境和技术安全性方面的考虑，在 B TO C 功能的提供上各家银行比较一致，B TO B 交易功能的提供尚处在不断摸索和完善之中。

1. 内部转账功能

客户可以在自己名下的几个账户之间进行资金划转，一般表现为定期转活期、活期转定期、汇兑、外汇买卖等不同币种、不同期限资金之间的转换，主要目的是为了方便客户对所属资金的灵活运用和进行账户管理。

2. 转账和支付中介业务

客户可以根据自身需要，在网上银行办理网上转账、网上汇款等资金实时划转业务。该业务为网上各项交易的实现提供了支付平台。客户可以办理转账结算、缴纳公共收费（煤、水、电、房、电话、收视费等）、发放工资、银证转账、证券资金清算等及包括商户对顾客（B TO C）商务模式下的购物、订票、证券买卖等零售交易，也包括商户对商户（B TO B）商务模式下的网上采购等批发交易，这类服务真正地实现了不同客户之间的资金收付划转功能。

3. 金融创新

基于 Internet 多媒体信息传递的全面性、迅速性和互动性，网上银行可以针对 Internet 特点，根据不同客户的不同需求开辟更多便捷的智能化、个性化的服务，提供传统商业银行在当前业务模式下难以实现的功能。比如，针对企业集团客户，提供通过网上银行查询各子公司的账户余额和交易信息，并在签订多边协议的基础上实现集团内部的资金调度与划拨，提高集团整体的资金使用效益，为客户改善内部经营管理、财务管理提供有力的支持。

在提供金融信息咨询的基础上，以资金托管、账户托管为手段，为客户的资金使用安排提供周到的专业化的理财建议和顾问方案。采取信用证等业务的操作方式，为客户间的商务交易提供信用支付的中介服务，从而在信用体制不尽完善合理的情况下，积极促进商务贸易的正常开展。建立健全企业和个人的信用等级评定制度，实现社会资源的共享。根据存贷款的期限，向客户提前发送转存、还贷或归还信用卡透支金额等提示信息。

综上所述，网上银行利用 Internet 技术，把银行的服务触角延伸到了

课堂笔记

社会经济生活的每一个角落，延伸到了每一个客户的面前，无论这个客户是在单位还是家中，他都可以便捷地使用网上银行的全方位服务。随着Internet和电子商务的普及与发展，网上银行可提供的服务势必越来越广泛，越来越完善。不久的将来，包括个人、企事业、行政机构在内的多种交易主体，可以通过链接互联网PC，通过有线电视，通过手机或掌上计算机，通过ATM及其他缤纷多样的数字终端设备，使用基于比特技术之上的数字化的网上银行的各项服务功能，真正做到足不出户而心想事成。

2.1.4 网络银行存在的问题

网络银行作为一种新型的银行组织形式目前仍处于其发展初期，因此遇到一些问题是不可避免的。我国网络银行在发展中面临的问题主要包括以下几点。

1. 网络建设方面

就目前发展形式看，中国的网络建设还不够完善。尽管近年来中国的网络发展神速，但就宽带、上网费用、覆盖地域等都是网络发展的重头戏，我国网络与业务的实践需求、人们的期望还有一定的偏差，与发达国家相比还有一定的差距。再者，上网速度和宽带也是阻碍中国网络发展的主要问题。随着上网人数的激增，上网速度慢、访问速度慢的矛盾显得更为突出；从地域分布上看，地区之间仍存在一定的差距，在一些发达城市中，互联网设施水平国内领先，与国际的差距相对较小，基本上实现了门到户的宽带连接，但在一些偏远地区，还存在不完善的地方，网络设施的不完善等。

2. 网络的支付问题

网络的支付问题是影响网络银行发展的重要原因之一。目前中国的网络银行发展还不够成熟与完善，没办法保证在交易过程中的安全性。其突出方面就是支付问题。网络支付结算方式仍处于发展的起步阶段，还存在很多问题。很多银行都还没办法提供完全全国连网的网络支付服务，在传统和网络支付的变更过程中，银行间未能很好地合作，而且它的网络支付的覆盖面相对较小，在数据和处理过程中也未能达到统一的标准，这严重制约了网络银行的发展与应用。诚信也是影响网络银行发展的原因之一，

课堂笔记

就中国现在的信用制度来看，社会的整体信用制度还不完善，无论是商家还是普通的消费者在很多时候都是不讲信用的。所以，人们对这种借助INTERNET的网络支付结算服务都是半信半疑。

3. 网络的安全问题

安全性问题是网络银行在建设网上支付系统时，最为重视，也是花时间最多的问题。在很多情况下，犯罪分子侵入系统，干扰、破坏系统或盗用资金，给银行带来重大损失，给用户造成资金损失。在网络上存在的威胁有以下几个方面：信息泄露、非法使用、假冒、旁路控制和授权侵犯等等。某个实体假装成另外一个不同的实体，非法实体通过种种渠道便获取合法用户的权利和特权，在很多时候，黑客还会用木马控制用户的操作系统。

4. 网络的法律问题

网络银行的技术设计是先进的、超前的，具有强大的生命力，但在网上交易可能会承担由于法律滞后而造成的风险。在中国，网络的法律问题还不完善，还存在很多漏洞，使消费者还不能很放心地使用网上交易，从而影响了网络银行的发展。

2.1.5　国外网上银行的发展

小资料

1985年，英国出现了第一个全自动化银行，苏格兰拉斯哥银行的TSB分行。1989年10月，英国米兰银行开创了电话银行业务，出现了世界上第一家电话银行。其后英国又出现了类似巴克莱银行和西敏寺银行等全自动化银行，英国的劳合银行还在伦敦的牛当大街创办了未来银行。

1995年10月，全球第一家真正意义上的网上银行，美国安全第一网络银行（Security First Network Bank）诞生。这家银行没有建筑物，没有地址，只有网址和网上银行站点，一幅幅网页画面构成了银行交易的营业接口，所有的交易都通过Internet进行。它的员工只有19人，银行的管理维护通过员工的远程控制进行。该行1996年存款

课堂笔记

为1 400万美元，但到了1997年就发展到了4万亿美元。同年，美国花旗银行紧随其后，在Internet上设置了资金的站点。目前，美国提供电子交易服务的金融机构超过200家。据《世界日报》报道，1998年美国电子账户规模突破了300万，总资产达1 200亿美元。预测21世纪初，电子账户资产将占美国股票、基金和债券等零售市场的5%。

美国的情况

对银行的一项调查（来源：PIS Global）显示，到1999年底，能提供网上银行服务的银行占27%，计划提供网上银行服务的银行占69%（已从2000年问题中解脱出来），而只有4%的银行没有这样的计划。

我们从美国家庭用户的数量（来源：Gartner Group）来看一下网上银行业务的增长情况：1998年，使用网上银行服务的家庭用户数为700万，1999年为1 100万，而2000年预计会达到1 400万。

在线银行账户主要集中在美洲银行、富国银行、第一联合银行、花旗银行等。其中，美洲银行为170万个，富国银行为130万个，第一联合银行为100万个，花旗银行为80万个。

根据方便性、客户信任、在线资源、服务和成本等，Gomez Advisors在1999年底对提供网上银行服务的银行进行了排名，结果，美国安全第一网络银行位居榜首，富国银行位列第二，Net. Bank位居第三。

欧洲的情况

1999年6月，IBM公司就网上银行服务的质量和功能进行了一项调查研究，结果发现：在前10名之中，欧洲的金融机构占了7家。其中瑞典3家（Forenings Sparbanken：第2位，Merita Nordbanken：第3位，SEB：第4位）、瑞士2家（UBS：第5位，CS：第9位）、英国2家（Prudential' s Egg：第8位，HSBC：第10位）。可以看出，斯堪的那维亚地区网上银行业务的发展在欧洲处于领先地位，因为在该地区互联网和手机的市场普及率很高。

课堂笔记

在德国、法国、意大利、西班牙、葡萄牙、挪威、爱尔兰等国家，互联网金融服务也得到了不同程度的快速发展。

2.1.6　国内网上银行的发展与现状

1996年2月，中国银行在国际互联网上建立了主页，首先在互联网上发布信息。目前，工商银行、农业银行、建设银行、中信实业银行、民生银行、招商银行、太平洋保险公司、中国人寿保险公司等金融机构都已经在国际互联网上设立了网站。

2.1.6.1　中国银行

1997年底，中国银行开始与“世纪互联”及“瑞得在线”两家ISP进行网上交易的合作。1998年3月，中国银行正式开通了该行首家国内虚拟银行，办理了国内第一笔网上支付业务，实现了客户在线购买上网机时的功能。从1999年6月起，中国银行正式推出了“企业在线理财”、“个人在线理财”和“支付网上行”等网上银行的系列化产品。“企业在线理财”主要为企业，特别是集团企业客户提供资金管理服务；“个人在线理财”主要为个人、家庭提供理财服务；“支付网上行”主要为持卡人、商家提供B to C网上安全支付的手段。它是以长城的电子借记卡为平台，通过SET（安全电子交易）协议和CA（安全认证中心）及支付网关，在充分保障客户资金安全的同时实现网上支付的功能。客户只要拥有一张长城借记卡，再从网上下载中国银行提供的电子钱包软件，就可在网上实现购物结算。目前，中国银行网上银行的功能包括：网上账务查询、内部转账、资金划拨、国际收支申报及网上支付、信用卡结算及网上订票等业务。2000年2月，与中国移动通信集团公司联合推出手机银行服务。

2.1.6.2　招商银行

1996年，招商银行率先在国内推出了自己的网上银行“一网通”的概念。1997年4月，建立网上银行“一网通”并推出网上个人银行。1998年4月，率先在国内推出网上企业银行，开通网上支付功能，成为国内首家提供网上支付服务的银行。截止1999年底，招商银行已形成了以“一网通”为品牌的国内著名金融证券网站。功能包括“企业银行”“个人银

课堂笔记

行"“网上证券”“网上商城”和“网上支付”5个系统。目前，全国13家分行开通了网上银行服务，在全国已有约480家企业和70万人次经由招商银行的网上银行进行交易活动或接受服务。招商银行的网上用户已超过3 000万，网上交易额达150亿元。

2.1.6.3 中国建设银行

1999年8月，在北京和广州相继推出了网上虚拟银行业务，其业务处理能力为日处理130万笔业务，并允许5万客户同时进行银行网站的访问和交易。初期的功能以对私业务为主，主要有对私的信息服务和交易服务。2000年1月，中国建设银行北京市分行正式开通网上个人理财业务，提供个人投资分析、个人储蓄、债券、个人住房贷款、汽车消费信贷、个人小额质押贷款、个人助学贷款、个人住房装修贷款等个人理财服务。网上银行的签约客户还可以根据理财建议直接进入网上银行进行资金的划转和支付。随后，建设银行为了丰富网络银行业务的品种，又推出了网上银证转账业务，股民客户可以通过网络银行查询账户余额、明细和转账等其他服务品种，实时掌握和控制银证转账银行账户的资金状况。整个交易数据传输由建行网络银行的CA证书体制、加密措施、身份认证及密码控制手段整合后对安全性进行控制和保证，确保投资者合法利益。

2.1.6.4 中国工商银行

2000年2月中国工商银行网络银行开通对公网上银行业务，业务覆盖北京、上海、天津、广州四个城市，6月推出B to B企业在线支付，8月在北京和浙江推出牡丹信用卡B to C在线支付业务，同期推出的还有个人网上银行业务，包括储蓄账户和牡丹卡账户的余额查询、转账、缴费等功能，北京地区同时开通个人外汇买卖业务，浙江地区开通个人网上银证转账业务，形成了涵盖集团理财、个人金融及B to B、B to C在线支付等系列产品的完整功能体系。不久，还将陆续开通基于灵通卡的B to C网上支付业务。

到目前为止，工商银行对公网上银行服务主要提供账户查询、转账付款、企业集团理财、客户证书管理等功能。仅工商银行天津分行已为74家优质客户提供了网上查询、企业内部结算、无纸化经营等服务，到2000

课堂笔记

年底注册客户达200家。个人网上银行业务主要提供查询账户余额、交易明细、对账单信息、网上挂失换卡申请等。工商银行的B to B在线支付具有开户手续简便，安全措施先进，并能提供增值信息服务的特点。

工商银行上海分行则推出了“my95588. com”网站，注册用户可以使用在线交易所提供的账户查询、转账、个人外汇买卖、银证转账、代理业务、申请业务等金融服务。

2.1.6.5　香港特区的银行业

1998年11月，花旗银行在香港特区率先推出首家网上银行。1999年初，永隆及浙江第一银行也推出“永隆网上银行”及“CF Web banking”。其后，汇丰、恒生、永亨、道亨、运通、东亚、美洲银行也相继推出类似服务，所提供的网上银行服务包括：理财服务、投资、购物、股票买卖、贸易融资、商贸解决方案、按揭、保险、基金销售及其他网上贷款等。其中，永隆银行自1999年推出网上股票买卖交易后客户迅速增加，其网上交易量已占该行总交易量的14%。香港特区最大的汇丰银行则与美林一并投资10亿美元，联合提供网上银行及财富管理服务。

任务二　招商银行个人网上银行业务

个人银行是指凡在招行开有储蓄普通存折或“一卡通”账户的个人和家庭，均可享受全方位网上“家庭银行”理财服务，包括账务查询、自助转账、证券保证金转账、自助缴费、挂失、修改密码、财务分析、网上支付卡申请等服务。

2.2.1　招商银行网上个人银行的功能和特点

招商银行网上个人银行业务依托于高科技网络技术，加大金融电子化的应用力度和服务范围，提供集新型银行和传统银行于一体的全方位的个人金融服务，适用于个人和家庭，只要在招行开立一卡通账户，无须另外申请，上网即可享用。

课堂笔记

2.2.1.1 系统功能

1. 用户管理功能

包括增加用户、修改用户密码、日志查询等。

2. 一卡通管理功能

包括安装一卡通、删除一卡通等。

3. 数字证书的管理功能

包括证书申请、证书下载、证书更新、证书查询、证书备份、证书恢复等。

4. 业务功能

(1) 储蓄业务：存折、存单、个人支票、活期储蓄、定期储蓄、个人通知存款、教育储蓄、储蓄存款转存、自助转账、同城转账、境内汇款、境外汇款、存款托收、VISA/PLUS 外卡收单业务、个人结汇/购汇业务。

(2) 居家服务：刷卡消费、网上支付、自助缴费、一卡通电信服务、神州行充值、航空电子客票、理财秘书服务、代理扣款保管箱业务、存款证明业务、招商银行账户证明书、一卡通账户余额、证明移民金融咨询服务。

(3) 融资业务：个人汽车消费贷款、个人消费贷款、个人住房贷款、教育学资贷款、凭证式国债、质押贷款、全国个贷中心自助贷款。

(4) 投资业务：股票、开放式基金、外汇买卖、凭证式国债、个人黄金买卖、保险、人民币债券理财、外汇通理财、金卡外汇理财、外汇理财钻石系列。

(5) 电子银行服务：网上个人银行、电话银行、手机银行掌上银行、自助银行、95555 出行易、快易理财服务。

2.2.1.2 系统特点

1. 完善的安全机制

在交易认证上采用了完整的证书机制，符合国际标准；在网络通信上采用了招商银行自主开发的封闭通信协议，避免他人截获分析有关的数据；在加密算法上达到了国际先进系统的强度，防止被他人破译；在业务控制上采用了多项措施，确保他人不能从业务环节进行渗透。

课堂笔记

2. 增强的服务功能

在完善的安全机制之下，系统增加了如个人汇款、转账等对安全要求较高的新功能，使得对个人的理财服务更加完善。

3. 可自行设定支付限额

用户可自行设定或取消支付限额，一方面使得用户对安全的控制更加个性化，另一方面方便了用户进行大额网上支付。

4. 自动软件升级

用户软件可随着整个系统的发展而自动升级，使得用户可以随时获得招行的最新服务。

2.2.2 招商银行网上个人银行的管理操作

首先，登录招商银行主页，而后进入到【个人业务】，出现如图2-1所示的界面。

图 2-1　招商银行个人业务

从【个人业务】页面上我们可以看到登录网上个人银行的方法有两种：一是通过个人银行专业版；再一个是个人银行大众版。

课堂笔记

小资料：“个人银行专业版”与“大众版”有什么区别？

“个人银行专业版”是“大众版”的扩展和完善。与“大众版”相比，有以下区别：

（1）业务内容不同：“专业版”在“大众版”账务查询、修改密码、卡内定活互转、同身份证账户互转、专户互转、小额网上支付等功能基础上，增加了同城转账、异地汇款、大额网上支付等功能，并将随着业务发展不断丰富。

（2）安全机制不同：“大众版”充分利用了浏览器本身的安全机制，而“专业版”采取了X.509标准数字证书体系，具有更高的安全性。

（3）使用方法不同：“大众版”无须下载任何软件，只需一台联网电脑，就可以使用该项功能，在浏览器界面操作。“专业版”则需要下载客户端软件，操作时自动打开“专业版”窗口，且只能在安装个人证书的电脑上使用。

本教材以个人网上银行的大众版为例来说明有关个人网上银行的操作和管理。点击【个人银行大众版】按钮，便出现如图2-2和图2-3所示【安全警报】界面，这个安全警报提示用户，从现在开始，用户和网站间建立了一个安全通道，用户与网站间的信息交流不会被该网站上的其他用户所看到，从而保障有关信息的安全。

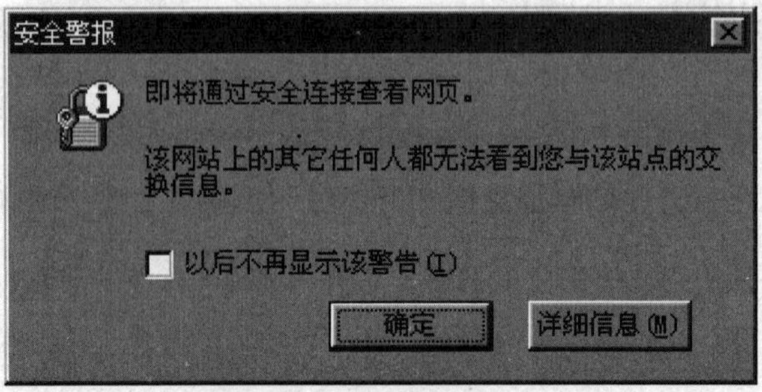

图2-2　安全警报一

课堂笔记

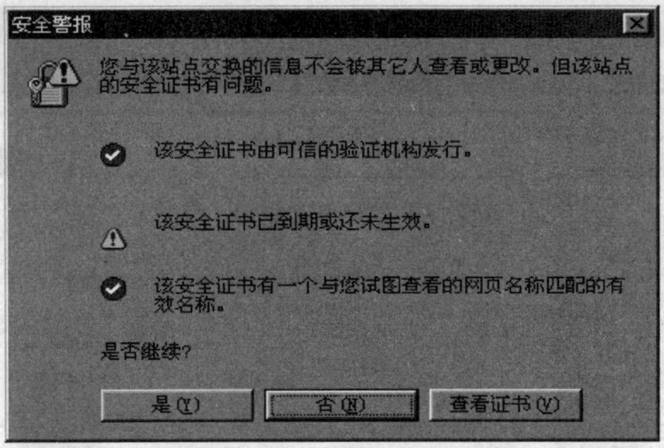

图 2-3　安全警报二

在安全警报二中点击【是】按钮，则出现如图 2-4 所示的大众版个人网上银行的登录页面。

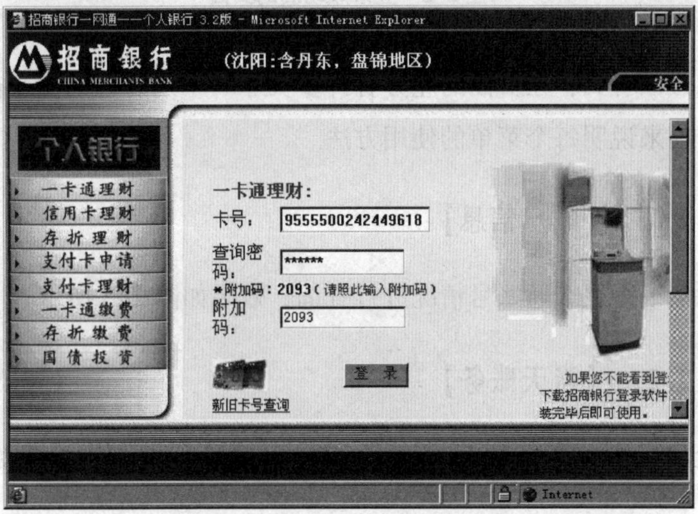

图 2-4　大众版个人网上银行登录

在图 2-4 中输入一卡通账号和查询密码及附加码，如果正确，便可以登录个人网上银行，效果如图 2-5 所示。

课堂笔记

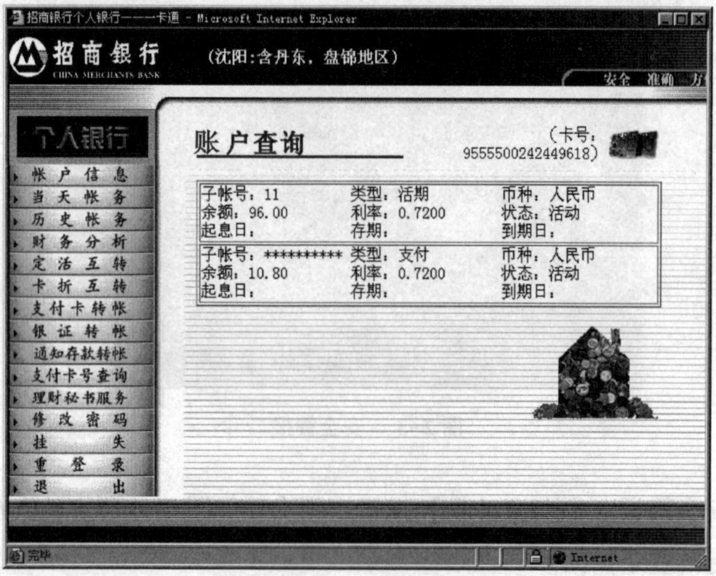

图 2-5　登录成功后的页面

我们可以看到，在页面的左方有许多关于一卡通管理的菜单选项。下面我们分项来说明每个菜单的使用方法。

2.2.2.1　【账户信息】

能对某一个一卡通账号情况进行查询，效果如图 2-5 所示。

2.2.2.2　【当天账务】

能对某一个一卡通账号当天的业务情况进行查询，效果如图 2-6 所示。

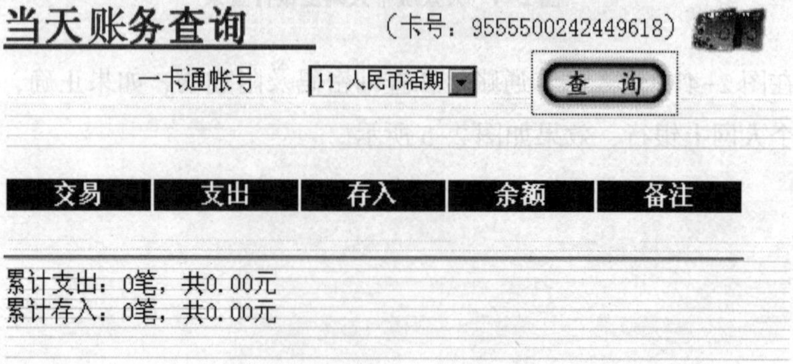

图 2-6　一卡通账户的查询

课堂笔记

2.2.2.3 【历史账务】

能对某一个一卡通账号当天的业务情况进行查询，效果如图2-7所示。

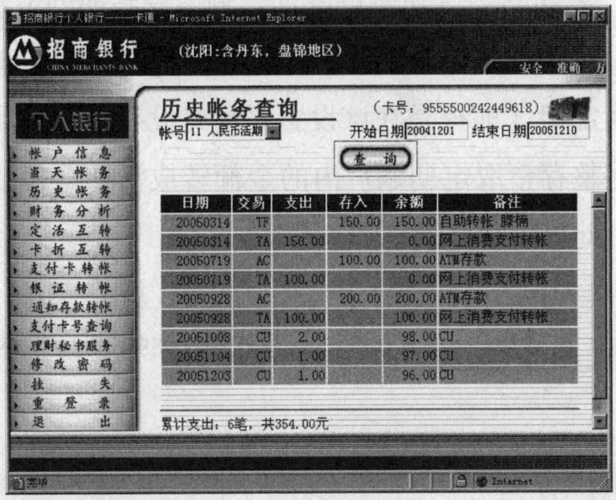

图 2-7 历史账务查询

2.2.2.4 【财务分析】

个人的一卡通账户在应用了一段时间之后，我们不仅可以查询该账户的余额、交易情况等信息，而且还可以对其交易的情况进行财务分析，并可查看有关的收入和支出曲线图，如图 2-8 所示。在该财务分析图上，能够清晰地看出该账户中收入和支出的数额和时间分布。

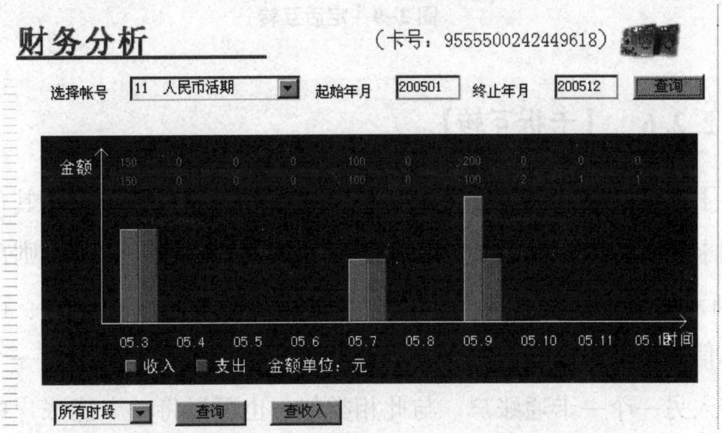

图 2-8 一卡通账户的财务分析图

课堂笔记

2.2.2.5 【定活互转】

一卡通还可以将卡内金额在活期和整存整取定期账户间进行转换，点击【定活互转】后如图 2-9 所示的界面，输入要转换的金额，指定存期的长短和选定币种及赋予一个取款的密码，点击【载定期】就可以将这部分金额由活期转为定期（前提是在该设置要预先设有整存整取的定期账户）。同样，也可以将整存整取定期账户内的金额转成活期金额，操作过程与活期转定期相仿，此处不再详述。

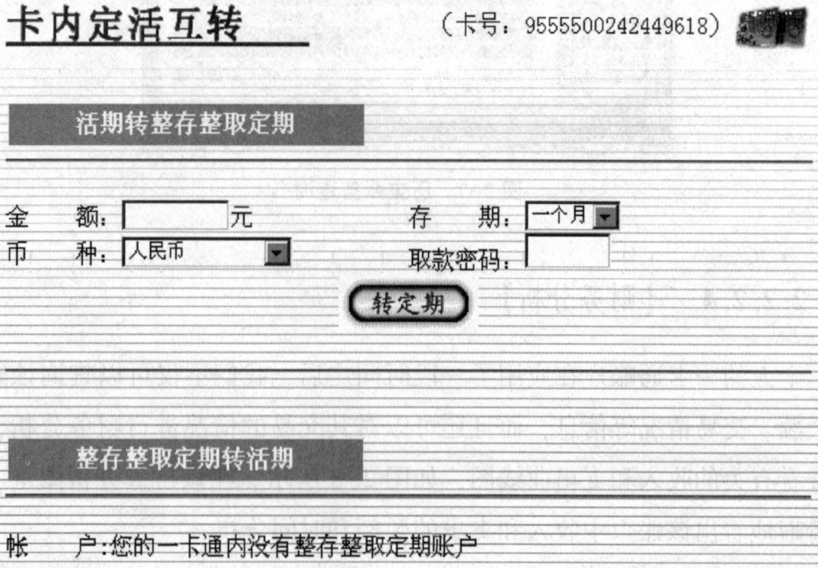

图 2-9　定活互转

2.2.2.6 【卡折互转】

一卡通的功能之一是：可以将一卡通账户内的资金转移动其他一卡通或信用卡账户内。在登录成功后的界面上点击【卡折互转】，则出现如图 2-10 所示的界面。输入要转入的一卡通卡号、要转账的金额、币种及取款密码信息后，点击【转一卡通】按钮便可以实现这笔资金由一个一卡通账号转入另一个一卡通账户。与此相类似，也可以将一卡能账户中的一部分金额转入其他信用卡账户，操作过程与“转一卡通”相仿。

课堂笔记

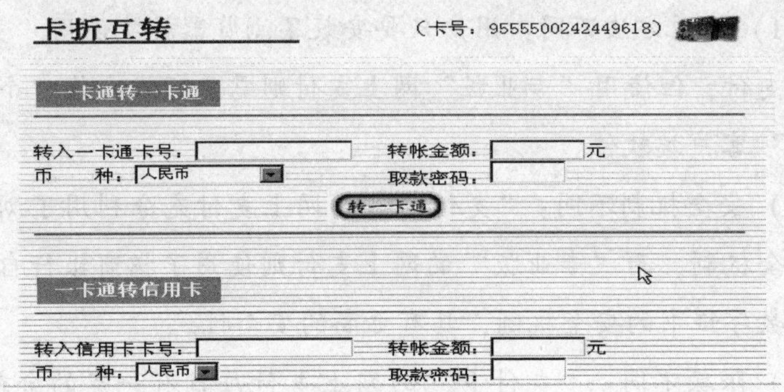

图 2-10　卡折互转

2.2.2.7　【支付卡转账】

一卡通的资金与网上支付卡账户内的资金可以实现互转，当网上支卡内的金额不足以支付所购商品价款时，可以从一卡通内向支付卡转账一部会。反之，也可以从支付卡向一卡通内转移金额。如图 2-11 所示。

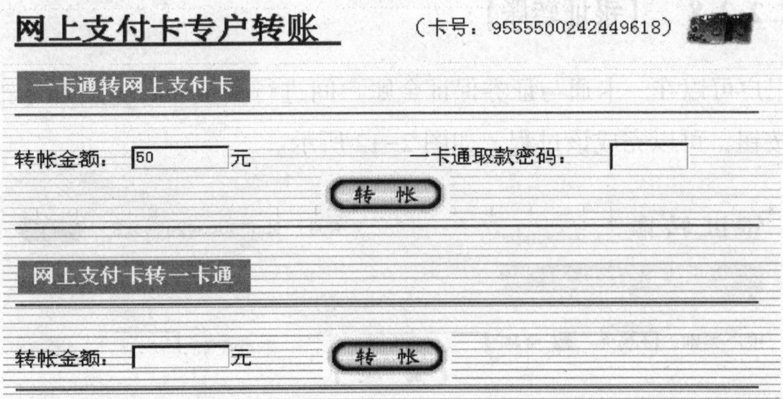

图 2-11　支付卡转账

小资料：支付卡的网上支付和一卡通的网上支付究竟是什么关系？

“支付卡”和“专业版”的网上支付是招商银行针对不同客户群提供的两种支付服务，它们的共同点在于都可以用于网上购物、网上缴费等活动的付款，但两者之间有以下不同点：

课堂笔记

（1）使用方法不同：用户只要安装了浏览器就能使用“支付卡”的网上支付，但使用“专业版”网上支付则需要下载安装“个人银行专业版”客户端软件。

（2）安全机制不同：“支付卡”的网上支付充分利用了浏览器本身的安全机制，而“专业版”的网上支付则使用了招商银行自主开发的基于数字证书的安全机制，具有更高的安全性。

（3）限额不同：“支付卡”的网上支付每日有一定的金额限制，限额由银行统一设定；而“专业版”的网上支付限额由客户自己设定，可以设定有限金额或为无限额。

（4）支付账户不同。“支付卡”的网上支付是从“网上支付”子账户付款，使用前必须先把资金从“一卡通”活期转到支付卡账户中；而“专业版”网上支付是直接从“一卡通”活期账户付款。

2.2.2.8 【银证转账】

用户可以在一卡通与证券保证金账户间进行资金互转，点击【银证转账】按钮，可以完成该过程，如图 2-12 所示。

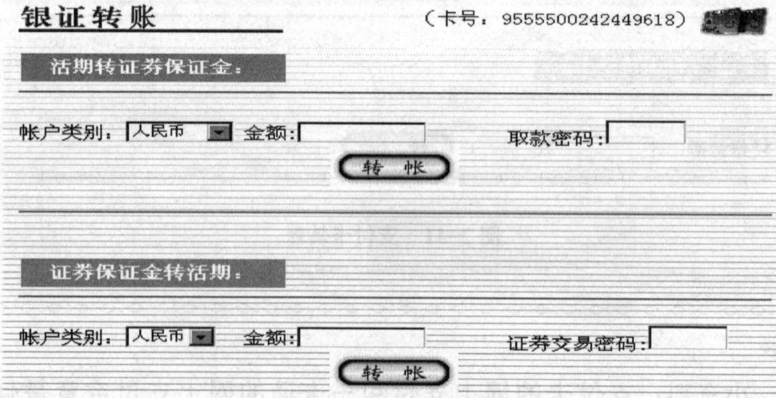

图 2-12 银证互转

2.2.2.9 【通知存款转账】

在一卡通内有通知存款账户时，可以在通知存款账户与活期存款账户间实现资金转移，如图 2-13 所示。

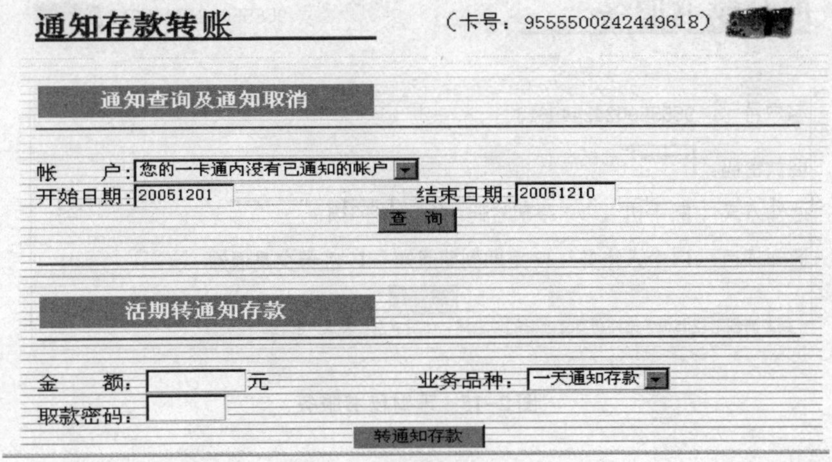

图 2-13　通知存款转账

2.2.2.10　【支付卡号查询】

可以对一卡通内的各支付卡号进行查询，输入一卡通的取款密码与一卡通凭证号，便可以查询有关的支付卡信息，如图 2-14 所示。

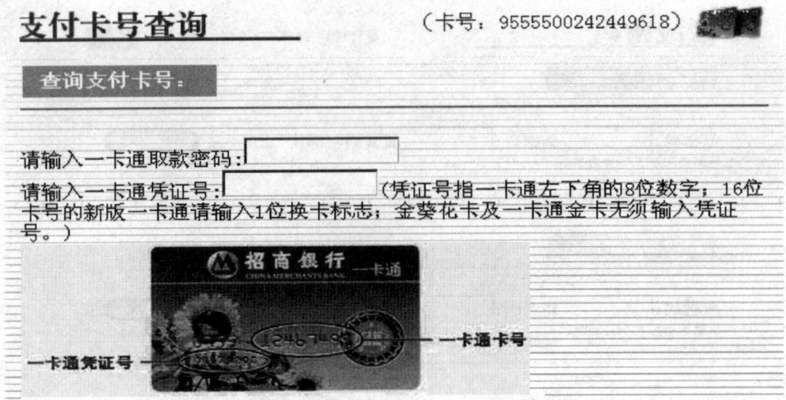

图 2-14　支付卡号查询

2.2.2.11　【理财秘书服务】

持有一卡通的用户，可以开通一卡通的理财秘书服务，如图 2-15 所示。只要输入一卡通的取款密码，以及通知方式及通知项目，就可以得到

课堂笔记

招商银行的理财秘书的周到服务。

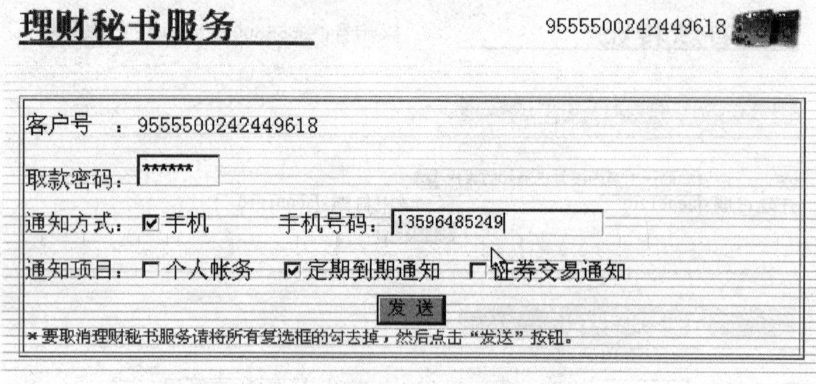

图 2-15 理财秘书服务

2. 2. 2. 12 【修改密码】

一卡通的卡号和密码是相当重要的数据信息，这些信息不能随便地被外人知道，所以要不定期地更换一卡通的密码，以保证一卡通账户的安全。点击【修改密码】，可以更改一卡通的密码。一卡通的密码包括两种：即一卡通的取款密码和一卡通的查询密码，都可以修改，如图 2-16 所示。

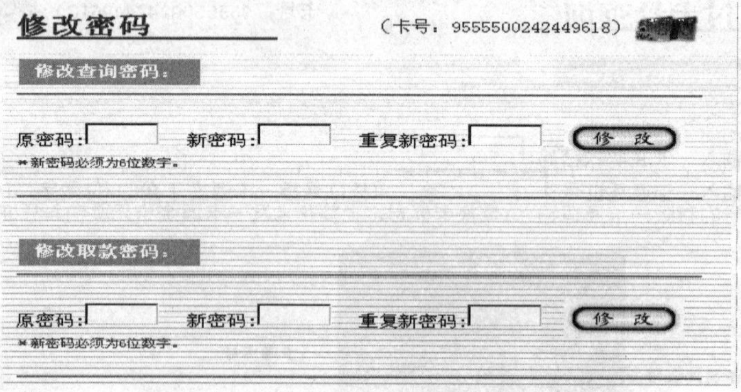

图 2-16 修改一卡通的密码

2. 2. 2. 13 【挂失】

万一不慎将一卡通卡片丢失，用户可以及时到招行网站对该卡号进行挂失，以免该卡被他人拾到，给自己造成经济损失。挂失的方法如图 2-17 所示。先登录个人银行大众版，点击【挂失】，输入查询密码后，点击

课堂笔记

【挂失】即可。

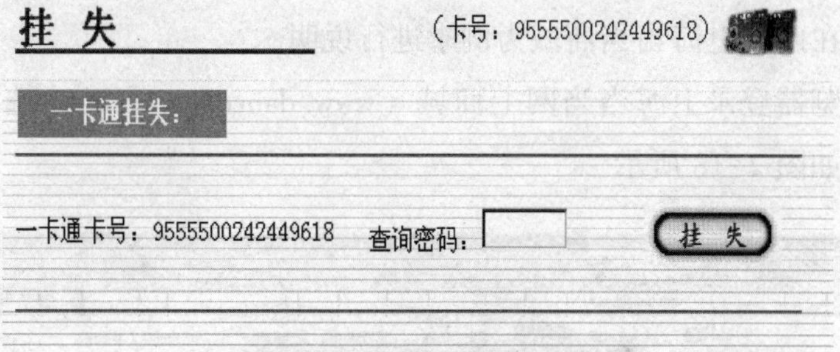

图 2-17　一卡通的挂失

小资料：如何办理挂失手续？

当您发现一卡通（存折）遗失、被窃或发生被抢等，可按以下两种方式进行挂失：

1）口头挂失

可以使用一网通的个人银行系统（即本网页）或电话银行办理口头挂失；口头挂失期限为 5 天，5 天内必须到开户银行办理正式挂失手续；如因出差或其他原因不能前去办理正式挂失手续的，须再次续办口头挂失，否则口头挂失将失效；如果要取消口头挂失，请持本人身份证明到开户银行办理取消口头挂失手续。

2）书面挂失

持本人身份证明到开户银行办理挂失手续；向银行提供存款人姓名或开户时间、储蓄种类或金额或卡（账）号等有关资料；填写挂失申请书一式三联，将身份证明复印件交储蓄经办员；如由他人代理，还须提供代理人身份证明复印件；将经办员退还的挂失申请书第一联保存，7 天后，必须由储户本人持此联和本人身份证明到开户行办理补发新卡（存折），或支取现金手续。

2.2.3　利用一网通实现网上支付与结算

下面以一次用招商银行的一网通进行网上购物结算的实例来说明如何

课堂笔记

在互联网上进行购物与网上结算的应用。

首先，要找到一家在网上销售并能接受网上支付与结算的网上商城进行购物。在此以上海当当商城为例来进行说明。

用浏览器登录上海当当网上商城（www. dangdang. com），选择图分类进入后，如图 2-18 所示。

图 2-18　上海当当网上书城首页

对要选购的商品进行搜索，如在这里，搜索对话框中，我们输入“网站”，浏览器将列出所有本商城和网站有关的书籍，如图 2-19 所示。

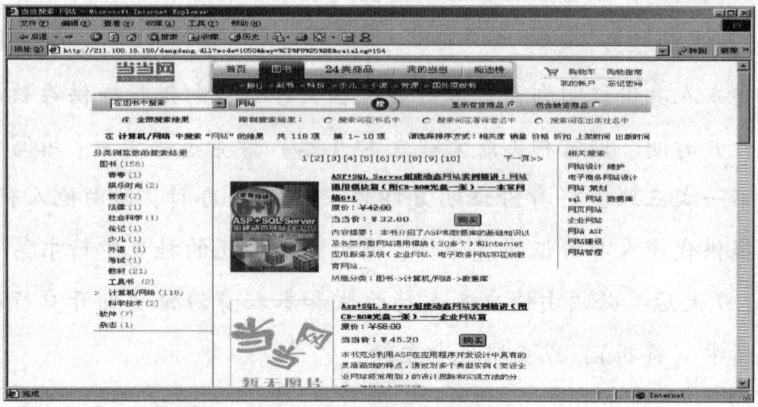

图 2-19　关于“网站”方面图书的搜索结果

选择其中自己感兴趣的一本书（如 ASP+SQL Server 组建动态网站实例精讲—企业网站篇），对该书的详细信息如书的价格、作者、出版社、

课堂笔记

目录及主要内容介绍等信息，可以点击超级链接进行浏览，而后点击【购买】按钮，出现如图 2-20 所示的界面。

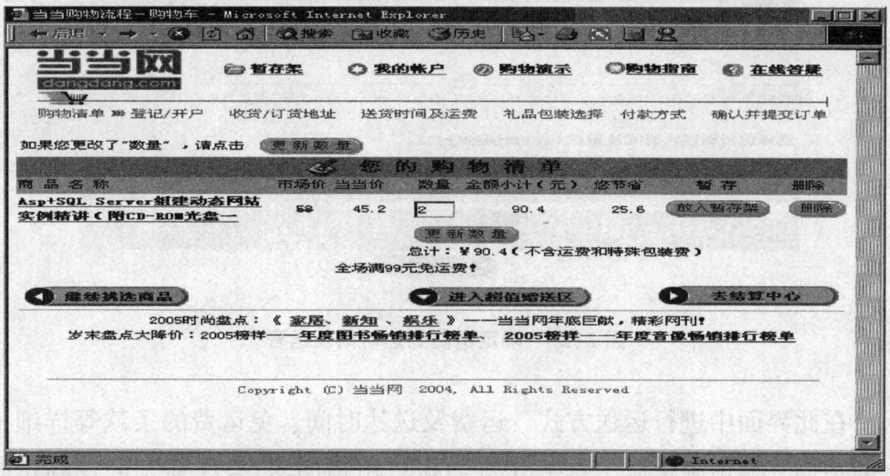

图 2-20　购物车界面

在购物车界面中，我们可以修改选购商品数量，并且可以选择进行【继续选购商品】，还是【去结算中心】，在这里我们点击【去结算中心】出现如图 2-21 所示的界面。

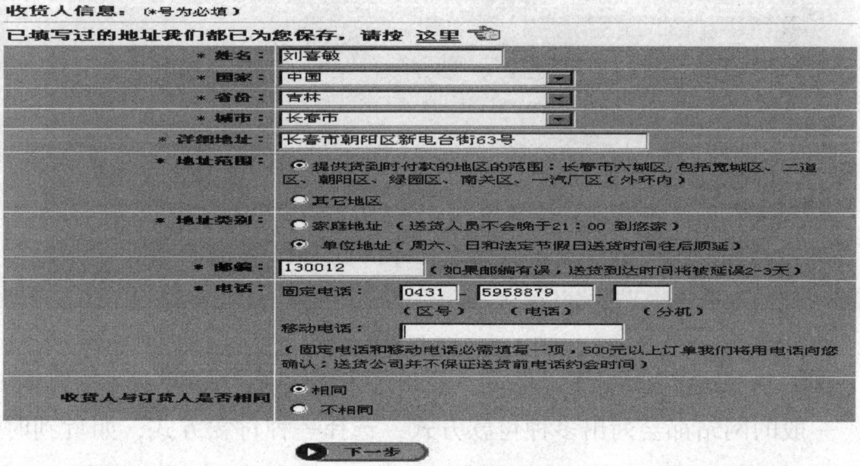

图 2-21　填写收货人详细信息

在此界面中，需要购买者填写详尽的收货信息，如姓名、地理位置、电话等联系方式，确认无误后点击【下一步】，需要用户选择货物的送达时间及运输方式及运费的情况，如图 2-22 所示的界面。

课堂笔记

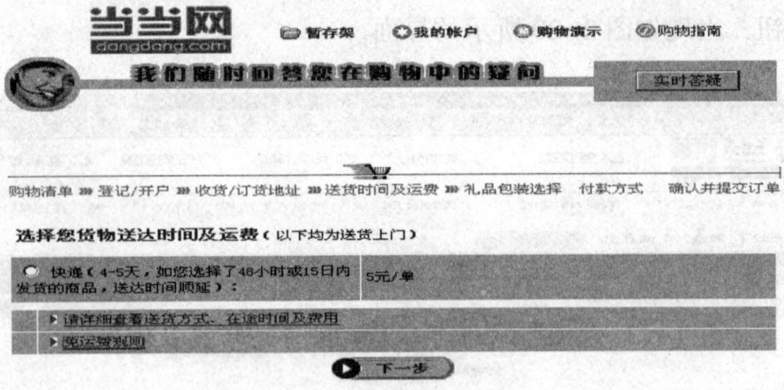

图 2-22　确定送货到达时间及运费

在此界面中进行运送方式、运费及送达时间、免运费的条款等详细信息的查询。各项确定后，点击【下一步】出现如图 2-23 所示的选择付款方式的界面。

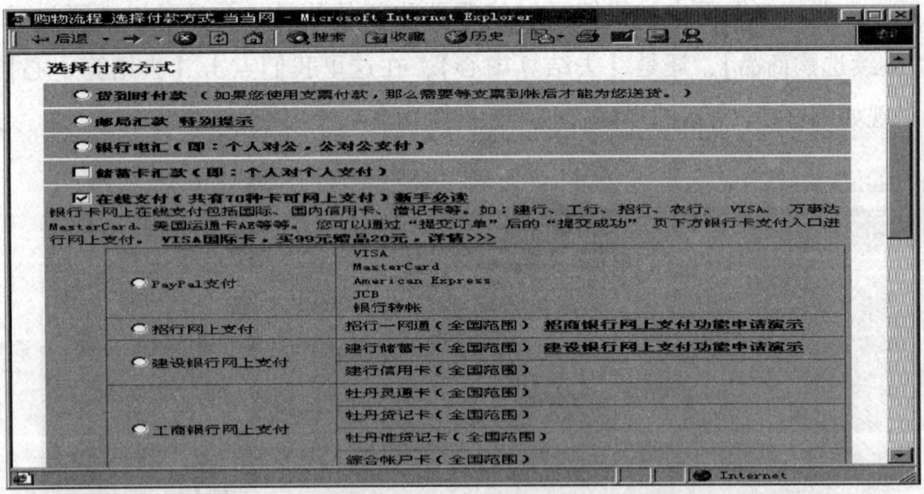

图 2-23　选择付款方式

一般的网站都会列出多种付款方式，选择一种付款方式，如货到时付款、邮局汇款、银行电汇、储蓄卡付款和在线支付。您可以选择其中的一种付款方式点击下一步，在这里我们选择【在线支付】的付款方式中的招行网上支付方式中的一网通支付方式。点击【下一步】。出现图2-24所示的提交订单页面。

课堂笔记

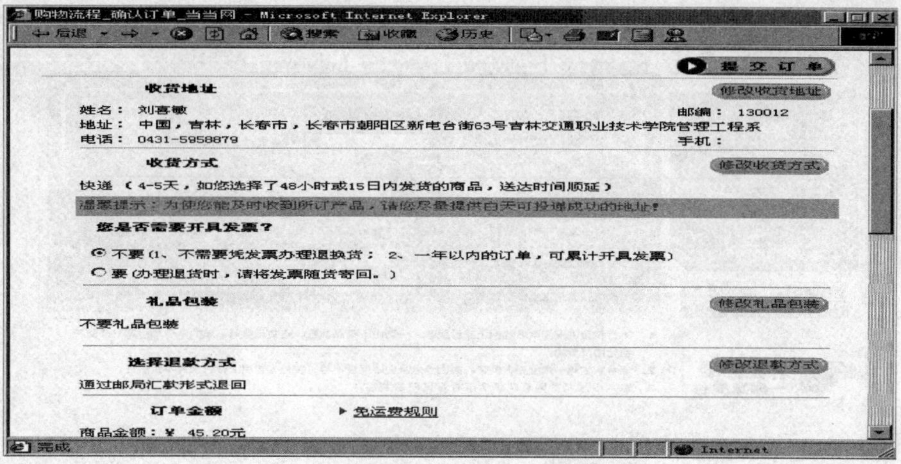

图 2-24　提交订单

在提交订单页面，购买者可以游览自己填写过的相关信息，如收货地址、收货方式、礼品包装、是否开具发票及退款方式等方面的信息，在确定所有信息均无误后，便可以点【提交订单】按钮，出现订货完成页面。如图 2-25 所示。

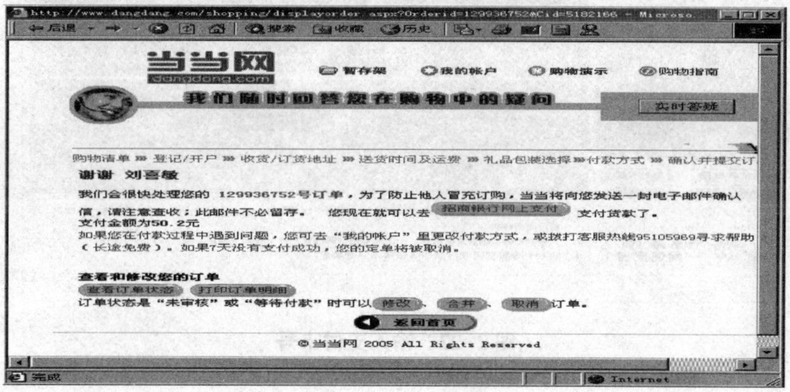

图 2-25　完成订货

在此页面中，可以看到本次购买的订单号码、查看订单状态及打印订单明细及直接到招商银行进行网上支付。点击页面中的【招商银行网上支付】按钮，便可直接进入招商银行的个人银行一网通支付页面。如图 2-26所示。

课堂笔记

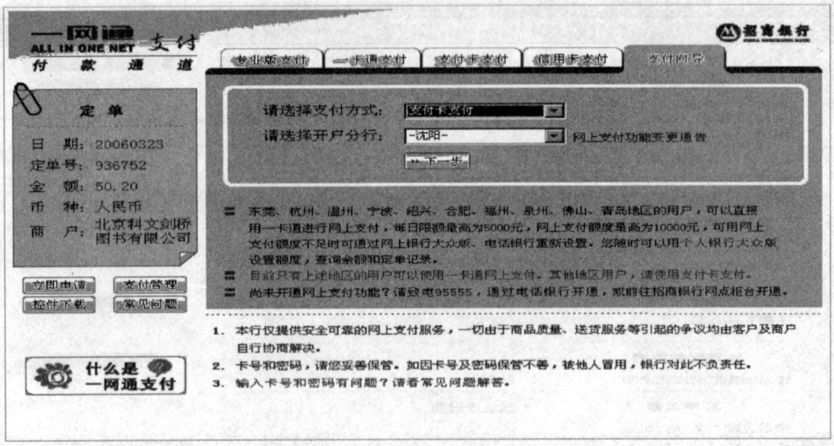

图 2-26 个人银行一网通支付页面

在此页面中，可以看到订单号、金额、下单日期、商户等信息，并选择一网通开户地区及一种支付方式，之后点击【下一步】。如图 2-27 所示。

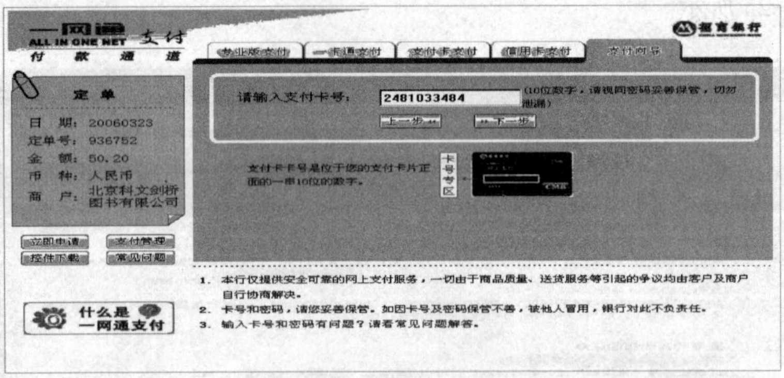

图 2-27 输入支付卡号

在图 6-26 中输入所持有的支付卡号（因为支付卡号不能向外泄漏，所以在这里进行了简单的处理），而后点击【下一步】。出现要求输入支付卡密码的界面。如图 2-28 所示。

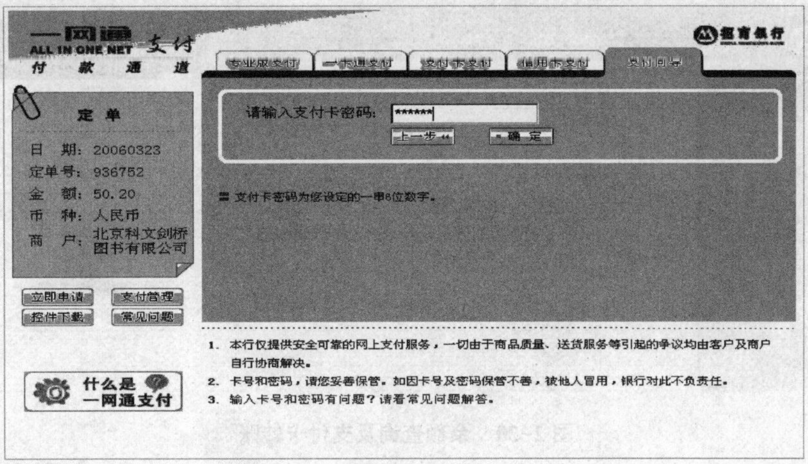

图 2-28　输入支付卡密码

输入支付卡密码，点击【确定】，如果该支付卡账户余额，足以支付该商品的价款，则会出现支付成功界面；如果该支付卡账户余额不足以支付该商品的价款，则会出现如图 2-29 所示的错误信息——“您的余额不足”。

图 2-29　支付卡余额不足的情况

此时，就要登录招商银行个人银行大众版，进行账户余额查询，并从一网通账户中将金额转入该支付卡一部分，用以网上支付。如图 2-30 所示。

课堂笔记

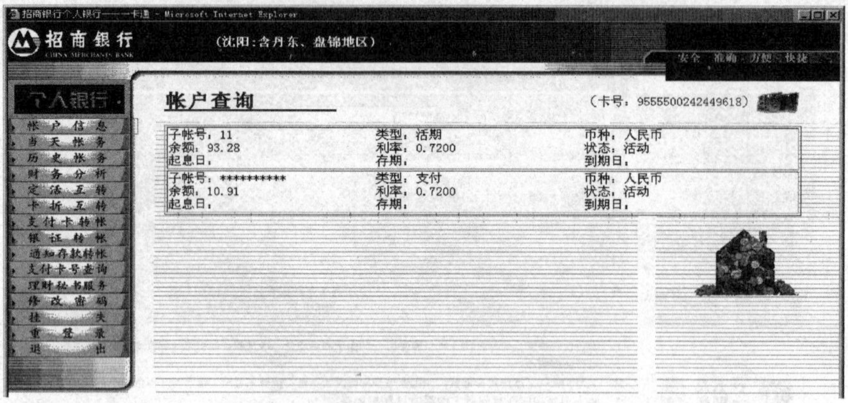

图 2-30　余额查询及支付卡转账

点击支付卡转账，过程如图 2-11 所示的支付卡转账示意图，此处不再详述。

任务三　招商银行企业网上银行业务

“网上企业银行”是招商银行网上银行——“一网通”的重要组成部分，它是通过 Internet 或其他公用信息网，将客户的电脑终端连接至银行主机，实现将银行服务直接送到客户办公室、家中或出差地点的银行对公服务系统，使客户足不出户就可以享受到招商银行的服务。

2.3.1　招商银行企业网上银行系统功能

2.3.1.1　集团公司全国“网上结算中心”和“财务管理中心”

集团公司母子公司作为一个客户整体，具有唯一客户号，开通唯一的网上企业银行服务，实现集团公司内部统一的资金结算管理和提供高效的集团理财支持；灵活的子公司账户远程控制与管理。实现全国范围内“集团公司母子公司账户业务集中开通和集中操作”“母公司统收统支”“母公司授权子公司额度内或超额度自主支付”“子公司网上申报母公司逐笔审批”等集权程度不同的集团资金管理模式；强大的集团结算中心功能。实现全国范围实时集团账务信息查询、资金余额汇总、内部资金实时调拨、对外集团支付等多种功能及创新的集团财务中心管理。通过全新的“自助贷款”、“自助委托贷款”等信用业务功能，母公司统筹运用集团公司资金，实现母子公司、各子公司之间有偿资金调拨和头寸调剂；实现子公司共享集团公司统一授信额度；实现母公司对子公司的“零余额”资金管理和名义资金管理；实现集团资金定期回笼和下划的“限额”管理；强力支持集团理财。

课堂笔记

2.3.1.2　网上自助贷款

贷款授信额度预先审批、循环使用，集团母子公司共享；自助提取额度内贷款和自助还款，资金实时到账，操作方便快捷；贷款随借随还，期限灵活；贷款本息到期自动扣收、无过期、逾期烦恼。

2.3.1.3　网上委托贷款

全新的企业网上理财服务；预先签订委托协议和贷款协议，委托人可在额度内发放多笔委托贷款；委托人、借款人网上直接对话，借款人自主确认委托人有关委托贷款事项；委托贷款发放和归还自助操作，资金实时到账；贷款本息到期自动扣收，无过期、逾期烦恼。

2.3.1.4　网上全国代理收付

实现全国本地、异地代发代扣业务，款项实时到账，业务信息反馈及时、全面；建立“网上收费站”，代扣行政、事业规费和其他协议收款业务；建立“网上出纳”，可全国代发工资、奖金、补贴、借支款项等各类现金业务，通过代发“附件”功能异地传递原始凭证实现异地财务审核和异地费费用报销等；紧密银保业务合作，为投保人提供最大便利，“银保通”模式全面代理保险公司收缴保费和赔付业务 。

2.3.1.5　个性化财务授权管理

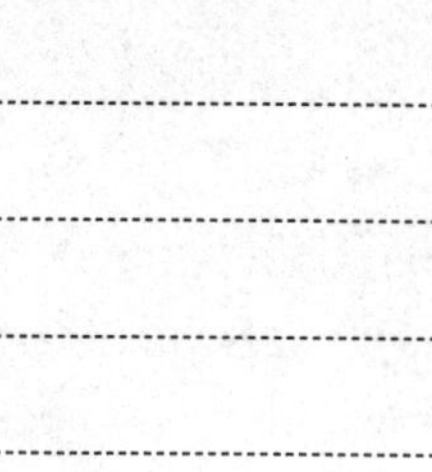

自由定制企业内部财务授权管理模式，适应多种个性化财务管理需求；采用灵活的预设模式策略，系统固化企业财务管理模式；“标准化”预设模式，采用“傻瓜”式操作，直观易用，适应一般企业财务管理要求；“个性化”预设模式，采用“操作链”式管理，业务流程清晰，权限

课堂笔记

条件设置严格，人员分组分工灵活，适应不同财务管理方式的组合，有力支持“集团财务结算中心”的复杂管理。

2.3.1.6 网上安全账户管理

预警通知。可选择自由设置账户经办预警、异常大额变动等多种预警条件，通过个人电脑终端、电子邮件、手机短信等多种信息渠道，协助管理人员随时掌控账户变化；收方受限为商业伙伴预先设置通信录，对支付转账等资金交易业务限制收款人范围，锁定资金流向、保障资金安全；限额控制。自由设置支付转账等资金交易业务的条件限制，可对单笔金额，每日、每周、每月或每年累计金额等做出限定；数字证书对涉及资金交易等敏感业务的操作，均需要通过数字证书卡进行身份认证和加密，充分保障系统安全。

2.3.1.7 全流程透视与交易追踪服务

全新“流程透视”功能，提供业务经办、审批全流程详细信息；自动提示下一步流程并通知有关操作人员，保证业务流程的高效畅顺；显示企业用户业务处理准确时间，公示银行业务处理环节和交易状态，彰显高品质银行服务，帮助企业及时掌握商机和做出决策。

2.3.1.8 智能化操作向导

提供多种帮助和向导功能，秉承“windows”风格，操作更具人性化。界面动态帮助提供鼠标指向的标题、菜单、名词、按钮、填空栏目、下拉框等对象的诠释。联机帮助提供详尽的功能说明和疑难解答。操作流程提示提供易学易用的向导指引，强大功能不再复杂；个性化界面提供包括界面颜色变幻、按钮风格、快捷键设置等个性化选择功能，界面更为友好亲和。

2.3.1.9 度身定制银行信息主动通知

主动信息通知，改革银行被动提供信息服务的传统，提供银企间、企业与企业间互动沟通的全新手段；渠道多种多样，包括银企直通车、个人电脑终端、电子邮件、手机短信等多种方式；咨询内容丰富，包括金融资

课堂笔记

讯、银行通知、账务信息、交易信息、业务处理流程信息等，随时掌控业务状态；信息度身定制，客户自主订阅和设置信息发送条件、设置包括“经办预警”“余额异常”“到账通知”等。

2.3.1.10 商务信息海量传递

新增“交易附件”提供海量“摘要”，可以附加任何交易的说明资料；方便复核、查账、记账和收款人核对；附件数量最多可达5个；附件类型支持文本、扫描图形、表格等，附件可为固定格式和自由格式，满足不同业务需求。

2.3.1.11 网上票据

为公司客户在涉及商务链的商流销售票据回笼和物流采购票据支付等方面提供完整的电子化解决方案，尤其是对集团性企业希望通过实现系统内商业票据的集中管理和使用来加强和完善集团内部现金管理的要求提供金融技术支持。客户向招商银行申请并取得业务资格后，可以将持有的银行承兑汇票（简称实票，下同）或招商银行电子票据（简称电子票据，下同）交由招商银行代为保管（托管），并通过网上企业银行获取托管票据信息；通过网上企业银行办理实票或电子票据的贴现、赎回、托收、质押贷款、质押开票、电子票据的背书和实票撤销托管等；通过网上企业银行签发银行承兑汇票或招商银行电子票据。

2.3.1.12 网上信用证

服务于采购量大的制造、商贸企业及其相关企业，严格经销准入的制造企业及其相关企业，以及B2B电子商务平台的会员企业。客户通过网上企业银行实现网上开证、修改、通知及网下授信和议付，完成国内信用证的全部业务操作。基本功能包括经办和多级审批开证、开证和来证查询、信用证修改与撤销、收方限制、主动通知、收益人信息编辑、脱机制单、成批经办和系统直联等。

2.3.1.13 网上外汇汇款业务

服务于以外汇汇款作为结算手段的跨国公司、工贸企业、外贸企业

课堂笔记

等。客户在网上企业银行制作、审批外汇汇款申请，通过互联网发送至开户行，从而实现业务申请在银企间快速、安全传递。基本功能包括单笔境内/境外汇款申请、批量境内/境外汇款申请、集团汇款管理、企业内多级审批、常用资料维护、脱机制单、模版制单等。

2.3.1.14 网上国际信用证业务

服务于以国际信用证作为结算手段的跨国公司、工贸企业、外贸企业等。客户在网上企业银行制作、审批国际信用证开证申请和修改申请，通过互联网发送至开户行，从而实现业务申请在银企间快速、安全传递。基本功能包括国际信用证开证申请、国际信用证修改申请、企业内多级审批、常用资料维护、模版制单等。

2.3.2 招行银行企业网上银行的业务分类

2.3.2.1 离岸业务

离岸银行业务是指银行吸收非居民的资金，为非居民服务的金融活动。1989年5月，经中国人民银行和中国国家外汇管理局批准，招商银行在全国率先试办离岸银行业务。在多年的经营中，招商银行离岸业务部充分利用其地处深圳经济特区、毗邻香港这个国际金融中心的地理优势，借鉴国外离岸金融市场的做法，建立了规范的业务运作规则，积累了一定的经验，已形成较成熟的离岸银行业务经营和管理机制，境外代理行和账户行遍及世界各个主要国家、地区和金融中心。

（1）接受境外公司、个人等非居民的外汇存款；

（2）办理境外公司、企业等非居民外汇贷款；

（3）组织和参与国际银团贷款；

（4）为境外公司、企业提供担保和见证业务；

（5）办理外汇买卖、汇兑和各项国际结算业务；

（6）办理票据承兑、贴现，提供贸易融资便利；

（7）参与国际金融市场资金拆借和融通；

（8）提供有关咨询、顾问业务；

（9）经中国人民银行批准的其他离岸银行业务。

课堂笔记

2.3.2.2　基金托管业务

托管业务产品已基本覆盖境内市场所有托管业务品种。招商银行于2002年8月成立基金托管部，同年11月，经中国人民银行和中国证监会批准，获得证券投资基金托管人资格，成为国内第一家获得该项业务资格的上市银行。目前，招商银行拥有开放式基金代销、证券投资基金托管、社保基金托管、QFII托管、受托投资管理托管等多项托管业务资格，已经开办的托管业务品种有：证券投资基金、委托理财托管、信托投资计划托管等。在短短2年时间里，招商银行托管业务发展迅速。截至2005年2月末托管资产超过370亿元。

在提升托管业务服务水平方面，招行充分发挥技术领先优势，整合了网上银行系统、资金清算系统，形成托管核心业务平台，使各项托管服务实现实时化、异地化，更好地适应各种受托理财资产的理财需要，其特点为以下。

1. 兼容性强

适用于多种托管业务种类。可满足证券投资基金、受托理财、企业年金、社保基金、QFII等各项托管业务处理的需求。

2. 高效快捷

实现资金清算的零在途。通过网络化和自动化的处理，使托管资金实现异地清算的“零在途”，并可向管理人或委托人提供网上账户资金余额及其他托管业务信息实时查询。

3. 全国通行，兼具地方优势

业务处理平台使得托管资金账户的开立突破地域限制，在全国任何招商银行网点覆盖区域，委托人或投资管理人均能享受集中化处理、本地化服务的优质托管服务。

招商银行基金托管部将秉承“诚实信用、勤勉尽责、服务创新、追求卓越”的一贯宗旨，不断满足客户多样性、差异性的业务需求，向投资者和资产管理人提供安全、优质、高效的托管服务。

2.3.2.3　企业年金业务

招商银行企业年金管理依托自身丰富的企业年金管理经验和实践，为

课堂笔记

企业建立企业年金计划提供年金计划设计、咨询、企业年金账户管理、企业年金基金托管等“一站式”服务的业务。企业建立企业年金计划有利于保障员工的退休生活质量；有利于企业和员工间建立长久信任关系，留住企业的精英人才，支持企业发展。

按照监管部门和年金协议规定，对企业年金投资、资金划拨进行全过程监控，并通过基金托管清算系统首家实现投资资金清算的“零在途”。

利用国际领先的年金账户管理系统，及时向企业和员工披露多达30余种报表。企业和员工通过电话语音答录系统，或者登陆招商银行企业年金管理中心的网页，进行企业年金账户有关企业和员工的查询。

提供一对一的服务，针对客户的不同需求，设计企业年金计划、服务模式；运用国际通行精算技术，为企业年金计划科学、有效的运行和管理提供方法和技术支持，促使企业年金计划发挥最大的福利和激励作用。

通过稳健的投资理念、科学的投资策略和严格的风险监控体系搭建年金理财平台，组合存款、债券、基金、股票等投资，由优秀投资管理机构提供一系列不同风险等级的投资理财方案。

2.3.2.4 国内业务

1. 存款

包括活期存款、一般定期存款、通知存款、人民币协定存款 、外币单位7天通知存款等不同类型的存款业务。

2. 贷款

按揭贷款额度保证业务船舶按揭贷款固定资产贷款；记账式债券质押担保融资业务流动资金贷款买方、卖方信贷他方代偿业务；贴现业务银行承兑业务租赁项目融资业务。

3. 结算

变码印鉴变码印鉴操作说明网上企业银行4.0版现金存取；银关通——电子口岸网上支付；转账结算。

4. 贸易链融资

保兑仓业务仓单质押担保信贷业务动产抵押（质押）贷款国内保理业务；鉴证贷款和鉴证承诺买方付息票据贴现提前兑付买方信贷卖方付息业务；卖方信贷买方付息业务汽车销售商融资业务商品提货权融资业务；他

课堂笔记

方代偿业务药品提货权授信业务。

5. 票据

商业承兑汇票保贴、商业承兑汇票保证、商业汇票赎回业务、商业汇票贴现业务。

6. 投资理财

财务顾问法人账户透支开放式基金代销业务通知存款；外币单位 7 天通知存款委托贷款项目融资协定存款银团贷款；债券结算代理业务招商现金增值基金。

2.3.2.5　国际业务

1. 国际结算

网上国际业务、国际汇款、信用证、境外托收、银行保函。

2. 贸易融资

进口押汇 、对外担保、出口保理 、信保融资、国际保理、保函融资、提货担保、出口押汇、打包放款 、授信开证、票据包买、票据贴现/买入、托收押汇、T/T 融资（汇款融资）、进口保理。

3. 外汇理财

外汇买卖、外汇债券投资、结构性存款。

2.3.2.6　金融机构业务

政策性银行、全国性商业银行、外资银行 、地方性商业银行、财务公司、证券公司、基金公司、信托投资公司。

2.3.2.7　（七）业务指南

E 证通、城际通、公司卡、汇金通、集团通、集团资金平台管理系统、票据通、银关通、银基通、银企通、银税通、银债通。

2.3.3　招商银行企业网上银行业务的申请与程序安装

2.3.3.1　企业网上银行业务的申请程序

1. 开立账户

请携带公司的“营业执照”和“法人代码证”正本及复印件（加盖

课堂笔记

公章)，带齐企业公章、银行预留印鉴章（财务章、私章)，到就近的招商银行网点办理开户手续（如已在我行开有“201 活期存款”或“204 部队存款”或“232 同业存放款项”或“2211 一般财政性存款”科目账户的客户可免此步骤)。

2. 填写申请表/协议

客户到其账户行领取《网上“企业银行”服务协议》和《网上“企业银行”申请表》，或从网上企业银行社区“业务表格”栏目中下载（服务协议一式三联，申请表一式四联)。按格式填写后在每一份“协议”上加盖公章，在“申请表”上加盖预留印鉴（如果客户多个账号使用不同印鉴，则须分别填写多份申请表)，选择好使用的版本和登录方式；确定开办的业务。然后将申请表和协议书提交账户行。

3. 银行审核

银行受理客户的申请后，审核用户的身份及检查申请表和协议是否正确。

4. 客户服务中心维护

客户服务中心根据用户的申请，为企业开户，打印并分发用户开户资料及系统管理密码信封、IC 卡密码信封等。

5. 客户领取开户资料，数字证书卡及其读写器

客户取得系统管理员用户号、数字证书卡及其读写器、读写器驱动程序等资料。

6. 下载安装程序

如果是数字证书卡用户，先安装好数字证书卡读写器及其驱动程序。然后从招商银行网页（www. cmbchina. com）上下载安装企业银行程序。

7. 进行系统设置

对使用局域网代理服务器的用户可能需要进行通信参数的设置。如果是数字证书卡用户，建议先测试数字证书卡及读写器。

8. 处理业务

详细内容请参考招行网页上的企业银行系统系统演示或帮助文件。

整个流程如图 2-31 所示：

课堂笔记

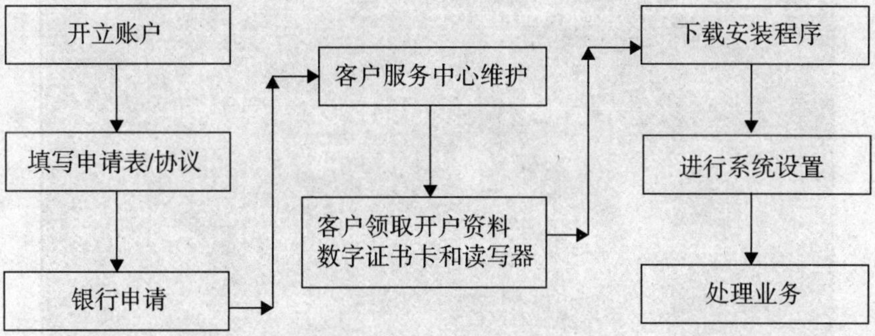

图 2-31　申请流程图

2.3.3.2　企业网上银行系统程序安装

1. 安装程序安装环境

（1）Windows95. 98. 2000. XP 都可安装本系统，建议使用 Windows2000 以上（包括 Windows2000）操作系统。

（2）从招商银行“一网通”公司业务主页上的“网上企业银行社区”（/corporate+business）下载最新版客户端程序“FirmBank4. 0. exe”到本地计算机。

（3）如果您正在运行网上企业银行客户端程序，请退出该程序。

（4）执行安装程序“FirmBank4. 0. exe”。

2. 招商行通用版企业程序的安装实例

下面以招商银行企业银行通用版 3. 8 为例来说明，企业网上银行程序的安装过程。整个安装过程可分为以下若干步骤：

步骤一：在招商银行的网站上下载企业银行通用版 3. 8 后，双击“setup”开始安装，出现安装的界面，如图 2-32 所示。

课堂笔记

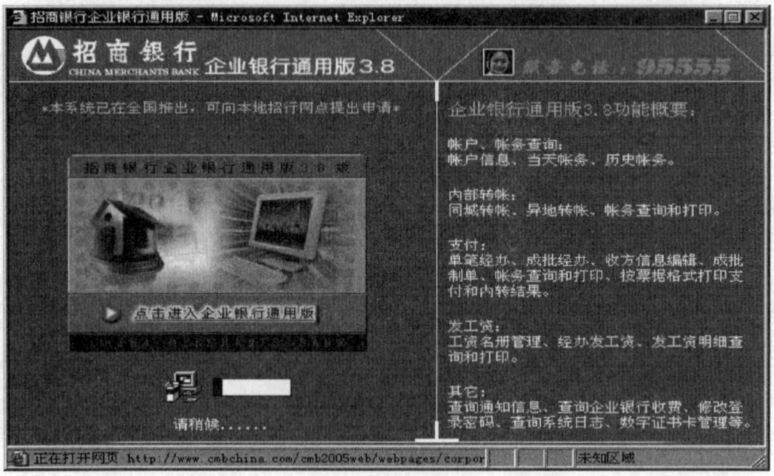

图 2-32　企业银行通用版安装步骤一

步骤二：而后出现安装程序的提示信息，如图 2-33 所示。

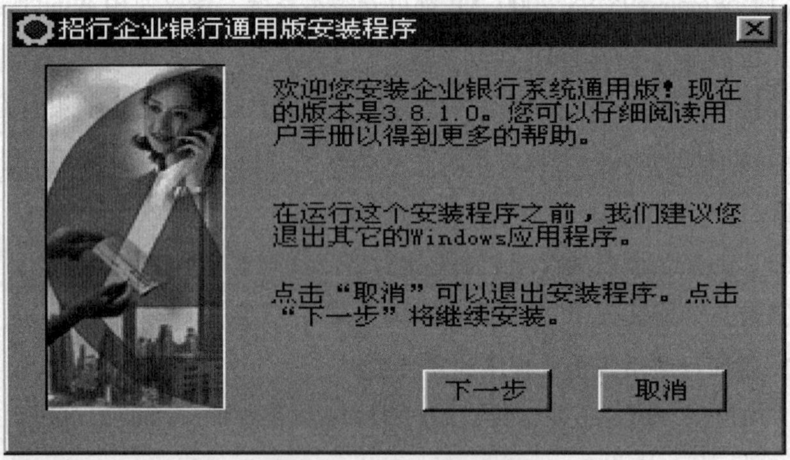

图 2-33　安装提示信息

步骤三：点击【下一步】，可以选择企业登录类型，即选择企业需要通过何种方式登录企业银行系统，是用数字证书方式登录还是用非数字证书方式登录，如图 2-34 所示。

课堂笔记

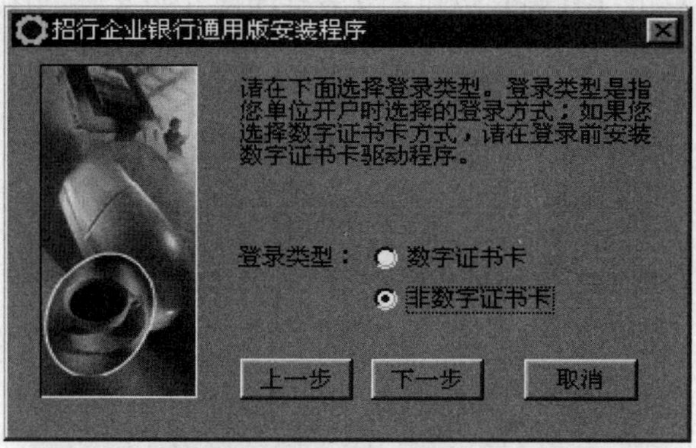

图 2-34　选择企业银行通用系统的方式

步骤四：选好登录方式后，点击【下一步】，选择程序的安装路径，如图 2-35 所示。

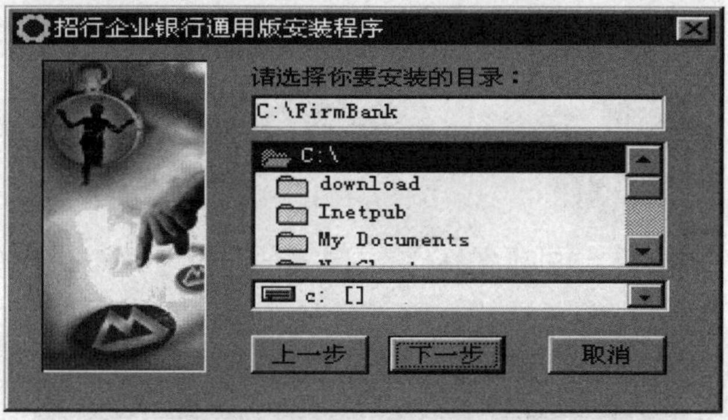

图 2-35　选择程序的安装路径

步骤五：确定该程序的目标路径后，点击【下一步】。则安装程序开始安装，如图 2-36 所示。

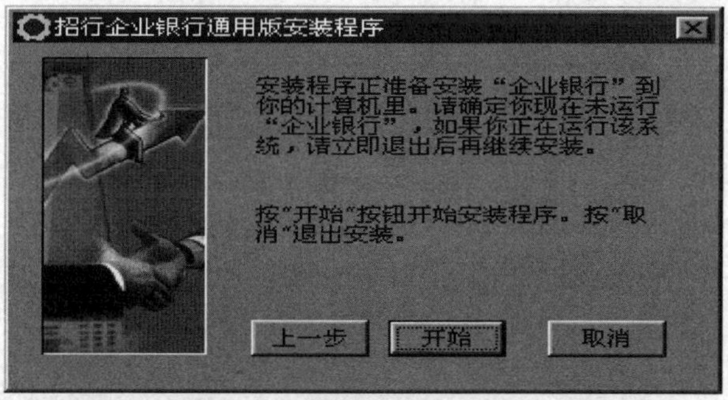

图 2-36　安装程序开始在计算机中安装

课堂笔记

步骤六：点击【开始】按钮，安装程序便开始安装，直至全部文件复制完成，如图 2-37 所示。

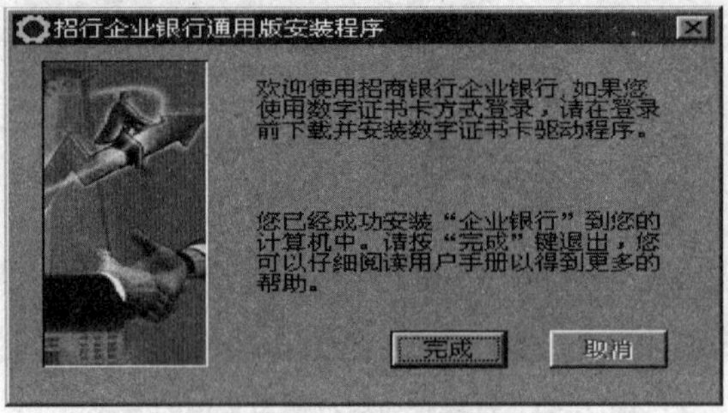

图 2-37　安装完成

步骤七：点击【完成】，企业银行通用版系统便成功地进行了安装，运行该系统，如图 2-38 所示。

图 2-38　一网通企业网上银行界面（演示版）

点击【系统】-【联机登录】，则出现"联机登录"界面，如图 2-39 所示。

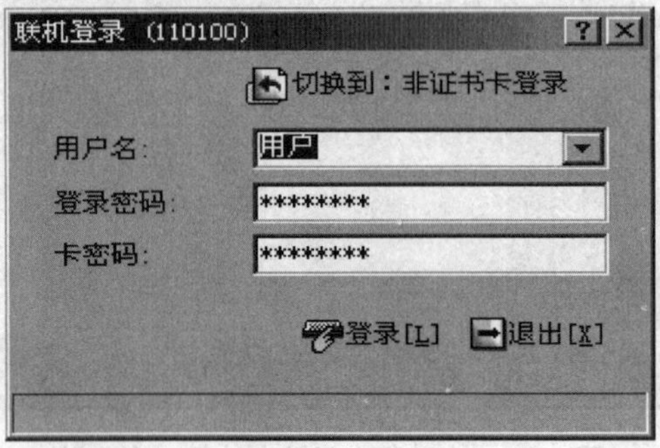

图 2-39　联机登录

输入用户名、登录密码和卡密码后，点击【登录】，则出现如图 2-40 所示的界面，企业网上银行系统的全部功能全部可见。

课堂笔记

图 2-40　登录后的界面

从图 2-40，可以看出，招商银行企业银行系统的主要功能和项目有：系统项目、系统管理、账务结算、支付结算、代发代扣、信用管理、自助贷款、委托贷款和系统帮助等。企业的工作人员可以在此系统中，按相应菜单的指示进行操作，此处不再一一进行演示。

3. 安装数字证书卡驱动器程序

注意：Windows2000 以上（包括 Windows2000）操作系统不用下载驱动程序：

（1）您可以从招商银行“一网通”公司业务主页上的“网上企业银行社区”当中下载数字证书卡驱动器程序的安装程序 PCSCInst. exe 。

（2）运行数字证书卡驱动器程序的安装程序 PCSCInst. exe（安装前请先把数字证书卡驱动器连接到计算机）。

（3）进入安装选项界面。请选择证书卡驱动器型号及所连接的串口。如果您希望安装完驱动程序后，立即启动计算机，您可以选中“安装完成后立即重启动计算机”复选框。按“确定”继续，按“取消”退出安装（注意：安装完后要重启计算机后驱动程序才能生效）。

（4）出现开始安装提示框，按“确定”后开始安装。

（5）安装完毕后，按“确定”完成安装。

4. 升级网上企业银行系统

如果您想升级您的网上企业银行系统，可以在招商银行主页上找到网上企业银行的最新版本的信息，下载该版本的安装程序，然后再执行该文

课堂笔记

件，根据安装提示操作，网上企业银行系统将自动安装到您的机器中。

概念索引

网上银行　招商银行　个人业务　企业业务

闯关考验

1. 网上银行的内涵是什么？如何区别网上银行与传统银行的特征？
2. 简述网上银行的发展阶段及其在我国的发展情况。
3. 阐述建设银行网上银行系统的安全设计。
4. 负担银行和直接银行的区别是什么？
5. 阐述网上银行个人业务的操作流程。
6. 阐述招商银行个人网上银行的功能及特点。
7. 阐述招商银行的网上支付卡账户与一网通网上支付是什么关系？
8. 在使用招商银行的一网通进行网上支付时，应注意哪些问题？

课外修炼

1. 登录中国工商银行（www. icbc. com. cn），尝试进行网上支付的练习。

2. 登录中国建设银行（www. ccb. com），尝试进行网上支付的练习。

项目三　电子货币与电子支付系统

课堂笔记

案例导入

2012 年第三季度中国支付莱统运行情况分析

2012 年第三季度，支付系统共处理支付业务 49. 58 亿笔，金额 654. 64 万亿元，同比分别增长 24. 0% 和 28. 1%，增速较上年同期分别加快 2. 3% 和 15. 0%。

大额实时支付系统处理业务笔数及日均笔数均超过上年同期规模，业务量持续攀升：第三季度，大额实时支付系统处理业务 1. 26 亿笔，金额 463. 49 万亿元，同比分别增长 27. 1% 和 33. 1%，分别占支付系统业务笔数和金额的 2. 5% 和 70. 8%，业务金额是第三季度全国 GDP 总量的 36. 91 倍，较第二季度有所下降；日均处理业务 190. 30 万笔，金额 7. 02 万亿元，同比分别增长 25. 2% 和 31. 1%，与第二季度相比，笔数增加 7. 03 万笔，金额减少 0. 30 万亿元。

小额批量支付系统业务笔数同比增长明显：第三季度，小额批量支付系统共处理业务 2. 02 亿笔，金额 4. 50 万亿元，笔数同比增长 38. 4%，金额同比下降 0. 9%，分别占支付系统业务笔数和金额的 4. 1% 和 0. 7%；日均处理业务 219. 20 万笔，金额 488. 75 亿元。

网上支付跨行清算系统业务持续增长：截至第三季度末，全国共有 121 家机构接入网上支付跨行清算系统。第三季度，网上支付跨行清算系统共处理支付业务 7 476. 45 万笔，金额 10 032. 81 亿元，分别占支付系统业务笔数和金额的 1. 5% 和 0. 2%；环比分别增长 31. 4% 和 31. 2%；日均处理支付业务 81. 27 万笔，金额 109. 05 亿元]

银行业金融机构行内支付系统业务量继续保持较快增长：第三季度，

课堂笔记

银行业金融机构行内支付系统共处理业务22.98亿笔，金额162.51万亿元，同比分别增长23.6%和19.2%，分别占支付系统业务笔数和金额的46.3%和24.8%；日均处理业务2 497.38万笔，金额1.77万亿元。

银行卡跨行支付系统业务笔数环比增速放缓：第三季度，银行卡跨行支付系统共处理业务21.55亿笔，金额5.24万亿元，同比分别增长20.6%和31.1%，分别占支付系统业务笔数和金额的43.5%和0.8%；日均处理业务笔数2 342.10万笔，金额569.99亿元。

（中商情报网 http：//www.askci.com/news/201211/27/9736_ 29.shtml）

任务一　电子货币的类型

3.1.1　电子货币

1. 电子货币的涵义及特点

电子货币作为当代最新的货币形式，从20世纪70年代以来，其应用越来越广泛，电子货币已经成为电子商务实施的核心，建立电子货币系统是发展电子商务的基础和保证。自从1995年10月美国率先建立世界第一家网络银行——“安全第一网络银行”以来，相继推出了各种电子货币，如电子现金（E-Cash）、数字式信用卡（IC）等。人们对电子货币的认识也慢慢地趋于一致：电子货币是采用电子技术和通信手段，以电子数据形式存储、并通过计算机网络以电子信息方式实现流通和支付功能的货币。

电子货币与传统货币相比，由于两者产生的背景不同，也表现出其自身固有的特点：

（1）电子货币是以计算机技术为依托，进行相应的支付处理和存储，没有传统货币的大小、重量和印记；

（2）在电子货币支付时，其金额信息是以电子数据形式流动或通过网络系统送到网上银行或转移到收款人指定的账户，流通速度远远快于传统货币；

（3）可广泛应用于生产、交换、分配和消费等各个领域，集储蓄、信贷和非现金结算等多种功能为一体；

课堂笔记

(4) 电子货币的使用和结算不受金额限制，不受对象限制、不受区域限制，且使用极为简便；如能够使用以“分”或更小的货币单位出现的大量低价值的交易；

(5) 不像传统货币是国家发行并强制流通的，电子货币是由银行发行的，其使用只能宣传引导，不能强迫命令，并且在使用中，要借助法定货币去反映和实现商品的价值，结清商品生产者之间的债权和债务关系；

(6) 此外，信息加密、数字签名、数据时间戳等技术的应用使电子货币更具有安全可靠性。

2. 电子货币的种类

电子货币的形式多种多样，但基本形态大致是类似的，即电子货币的使用者以一定的现金或存款从发行者处兑换并获得等值的电子数据，并以可读写的电子信息方式储存起来，当使用者购物或需要清偿债务时，可以通过某些电子化的方法将该电子数据直接转移给支付对象。

电子货币作为一种电子化支付方式，其种类大致可以分为以下 4 种：

(1) “储值卡型”电子货币——功能得到进一步提高的储值卡。

(2) “信用卡应用型”电子货币——实现了电子化应用的信用卡。

(3) “支票账单型”电子货币——用作支付手段在计算机网络上被传递的存款货币。

(4) “数字现金型”电子货币——模仿现金当面支付方式的电子现金。

3.1.2　电子钱包

电子钱包（electronic purse）是一个可以由持卡人进行安全电子交易和储存交易记录的软件，应像生活中随身携带的钱包一样。

1. 电子钱包的起源

英国西敏寺（National-Westminster）银行开发的电子钱包 Mondex 是世界上最早的电子钱包系统，于 1995 年 7 月首先在英国的斯温顿（Swindon）市试用，很快就在斯温顿打开了局面，被广泛应用于超级市场、酒吧、珠宝店、宠物商店、食品店、停车场、电话间和公共车辆之中。由于电子钱包使用起来十分简单，只要把 Mondex 卡插入终端，几秒钟之后，

课堂笔记

读取器将从 Mondex 卡中将所要支付的钱款扣除掉，并且收据能从终端中送出，一笔交易即告结束。此外，Mondex 卡还大多具有现金货币所具有的诸多属性，如作为商品尺度的属性、储蓄的属性和支付交换的属性，通过专用终端还可将一张卡上的钱转移到另一张卡上，而且，卡内存有的钱一旦用光，一旦遗失，Mondex 卡内的金钱价值不能重新发行，也就是说持卡人必须负起管理上的责任。有的卡如被别人拾去照样能用，有的去上有持卡人的姓名和密码锁定功能，只有持卡人才能使用，比现金安全。Mondex 卡损坏时，持卡人向发卡机关申报卡内的余额，由发卡机关确认后重新制作新卡发还。

Mondex 卡终端支付只是电子钱包的早期使用，从形式上看，它与智能卡十分相似。而今天电子商务中的电子钱包则已完全摆脱了实物形态，成为真正的虚拟钱包了。

网上购物使用电子钱包，需要在电子钱包服务系统中进行。电子商务活动中电子钱包软件通常都是免费提供的。用户可以直接使用与自己银行账号相链接的电子商务系统服务器上的电子钱包软件，也可以通过各种保密方式利用因特网上的电子钱包软件。目前，世界上有 Visa Cash 和 Mondex 两大电子钱包服务系统，其他电子钱包服务系统还有 MasterCard-Cash、EurlPay 的 Clip 和比利时的 Proton 等。

使用电子钱包的顾客通常要在有关银行开立账户。在使用电子钱包时，将电子钱包通过其应用软件安装到电子商务服务器上，利用电子钱包服务系统就可以把自己的各种电子货币或电子金融卡上的数据输入进去。在发生收付款时，如顾客需用电子信用卡付款，如用 Visa 卡和 Mondex 卡等收款时，顾客只要单击一下相应项目（或相应图标）即可完成。这种电子支付方式称为单击式或点击式支付方式。

在电子钱包内只能装电子货币，即装入电子现金、电子零钱、电子信用卡、数字化币等。这些电子支付工具都可以支持单击式支付方式。

在电子商务服务系统中设有电子货币和电子钱包的功能管理模块，叫做电子钱包管理器（wallet administration），顾客可以用它来改变保密口令或保密方式，用它来查看自己银行账号上收付往来的电子化币账目、清单和数据。电子商务服务系统中还有电子交易记录器，顾客通过查询记录器，可以了解自己都买了什么物品，购买了多少，也可以把查询结果打印

课堂笔记

出来。

2. 电子钱包的功能

（1）电子安全证书的管理　包括电子安全证书的申请、存储、删除等。

（2）交全电子交易　进行 SET 交易时辨认用户的身份并发送交易信息。

（3）交易记录的保存　保存每一笔交易记录以备日后查询。

比如，持卡人在使用中国银行长城卡进行网上购物时，卡户信息（如账号和到期日期）及支付指令可以通过电子钱包软件进行加密传送和有效性验证。电子钱包能够在 Microsoft、Netscape 等公司的浏览器软件上运行。持卡人要在互联网上进行符合 SET 标准的安全电子交易，必须安装符合 SET 标准的电子钱包。

3. 电子钱包的使用

利用电子钱包在网上购物，通常包括以下步骤：

（1）客户使用浏览器在商家 Web 主页上查看在线商品目录浏览商品，选择要购买的商品。

（2）客户填写订单，包括项目列表、价格、总价、运费、搬运费、税费。

（3）订单可通过电子化方式来传输，或由客户的电子购物软件建立。

（4）顾客确认后，选定用电子钱包付钱。将电子钱包装入系统，单击电子钱包的相应项目或电子钱包图标，电子钱包立即打开；然后输入自己的保密口令，在确认是自己的电子钱包后，从中取出一张电子信用卡来付款。

（5）电子商务服务器对此信用卡号码采用某种保密算法加密后，发送到相应的银行去，同时销售商店也收到经过加密的购货账单，销售商店将自己的顾客编码加入电子购货账单后，再转送到电子商务服务器上去。这里，商店对顾客电子信用卡上的号码是看不见的，不可能也不应该知道，销售商店无权也无法处理信用卡中的钱款。因此，只能把信用卡送到电子商务服务器上去处理。经过电子商务服务器确认这是一位合法顾客后，将其同时送至信用卡公司和商业银行。在信用卡公司和商业银行之间要进行应收款项和账务往来的电子数据交换和结算处理。信用卡公司将处理请求再送到商业银行请求确认并授权，商业银行确认并授权后送回信用卡公司。

（6）如果经商业银行确认后拒绝并且不予授权，则说明顾客的这张电子信用卡上的钱数不够用了或者是没有钱了，或者已经透支或卡过期。遭商业银行拒绝后，顾客可以再单击电子钱包，相应再打开电子钱包，取出另一张电子信用卡，重复上述操作。

（7）如果经商业银行证明这张信用卡有效并授权后，销售商店就可交货。与此同时，销售商店留下整个交易过程中发生往来的财务数据，并且出示一份电子数据发送给顾客。

（8）上述交易成交后，销售商店就按照顾客提供的电子订货单将货物在发送地点交到顾客或其指定的人手中。

到这里，电子钱包购物的全过程就结束了。购物过程中间虽经过信用卡公司和商业银行等多次进行身份确认、银行授权、各种财务数据交换和账务往来等，但这些都是在极短的时间内完成的。实际上，从顾客输入订货单后开始到拿到销售商店出具的电子收据为止的全过程仅用5~20秒的时间。这种电子购物方式十分省事、省力、省时。而且，对于顾客来说，整个购物过程自始至终都是十分安全可靠的。在购物过程中，顾客可以用任何一种浏览器（如 Microsoft、Netscape 浏览器）进行浏览和查看。由于顾客的信用卡上的信息别人看不见的，因此保密性很好，使用起来十分安全可靠。另外，有了电子商务服务器的的安全保密措施，就可以保证顾客去购物的商店必定是真的，不会假冒的，从而保证顾客安全可靠地购到货物。

我国深圳金融电子结算中心（http：//www.flink.net.cn/pgw/pgw.htm）开发的“金融联”电子钱包是一种保存银行卡的电子钱包。消费者注册使用“金融联”电子钱包的同时，必须将至少一种“金融联”入网银行的银行卡存入电子钱包。在网上消费时，消费者首先要输入密码登录到电子钱包，然后从钱包中任意选择一张银行卡，向“金融联”支付网关发出付款指令即可完成整个操作。消费者在申请“金融联”电子钱包成功后，系统将在电子钱包服务器端为消费者开立一个属于个人的电子钱包档案。消费者可以在任何时候使用电子钱包进行支付，甚至当外出旅游或执行公务时，也无须随身携带银行卡就可以进行网上支付。图3-1显示

课堂笔记

了电子钱包开户的业务流程。

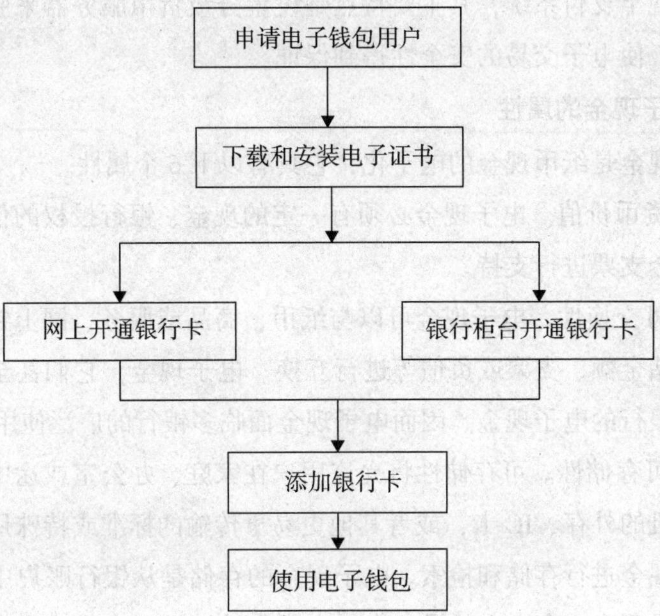

图 3-1　电子钱包开户的业务流程

3.1.3　电子现金

电子现金（E-Cash）又称为数字现金，是一种表示现金的加密序列数，它可以用来表示现实中各种金额的币值，是以数字化形式存在的电子货币。电子现金带来了纸币在安全和隐私性方面所没有的计算机化的便利，电子现金的应用开辟了一个全新的市场。

电子现金既具有现钞所拥有的基本特点，又由于和网络结合而具有互通性、多用途、快速简便等特点，已经在国内外的网上支付中广泛使用。数字签名技术的推广应用又使得电子现金的安全性大大提高。在网上交易中，电子现金主要用于小额零星的支付业务，使用起来比借记卡、信用卡更为方便和节省。不同类型的电子现金都有其自己的协议，每个协议由后端服务器软件（电子现金支付系统）的客户端软件（电子现金软件）执行。

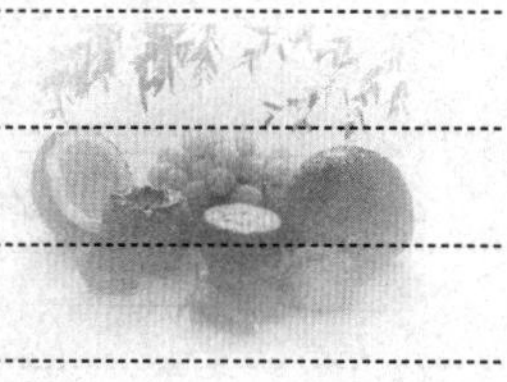

电子现金目前有两种典型的实用系统：Digicash 和 Netcash。Digicash 是无条件的匿名电子现金支付系统，主要特点是通过数字记录现金，集中

课堂笔记

控制和管理现金，是一种足够安全的电子交易系统。Netcash 是可记录的、匿名电子现金支付系统，其主要特点是设置分级货币服务器来验证和管理电子现金，使电子交易的安全性得到保证。

1. 电子现金的属性

电子现金是纸币现金的电子化，它具有以下 6 个属性。

（1）货币价值。电子现金必须有一定的现金、银行授权的信用或银行证明的现金支票进行支持。

（2）可交换性。电子现金可以与纸币、商品或服务、网上银行卡、银行账户存储金额、支票或负债等进行互换。电子现金，它们甚至不使用同一个国家银行的电子现金。因而电子现金面临多银行的广泛使用问题。

（3）可存储性。可存储性将允许用户在家庭、办公室或途中对存储在一个计算机的外存、IC 卡，或者其他更易于传输的标准或特殊用途的设备中的电子现金进行存储和检索。电子现金的存储是从银行账户中提取一定数量的电子现金，存入上述设备中，由于在计算机上产生或存储现金，因此复制电子现金非常容易。这种设备应该有一个友好的用户界面以有助于通过口令或其他方式的身份验证，以及对于卡内信息的浏览显示。

（4）不可重复性。必须防止电子现金的复制和重复使用。因为买方可能用同一个电子现金在不同国家、地区的网上商店同时购物，这就造成电子现金的重复使用。一般的电子现金系统会建立事后检测和惩罚。

（5）匿名性。电子现金用于匿名消费。买方用电子现金向卖方付款，除了卖方以外，没有人知道买方的身份或交易细节。如果买方使用了一个很复杂的匿名系统，甚至连卖方也不知道买方的身份。

（6）不可跟踪性。电子现金不能提供用于跟踪持有者的信息，不可跟踪性可以保证交易的保密性，也就维护了交易双方的隐私权。除了双方的个人记录之外，没有其他关于交易已经发生的记录。因为没有正式的业务记录，连银行也无法分析和识别资金流向，如果电子现金丢失了，就会同纸币现金一样无法追回。

2. 电子现金支付方式的特点

电子现金支付方式具有以下的特点：

（1）协议性。电子现金的应用要求银行和商家之间应有协议和授权关系，电子现金银行负责消费者和商家之间资金的转移。

课堂笔记

（2）对软件的依赖性。消费者、商家和电子现金银行都需使用电子现金软件。

（3）支付的灵活方便性。电子现金具有现金特点，可以存、取、转让；它可以申请到非常小的面额，所以电子现金适用于小额交易。另外，电子现金的使用范围比信用卡更广，银行卡支付仅限于被授权的商户，而电子现金支付却不受此限制。

（4）可鉴别性。身份验证是由电子现金本身完成的，电子现金银行在发放电子现金时使用了数字签名，卖方在每次交易中，将电子现金传送给电子现金银行，由银行验证买方支持的电子现金是否有效（伪造或使用过等）。

3. 电子现金支付方式存在的问题

电子现金在使用中存在以下一些主要问题：

（1）目前的使用量小。只有少数商家接受电子现金，而且也只有少数几家银行提供电子现金开户服务。

（2）成本较高。电子现金对于硬件和软件的技术要求都较高，需要一个大型的数据库存储用户完成的交易和电子现金序列号以防止重复消费。因此，尚需开发出硬软件成本低廉的电子现金。

（3）存在货币兑换问题。由于电子货币仍以传统的货币体系为基础，因此各国银行只能以各国本币的形式发行电子现金，因此从事跨国贸易就必须使用特殊的兑换软件。

（4）风险较大。如果某个用户的硬盘出现故障并且没有备份的话，电子现金丢失，就像丢失钞票一样，钱就无法恢复，这个风险许多消费者都不愿承担。

（5）不排除出现电子伪钞的可能性。一旦电子伪钞获得成功，那么发行人及其客户所要付出的代价则可能是毁灭性的。

尽管存在种种问题，电子现金的使用仍呈现增长势头。Jupiter 通信公司的一份分析报告称，1987 年电子现金交易在全部电子交易中所占的比例为 6%；到 2000 年底，这个比例超过 40%，在 10 美元以下的电子交易中所占的比例高达 60%。因此，随着较为安全可行的电子现金解决方案的出台，电子现金一定会像商家和银行界预言的那样，成为未来网上贸易方便的支付手段。

课堂笔记

4. 电子现金的应用过程

电子现金的应用过程分 5 步。

(1) 购买电子现金。用户在电子现金发行银行开立账户，通过在线或前往银行柜台向账户存入现金，购买电子现金。电子现金软件将现金分成若干成包的“硬币”，产生随机号码。随机号码加上银行使用私钥进行的电子签名形成数字货币（电子现金）。

(2) 存储电子现金。用户使用计算机电子现金终端软件从电子现金银行取出一定数量的电子现金存在硬盘上，通常少于 100 美元。

(3) 用电子现金购买商品或服务。用户在同意接收电子现金的商家购买商品或服务，用卖方的公钥加密电子现金后，传送给卖方。

(4) 资金清算。接收电子现金的商家与电子现金发放银行之间进行清算，电子现金发行银行将买方购买商品的钱支付给卖方。

(5) 确认订单。卖方获得付款后，向买方发送订单确认信息。

银行卡、电子支票、智能卡

3.1.4 银行卡

目前，我国在线购物大部分是用信用卡和借记卡来进行支付的。信用卡和借记卡是银行或金融公司发行的，是授权持卡人在指定的商店或场所进行记账消费的凭证，是一种特殊的金融商品和金融工具。银行卡分类汇总表见表 3-1。用户通过提供有效的卡号和有效期，商店就可以通过银行计算机网络与顾客进行结算。

信用卡和借记卡都是比较成熟的支付方式，在世界范围内得到了广泛的应用。银行卡的最大优点是持卡人可以不用现金，凭卡购买商品和享受服务，其支付款项由发卡银行支付。银行卡支付通常涉及三方，即持卡人、商家和银行。支付过程包括清算和结算，前者指支付指令的传递，后者是指与支付相关的资金转移。

目前，信用卡的支付有 4 种类型：无安全措施的信用卡支付、通过第三方代理的信用卡支付、简单加密信用卡支付、基于 SET 的信用卡支付。

课堂笔记

表 3-1　银行卡分类汇总表

分类	类型	使用特点
结算方式	贷记卡	发卡行允许持卡人"先消费，后付款"，提供给持卡人短期消费信贷，到期依据有关规定完成清偿
	借记卡	持卡人在开立卡账户时按规定向发卡行交一定的备用金，持卡人完成消费后，银行会自动从其账户上扣除相应的消费款项，一般不可以透支，只能在卡上存有的金额内支付
使用权限	金卡	允许透支限额相对较大（我国为 1 万元）
	普通卡	透支限额低（我国为 5 000 元）
持卡对象	个人卡	持有者是有稳定收入来源的社会各界人士，其信用卡账户上的资金属持卡人个人存款
	公司卡	又称单位卡，是各企事业单位、部门中指定人员使用的卡，其信用卡账户资金属公款
使用范围	国际卡	可以在全球许多国家和地区通行使用，如著名的 VISA 卡和 MASTER 卡等
	地方卡	只局限在某地区内使用，如我国各大商业银行发行的人民币长城卡、牡丹卡、太平洋卡属地方卡
载体材料	磁卡	在信用卡背面贴有的磁条内存储有关信用卡业务所需的数据，使用时必须有专门的读卡设备读出其中所存储的数据信息
	IC 卡	IC 卡是集成电路卡（Integrated Circuits Card）的缩写，为法国人 Roland Moreno 于 1970 年所研制，并由法国 BULL 公司于 1979 年推出第一张可工作的 IC 卡。IC 卡的卡片中嵌有芯片，信用卡业务中的有关数据存储在 IC 芯片中，既可以脱机使用也可以联机使用

1. 无安全措施的信用卡支付

1）流程

消费者从商家订货，信用卡信息通过电话、传真等非网上传送手段进行传输；也可以在网上传送信用卡信息，但无安全措施。商家与银行之间使用各自现有的授权来检查信用卡的合法性。其流程见图 3-2 如示。

课堂笔记

图 3-2　无安全措施的信用卡支付流程

2）特点

（1）风险由商家承担。由于卖方没有得到买方的签字，如果买方拒付或否认购买行为，卖方将承担一定的风险。

（2）信用卡信息可以在线传输，但无安全措施。买方（即持卡人）将承担信用卡信息在传输过程中被盗取及卖方获取信用卡信息的风险。

2. 通过第三方代理的银行卡支付

在采用无安全措施的信用卡支付模式中，由于商家完全掌握消费者的信用卡信息，存在着信用卡信息在网上多次公开传输而导致的信用卡信息被窃取的风险。为降低这一风险，采取在买方和卖方之间启用第三方代理人支付的方式，不失为一种好的选择。

1）流程

用户在第三方代理人处开账号；第三方代理人持有用户账号和信用卡号；用户用账号从商家订货；商家将用户账号提供给第三方代理人；第三方代理人验证商家身份，给用户发送电子邮件，要求用户确认购买和支付后，将信用卡信息传给银行，完成支付过程。其流程见图 3-3。

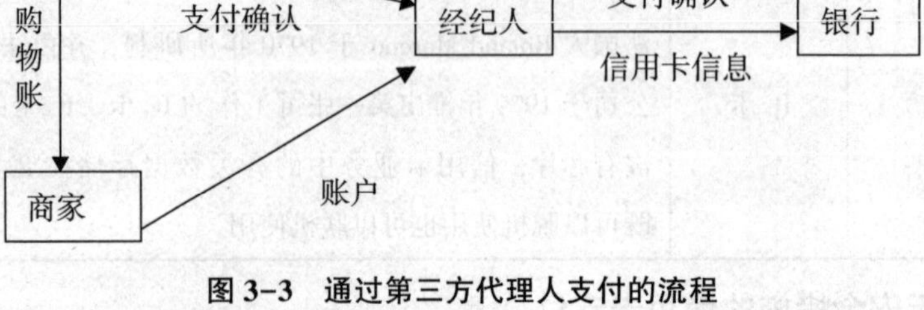

图 3-3　通过第三方代理人支付的流程

2）特点

通过第三方代理的银行卡支付特点是：用户账号的开设不通过互联网；信用卡信息不在开放的网络上传送；使用 E-mail 来确认用户的身份，防止伪造；商家自由度大，无风险；支付是通过双方都信任的第三方代理人完成的。

课堂笔记

3. 简单加密信用卡支付

使用这种模式付费时，消费者信用卡号码被加密。采用的加密技术有SHTTP、SSL等。这种加密的信息只有业务提供商或第三方付费处理系统能够识别。由于消费者进行在线购物时只需一个信用卡号，所以这种付费方式给消费者带来方便。这种方式需要一系列的加密、授权、认证及相关信息传送，交易成本较高，所以对小额交易而言是不适用的。

现以CyberCash公司安全互联网信用卡支付系统为例，介绍简单加密信用卡支付流程。CyberCash公司提供一种软件，用户在CyberCash商家订货后，通过电子钱包将信用卡信息加密后传给商家服务器；商家服务器验证接收到的信息的有效性和完整性后，将用户加密的信用卡信息传给CyberCash服务器，商家服务器看不到用户的信用卡信息；CyberCash服务器验证商家身份后，将用户加密的信用卡信息转移到非互联网的安全地方解密，然后将用户信用卡信息通过安全专用网传送到商家银行；商家银行通过银行之间的电子通道与用户信用卡发卡行联系，确认信用卡信息的有效性。得到证实后，将结果传送给CyberCash服务器，CyberCash服务器通知商家服务器交易完成或拒绝，商家再通知用户。整个过程只要经历很短的时间。交易过程的每一步都需要交易方以数字签名来确认身份，用户和商家都必须使用支持此种业务的软件，数字签名是用户、商家在线注册系统时产生的，不能修改。其流程参见图3-4。

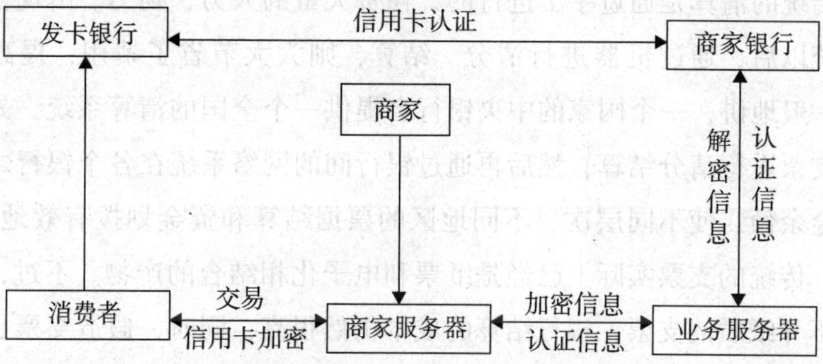

图3-4　简单加密信用卡支付流程图

课堂笔记

3.1.5 电子支票

1. 传统支票的支付

为了阐述电子支票这种现代支付形式，首先来了解一下传统支票的运作流程。

对于传统支票大家比较熟悉。客户在银行有一个账户，可以通过这个账户进行结算。客户手里有支票本，购物或消费时，消费者在支票上填好有关的信息，比如金额、用途等，并签字、盖章，然后把支票交给商家；商家拿到支票后，先背书，然后向银行提示付款。如果商家和消费者都在一个银行开户，那么银行操作起来非常简单，直接把有关的金额从消费者账户上转移到商家账户上就行了。如果商家和消费者不在一个银行开户，那么商家一般把支票交给自己的开户行，商家的开户行和消费者的开户行之间通过票据清算系统进行清算。其运作流程图见图 3-5。

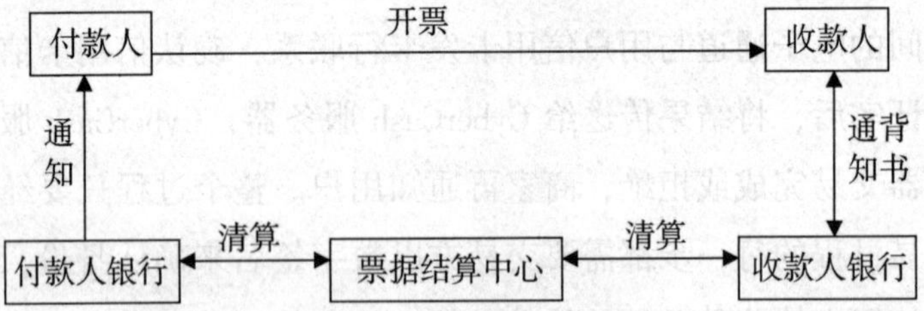

图 3-5 传统支票的运作流程

传统的清算是通过手工进行的，耗费大量的人力、物力。出现自动清算系统以后，通过机器进行清分、结算，则大大节省了费用，提高了效率。一般地讲，一个国家的中央银行会提供一个全国的清算系统，先将纸质的支票进行清分结算，然后再通过银行间的网络系统在各个银行之间划拨资金余额，使不同层次、不同地区的票据结算和资金划拨有效地进行。因此，传统的支票实际上已经是纸票和电子化相结合的产物。不过，它仍然离不开纸质的支票，银行结算的成本仍然很高；同时，假造支票也给银行和消费者带来不少的损失。电子支票的出现，实际上使支票的概念发生了彻底的变革，完全脱离了纸质媒介，真正实现了资金转移的无纸化和电子化。

课堂笔记

2. 电子支票的支付

电子支票（Electronic Check）是指一种借鉴纸张支票转移支付的优点，利用数字传递将钱款从一个账户转移到另一个账户的电子付款形式。比起前几种电子支付工具，电子支票的出现和开发是较晚的。电子支票使得买方不必使用写在纸上的支票，而是用写在屏幕上的支票进行支付活动。电子支票几乎和纸质支票有着同样的功能。电子支票既适合个人付款，也适合企业之间的大额资金转账，故而可能是最有效率的电子支付手段。

用户可以在网络上生成一个电子支票，然后通过互联网络将电子支票发向商家的电子信箱，同时把电子付款通知单发到银行。像纸质支票一样，电子支票需要经过数字签名、被支付人数字签名背书、使用数字凭证确认支付者/接收者身份、支付银行及账户，金融机构就可以根据签过名和认证过的电子支票把款项转入商家的银行账户。电子支票的使用过程如下：

1）申请电子支票

用户首先必须在提供电子支票服务的银行注册，申请电子支票。注册时可能需要输入信用卡和银行账户信息以支持开具支票。电子支票应具有银行的数字签名。用户可能需要下载称作“电子支票簿”的软件用于生成电子支票。

2）电子支票付款

（1）用户和商家达成购销协议选择用电子支票支付。

（2）用户在计算机上填写电子支票，电子支票上包含支付人姓名、支付人账户名、接收人姓名、支票金额等。用自己的私钥在电子支票上进行数字签名，用卖方的公钥加密电子支票，形成电子支票文档。

（3）用户通过网络向商家发出电子支票，同时向银行发出付款通知单。

（4）商家收到电子支票后进行解密，验证付款方的数字签名，背书电子支票，填写进账单，并对进账单进行数字签名。

（5）商家将经过背书的电子支票及签名过的进账单通过网络发给收款方开户银行。

（6）收款方开户银行验证付款方和收款方的数字签名后，通过金融网

课堂笔记

络发给付款方开户银行。

(7) 付款方开户银行验证收款方开户银行和付款方的数字签名后，从付款方账户划出款项，收款方开户银行在收款方账户存入款项。

电子支票交易流程如图 3-6 所示。

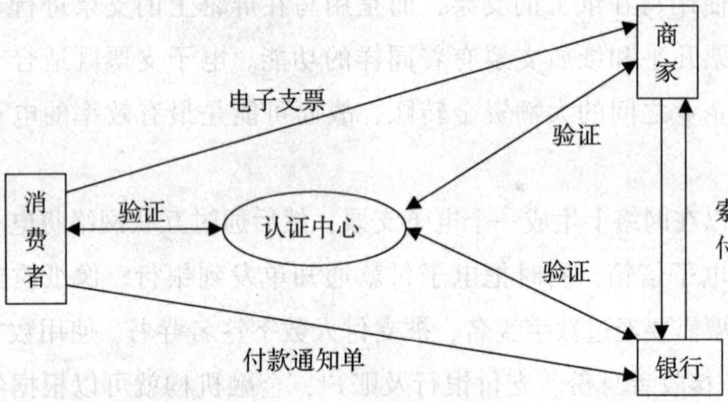

图 3-6 电子支票交易流程图

3. 电子支票支付方式的特点和优势

支票是一个被广泛应用的金融工具，随着网上交易额的快速增长，给电子支票的运用带来了广阔的前景。早期开发的电子支票系统（如 Net-check、NetBill）主要适用于小额支付，但近期开发的电子支票系统（如 Echeck）主要向用于大额支付的方向发展，以满足 B to B 交易的支付需求。电子支票支付方式具有以下的特点和优势：

1）电子支票支付方式的特点

(1) 电子支票与传统支票工作方式相同，易于理解和接受。

(2) 加密的电子支票使它们比数字现金更易于流通，买卖双方的银行只要用公开密钥认证确认支票即可，数字签名也可以被自动验证。

(3) 电子支票适于各种市场，可以很容易地与 EDI 应用结合，推动 EDI 基础上的电子订货和支付。

(4) 电子支票技术将公共网络链入金融支付和银行清算网络。

2）电子支票支付方式的优势

与传统的纸质支票和其他形式相比，电子支票具有以下优点：

(1) 处理速度高。电子支票的支付是在与商户及银行相连的网络上高速传递的，它将支票的整个处理过程自动化了，这一支付过程在数秒内即

课堂笔记

可实现。它为客户提供了快捷的服务，减少了在途资金。在支票使用数量很大时，这一优势特别明显。

（2）安全性能好。电子支票是以加密方式传递的，使用了数字签名或个人身份证号码（PIN）代替手写签名，还运用了数字证书，这三者成为安全可靠的防欺诈手段。

（3）处理成本低。用电子支票进行支付，减轻了银行处理支票的工作压力，节省了人力，降低了事务处理费用。

（4）给金融机构带来了效益。第三方金融服务者不仅可以从交易双方处收取固定的交易费用或按一定比例抽取费用，它还可以作为银行身份，提供存款账目，且电子支票存款账户很可能是无利率的，因此给第三方金融机构带来了收益。而且银行也能为参与电子商务的商户提供标准化的资金信息，故而可能是最有效率的支付手段。

3.1.6　智能卡

1. 智能卡的概念

智能卡（smart card）或称集成电路卡（integrated circuit card）是一种将具有微处理器及大容量存储器的集成电路芯片嵌装于塑料基片上而制成的卡片。智能卡可以用来进行电子支付和存储信息。在芯片里存储了大量关于使用者的信息，如财务数据、私有加密密钥、账户信息、结算卡号码及健康保险信息等。

智能卡出现已经有 10 多年了。在欧洲和日本智能卡已经可以用于缴电话费和有线电视费。智能卡在澳大利亚也非常普及，几乎所有的商店和饭店的结账台都有智能卡刷卡器。智能卡比传统结算卡更易防止滥用，因为智能卡上的信息是加密的，它需要用密钥来打开加密的信息，窃贼能得到的结算卡号或可模仿的签名则不起作用。另外，智能卡还具有便于携带及方便使用的好处。

2. 智能卡的应用范围

智能卡的应用范围包括：

1）电子支付

如智能卡用于支付电话费、代替信用卡；

课堂笔记

电子识别。如能够控制对大楼房间或系统的访问，如计算机或收银机；

2）数字存储

即一种必须适时存储和查询数据的应用，如存储和查询病历，目标跟踪信息和处理验证信息。

3. 智能卡的工作过程

智能卡系统的工作过程是：

首先，在适当的机器上启动消费者的因特网浏览器，这里所说的机器可以是PC机，也可以是一部终端电话，甚至是付费电话；

然后，通过安装在PC机上的读卡机，用消费者的智能卡登录到为消费者服务的银行Web站点上，智能卡会自动告知银行有关消费者的账号、密码和其他一切加密信息；

最后，消费者从智能卡中下载现金到厂商的账户上，或从银行账号下载现金存入智能卡。

在电子商务交易中，智能卡的应用类似于实际交易过程。只是消费者在自己的计算机上选好商品后，键人智能卡的号码登录到发卡银行，并输入密码和在线商店的账号，完成整个的支付过程。

4. 智能卡标准

智能卡作为网上的支付工具已经有了以下的标准：

1）全球PC/SC计算机与智能卡联盟

由 Bull、HP、IBM、Microsoft、Simens、Nixdof、Sun、Toshiba、verifone和Gemplus等组成了计算机与智能卡联盟，制定计算机和智能卡连用标准，以达到通过一张智能卡插入异地网络计算机，即可通过因特网查询本地资料或进行电子商务活动。

2）EMV集成电路卡规范

是由Visa联合Europayt和Mastercard共同完成的基于ISO标准的集成电路卡规范。

3）PCSC（个人计算机智能卡）标准

这是一个由微软公司制定的标准。

4）Java Card APl标准

由Sun提出，花旗银行、Visa、第一联合银行和VeriFone等组织支持。

课堂笔记

3）欧洲电讯工业智能卡规范

由欧洲电信工业的“全球数据移动电话系统”所定义的一个用来鉴别移动电话用户的智能卡规范。

6）中国 IC 卡系列标准与规范

为了规范中国智能卡发展，推广智能卡的应用，中国人民银行先后组织开发与制定了《中国金融集成电路（IC）卡系列规范》《中国金融 IC 卡卡片规范》《中国金融 IC 卡应用规范》和 POS 设备的规范。另外，国家金卡工程办也相继制定了《全国 IC 卡应用发展规划》《IC 卡管理条例》《集成电路卡注册管理办法》及《IC 卡通用技术规范》等。这些标准和规范的制定，为国内金融卡跨行跨地区通用、设备共享及与国际接轨提供了强有力的支持，为智能卡在金融业的大规模使用提供了安全性、兼容性的保障，为电子商务中电子在线支付提供了从支付手段到交易流程的解决方案，并为各种电子支付系统的规范化和兼容化提供了契机，使得用中国标准金融 IC 卡作为电子商务中的支付前端成为最终、最安全和最直接的解决方案。

5. 智能卡的优点

（1）智能卡使得电子商务中的交易变得简便易行。智能卡消除了某种应用系统可能对用户造成不利影响的各种情况，它能为用户“记忆”某些信息，并以用户的名义提供这种信息。使用智能卡就再也不须记住个人识别号码（密码），如打电话、取现金、支付等。无需记住个人识别号码是智能卡的一大优点。

（2）智能卡具有很好的安全性和保密性。它降低了现金处理的支出以及被欺诈的可能性，提供了优良的保密性能。使用智能卡，用户不需要携带现金，就可以实现像信用卡一样的功能，而保密性能高于信用卡。因此，智能卡在网上支付系统中作用重大。

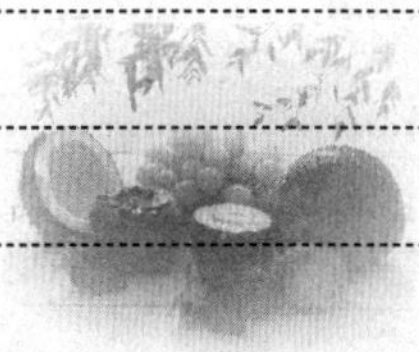

课堂笔记

任务二　电子支付系统

3.2.1　认识电子支付系统

支付系统（payment system）是指由提供支付清算服务的中介机构和实现支付指令传送及资金清算的专业技术手段共同组成的、用以实现债权、债务清偿及资金转移的一种金融安排，有时也称为清算系统（clear system）。

支付系统中提供支付清算服务的中介机构主要由中央银行、商业银行、非银行金融机构和外资、侨资、合资等金融机构构成。根据它们职能的不同，可以将支付系统分为两个层次。下层系统是商业银行面对广大银行客户，为社会提供支付服务的金融服务系统。它是银行与客户联系的窗口，是金融服务和管理信息的原点，是商业银行与客户之间的资金往来和结算系统；上层系统则是中央银行为商业银行提供支付清算服务，并通过服务贯彻中央银行宏观货币政策、维护金融稳定、繁荣市场，对国民经济实施宏观调控的系统。它是完成专业银行之间支付和中央银行与专业银行之间支付活动的最终的资金清算与结算系统，并对联系各个金融和货币市场、实现货币政策的有效传导机制的畅通起着重要作用。

自从纸币和票据出现以来，这两个层次的支付系统就一直存在着。随着科学技术的发展，尤其是计算机技术的发展，美国在20世纪60年代率先开发出全球首个电子资金转账系统（electronic found transfer，EFT），EFT是银行计算机系统通过通信线路和设备与客户进行数据通信的一种电子系统。从20世纪80年代起，电子数据交换技术（electronic data interchange，EDI）在电子支付中得到了广泛的应用。随着EFT技术的推广，电子形式的资金流和互联网信息流将资金支付活动的双方有机地联系起来，形成了各种电子支付系统。

1. 电子支付系统的一般模型

电子支付系统（electronic payment systems）是指消费者、商家和金融机构之间使用安全的电子手段把支付信息通过信息网络安全地传送到银行

课堂笔记

或相应的处理机构，以实现电子支付；是融购物流程、支付工具、安全技术、认证体系、信用体系及现在的金融体系为一体的综合大系统。电子支付系统是实现网上支付的基础，是电子商务系统的重要组成部分。电子支付系统的一般模型如图 3-7 所示。

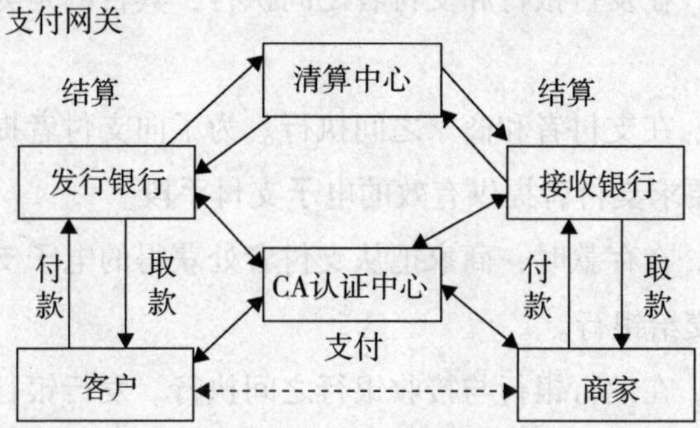

图 3-7　电子支付系统的一般模式

1）一般电子支付系统所包含的参与者

（1）发行银行。发行银行为客户发行有效的电子支付手段，如电子现金、电子支票和信用卡等。

（2）客户。客户是指利用电子支付手段与企业或商家进行电子交易活动的单位或个人。客户通过取款协议从发行银行获取电子支付手段。

（3）商家。商家是指为客户提供商品或服务的单位或个人。商家能够根据客户发出的电子支付指令向金融机构请求结算。

（4）接收银行。接收银行接收商家从支付者那里收到的电子支付手段，验证其有效性，然后提交给清算中心。

（5）支付网关。支付网关是指完成银行网络与互联网之间的通信、协议转换和进行数据加密、解密，保护银行内部网络安全的一组服务器。电子支付信息必须通过支付网关进行处理后才能进入银行内部的支付结算系统。

（6）金融专用网络。金融专用网络是指银行内部及各银行之间交流信息的封闭的专用网络。接收银行通过金融专用网络向清算中心发送电子支付指令，清算中心验证其有效性，然后再通过金融专用网络提交给发行银行。

（7）CA 认证中心。CA 认证中心是网上安全认证中心，电子支付交易

课堂笔记

各方通过 CA 中心认证身份以确保网上支付的安全。

2）一般电子支付系统所包含的支付活动。

（1）付款。目的是将支付者的资金传给发行银行，以更新支付者的账号。

（2）取款。在发行银行和支付者之间执行，其目的是为支付者提供电子支付手段。

（3）支付。在支付者和商家之间执行。为了向支付者提供其申请购买的商品，商家要求支付者提供有效的电子支付手段。

（4）存款。在存款时，商家把从支付者处获得的电子支付手段及相关的一些数据提交给银行。

（5）结算。在发行银行与接收银行之间执行。发行银行在收到支付者发出的支付指令和接收银行提交的收款指令后，经电子支付系统核对无误，及时向接收银行提交确认信息。发行银行与接收银行将通过清算中心系统定期进行资金清算。

2. 电子支付系统的分类

电子支付系统根据不同的标准有不同的分类。一般根据交易金额的规模进行划分，我们把电子支付系统分为大额支付系统、脱机小额支付系统和联机小额支付系统。

（1）大额支付系统。大额支付系统主要为各银行和企业以及金融市场提供快速、高效、安全、可靠的大额贷记支付清算服务。大额支付系统包括汇兑、委托收款划回、托收承付划回、中央银行和国库部门办理的资金汇划、承兑汇票查询等。大额支付系统实行逐笔实时处理、全额清算资金，是支持货币政策实施和维护金融稳定的重要金融基础设施。

（2）脱机小额支付系统（批量电子支付系统）。脱机小额支付系统主要为社会提供低成本、大业务量的日常消费性支付（借贷记）服务。脱机小额支付系统包括普通贷记业务、定期贷记业务、普通借记业务、定期借记业务、实时贷记业务、实时借记业务等。脱机小额支付系统的特点在于它的公益性和便利性。

（3）联机小额支付系统。联机小额支付系统将数字无线实时通信技术应用于电商商务交易领域，采用实时联机、后台集中数据处理的方式，例如，ATM 系统和 POS 系统。联机小额支付系统支付工具主要为信用卡、借记卡或电子现金等。

课堂笔记

3. 电子支付模式

随着经济社会的快速发展与信息技术的突飞猛进，人们对支付系统运行效率和服务质量的要求也越来越高，促使支付系统走向电子化、网络化。当电子商务作为一种新型的贸易方式兴起时，支付与结算也必须适应网络环境的特点。目前，我国的电子支付模式主要分为支付网关模式、网上银行模式、第三方支付模式和新兴的移动支付模式。

（1）支付网关模式。支付网关模式是指客户或商家把支付指令传送到银行的支付网关，然后通过银行的后台设施完成支付的业务模式。该模式是将支付网关位于互联网和传统的银行专网之间，支付网关主要是完成通信、协议转换和数据加、解密功能并起到隔离和保护专网的作用，以保护银行内部网络安全。此模式要求商家在支付网关开设账户，客户必须在银行开有银行卡。

（2）网上银行模式。网上银行模式是指银行利用互联网技术，建立自己的互联网站点和万维网（WWW）主页，向客户提供开户、销户、查询、对账、转账、信贷、网上证券、投资理财、网上支付等金融业务，客户通过网上银行完成支付的业务模式。此模式需要商家在银行中开设账户，客户在银行中开设支付卡，并在支付卡中存有一定数量的资金。

（3）第三方支付模式。第三方支付就是一些和产品所在国家，以及国外各大银行签约并具备一定实力和信誉保障的第三方独立机构提供的交易支持平台。在第三方支付模式中，客户在商家网站下订单后，先把货款付给大家都信任的第三方机构，在商家知道货款已到第三方后把货物发送给客户。如果客户对货物满意，货款就通过第三方给商家；如果不满意，客户把货物返回给商家，并从第三方处取回货款。第三方支付的网上支付服务是由第三方机构提供的，而不是商业银行或传统支付系统的运营者。第三方支付机构作为中介，通过与多个银行合作的方式提供了多种银行卡的网关接口，不但促成了商家与银行的合作，方便了网上交易的进行，提高了银行结算效率，而且通过对交易双方的详细记录和评价约束，较好地保障了电子商务的安全性。像淘宝网的“支付宝”、拍拍网的“财付通”，都是第三方支付。此模式要求客户和商家首先在第三方机构注册账户。

（4）移动支付模式。移动支付是指单位或个人利用移动设备，通过互

课堂笔记

联网或者近距离传感直接或间接向银行金融机构发送支付指令产生货币支付与资金转移行为，从而实现移动支付功能。移动支付将终端设备、互联网、移动应用服务提供商及金融机构相融合，为用户提供货币支付、缴费等金融业务。移动支付是最近几年才开始普及的新型电子支付方式，它属于新兴产业。此模式要求客户必须在移动应用服务提供商开通移动支付服务，将银行账号与移动设备绑定，商家必须在银行开设结算账户。

3.2.2 ATM 系统

近年来，ATM 业务在我国得到迅速的发展。根据数据显示，截至 2011 年年底，中国 ATM 市场保有量已由 2010 年的 30.1 万台上升至 36.9 万台，加入全国联网的 ATM 数量为 33.8 万台，全年保有量增长率约 24.7%。尽管 2011 年年底我国的每百万人均 ATM 数量达到 265 台，但和全球每百万人均拥有 343 台 ATM 的覆盖率相比仍有较大差距，更远低于发达国家每百万人均 1 450 台的拥有量。ATM 业务在中国还有很大的发展潜力。

1. ATM 系统概述

ATM（automated teller machine）中文名称是自动柜员机，通常也被称为自动提款机。它是银行为方便银行卡（磁卡、智能卡）持卡客户存取现金、本行或异行转账、查询账户余额等工作而提供的一种代替银行柜面人员工作的自助式、专用高度精密的机电一体化银行设备。

ATM 机既可以安装在银行内部，也可以安装在人流量大的居民小区、购物中心、机场、学校、工厂和旅游景点等其他远离银行的公共场所。通过推广 ATM 机，银行可以在银行柜台之外为客户提供 24 小时服务，扩大市场占用额；同时降低银行内部的运营成本，提高银行的竞争力。所以 ATM 机一经推出，就因为其便捷性，受到了银行和广大客户的欢迎，被迅速推广和广泛应用。

2. ATM 系统的功能

ATM 系统按照功能可以分类为自动取款机、自动存取款机、自动柜员机。其主要功能如下。

(1) 取现功能。可以在 ATM 机上从存款账户、信用卡账户和支票账户提取现金。

课堂笔记

（2）存款功能。可以在 ATM 机上进行现金存款，存款到存款账户、信用卡账户和支票账户。

（3）转账功能。可以在 ATM 机上把资金转到本行或其他银行的账户，或者将资金转到类似“支付宝”等第三方的账户平台的电子现金交易。

（4）支付功能。可以在 ATM 机上进行资金扣款操作。例如，信用卡还款和缴纳水、电、燃气、通信、交通罚款等一系列费用。

（5）账户余额查询功能。可以在 ATM 机上查询特定账户的资金余额，并将结果显示在屏幕上，或打印出来。

（6）非现金交易功能。可以在 ATM 机上修改账户密码（PINS、存折打印、对账单打印、支票确认、公积金查询等。

（7）管理功能。可以在 ATM 机上查询终端机现金余额、终端机子项统计、支票确认结果汇总和安排服务等管理功能。

当今的 ATM 系统，正向多功能化发展。ATM 系统不仅可以进行存取款操作，还可以当作自助银行的一台自助银行终端进行操作。

3. ATM 系统的构成

ATM 系统的构成可以分为硬件系统和软件系统。

1）硬件系统

硬件系统一般由上半部分为电子柜和下半部分为保险柜的两个部分构成，整个装置被高强度的铝板包围。整个硬件系统主要由操作面板、磁卡（智能卡）读写、计算机主机、日志/票据打印、存款箱、现钞箱、废钞箱、维护操作检查面板、通信部件及电源十大部分组成。

（1）操作面板。操作面板主要由显示器和键盘组成，供持卡客户使用，是客户和 ATM 机信息交互界面。

（2）磁卡（智能卡）读写。磁卡（智能卡）读写对客户插入的磁卡（智能卡）自动进行读写操作，能读出磁卡（智能卡）上的有关信息。例如，银行账户号码、账户密码、账户余额等信息。

（3）计算机主机。计算机主机主要对 ATM 机的有关信息进行处理，控制各传输系统安全可靠地运行。

（4）日志/票据打印。日志/票据打印有两种功能：一种是对持卡客户进行 ATM 机操作过程和结果信息的打印，供客户核对操作信息；另一种

课堂笔记

是对 ATM 机所有的客户操作和系统运行情况进行打印，供银行在 ATM 机发生故障或出现问题时进行核查。

（5）存款箱。持卡客户使用 ATM 机存款功能存入现金的设备。

（6）现钞箱。持卡客户使用 ATM 机取款功能提取现金的设备。

（7）废钞箱。在持卡客户存取现金过程中，ATM 机识别测定钞票，对破损、过旧等不能有效识别的不合格现金和伪钞进行处理存放的设备。

（8）维护操作检查面板。维护操作检查面板提供给银行设备维护人员使用，对 ATM 机硬件的日常运行情况进行检测。

（9）通信部件。ATM 机在联机处理服务时，通过通信部件接口链接通信网络，与银行主机系统相连。

（10）电源。支持 ATM 系统正常工作所需的电源设备。

2）软件系统

软件系统一般称为 ATMC CATM CONTBOL)，在早期的 ATM 机上主要采用 MS-DOS，20 世纪 90 年代初使用 OS/2，20 世纪 90 年代后期则大量使用 Windows 操作系统。

ATMC 主要有下面几个功能。

（1）控制 ATM 机各个系统的启动和关闭。

（2）鉴别磁卡（智能卡）的真伪。

（3）与银行主机进行通信，安全上传/下载数据。

（4）提供友好的客户与 ATM 机信息交互界面。

（5）提供 ATM 机系统操作流程控制。例如，取款、存款等。

（6）记录 ATM 机系统流水数据。

4. ATM 系统的分类

ATM 系统按网络性质可以划分为专有系统和共享系统。

（1）专有系统。专有系统是指一个金融机构独立建立一套完整的 ATM 系统，包括通信网络和其他硬件设备，其服务对象为本行客户。这种系统的优点是该金融机构在 ATM 系统中可以自主决定和鉴别产品，能为本行客户提供安全度高，服务速度快的资金操作服务。其缺点是独立建立该系统投资大，ATM 服务网点和 ATM 服务功能受该金融机构自身的限制较多。

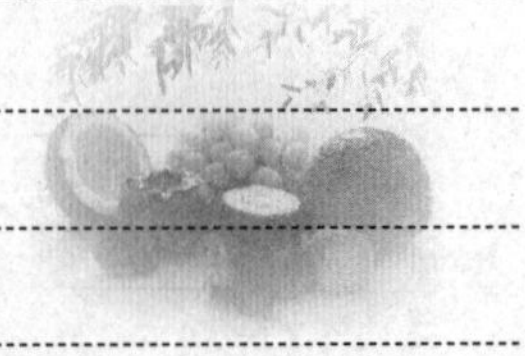

（2）共享系统。由于 ATM 专有系统服务网点少、服务功能少，不能

满足客户的需求，因此多个金融机构联合起来建立共享的 ATM 系统。共享 ATM 系统的服务对象除了本行客户，还有其他参与共享 ATM 系统的银行客户。共享 ATM 系统具有统一的鉴别产品的标准、联网标准，每个成员承担一部分 ATM 机的开发和运行费用。这种系统的优点是能通过分摊 ATM 系统的费用来减少银行的运营成本，通过其他银行的 ATM 服务网点扩大服务区域，丰富 ATM 服务功能。

共享 ATM 网络的进一步发展形成了全国性的共享 ATM 系统。例如，中国银联 ATM 系统。中国银联 ATM 系统通过银联网的中心主机连接各银行 ATM 主机，持有“银联”标志的持卡客户可以在任何一台贴有“银联”标志的联网的 ATM 机上使用并进行取现、存款、转账等资金操作。

目前，随着电子商务的发展，共享系统已经成为 ATM 系统的发展主流。随着 Visa 卡和 Master 卡提供全球性的 ATM 服务后，ATM 系统正向国际化发展，逐渐现成全球性的共享 ATM 系统。

5. ATM 系统的工作方式

依据 ATM 系统工作时是否与银行主机相连，可以划分为脱机方式和联机方式。

(1) 脱机方式。使用脱机方式进行工作的 ATM 系统不与银行主机相连，而是独立运行。脱机的 ATM 机具有完善的交易控制软件，所有交易处理由 ATM 的计算机主机完成。

客户的账户信息都记录在磁盘上，银行工作人员需要及时手动更新磁盘中的数据（也称为“止付卡表”，存储违约账户、ATM 流水账、交易日志等信息)，能独立检验银行卡的真伪和持卡人的账户信息，在操作过程中改写银行卡磁条上面的信息。这种脱机操作方式对银行来说存在着危险性，因为犯罪分子可能通过更改磁卡信息或伪造磁卡的方式在脱机 ATM 系统上骗取现金。因此，采用脱机方式工作的 ATM 系统比较适于网络环境较差、计算机起步较晚的地区。

所有的 ATM 机交易记录都打印两份收据。一份提供给客户核对，另一份提供给银行工作人员进行检验和过账操作。提供给银行工作人员的交易记录主要存储在磁盘或磁带上。

(2) 联机方式。使用联机方式进行工作的 ATM 系统，通过专线或电话线等和银行主机相连。持卡客户在上面进行操作时，ATM 机实时上传/

课堂笔记

课堂笔记

下载数据，由银行主机实时处理相关账户信息。由于采用联机方式，ATM系统每处理一项业务，银行主机都能实时更新数据，不再需要在ATM系统上手动更新“止付卡表”信息，可以节省大量的手工检验和过账操作。

联机方式工作相比脱机方式工作，需要安全可靠的通信专线，成本较脱机方式高。但银行主机能对ATM机实时监控，实时更新每一项ATM操作，保证了银行资金的安全性，并能通过联机为客户提供查询终端机现金余额、终端机子项统计、支票确认结果汇总等比脱机方式更丰富的银行服务。因此，目前大多数的ATM系统都选择采用联机方式工作。

6. ATM系统的网络结构

共享ATM系统的系统主要由ATM机、持卡客户、发卡银行、清算银行和交换中心组成。清算银行负责共享ATM系统内账务清算的处理，一般由央行担任；交换中心负责共享ATM系统内各种交易信息的转接处理和管理等工作，共享ATM系统的各个参与银行通过交换中心链接成一个大型共享网络。

根据交换中心在ATM系统中所处的位置不同，可以将ATM系统的网络结构分为后方交换型、前方交换型和复合型3种。

(1) 后方交换型网络结构和交易处理流程。在共享ATM系统中，交换中心在各个参与银行之后。每个参与共享ATM机系统的银行都有自己的ATM机和POS终端机。持卡客户在使用本行系统进行操作时，交易信息留在本行处理。跨行交易时，交易信息由交换中心转接给相应发卡银行处理；发卡银行处理信息后把处理结果发送给交换中心，交换中心再把信息处理结果转接给代理银行进行操作。ATM机跨行交易业务完结后，再由中央银行处理发卡银行和代理银行之间的资金清算和手续费计付。后方交换型网络结构的共享ATM系统通常由专用ATM系统联网后组成。

(2) 前方交换型网络结构和交易处理流程。在共享ATM系统中，交换中心在银行主机和ATM机或POS终端机之间，所有的交易信息通过交换中心统一分配处理。收到终端设备交易信息后，交换中心把交易信息发给相应的发卡银行处理，发卡银行处理信息后把处理结果发送给交换中心，交换中心直接通知终端设备进行处理。由于前方交换型网络结构的共享ATM系统没有跨行交易，因此不需要中央银行参与各个银行成员之间的资金清算，简化了交易过程，减少了参与银行的交易成本。目前新建的

课堂笔记

共享 ATM 系统大多使用前方交换型网络结构。

(3) 复合型网络结构和交易处理流程。这种共享 ATM 系统中，既包含前方交换型网络结构，也包含后方交换型网络结构。

如图 3-8 所示，在复合型网络结构中，ATM1 的交换中心在银行之前，是前方交换型网络结构；ATM2｝ATM5 的交换中心在银行之后，是后方交换型网络结构。持卡客户在 ATM1 上操作，按照前方交换型系统的交易流程处理；持卡客户在 ATM2｝ATM5 上操作，按照后方交换型系统的交易流程处理。

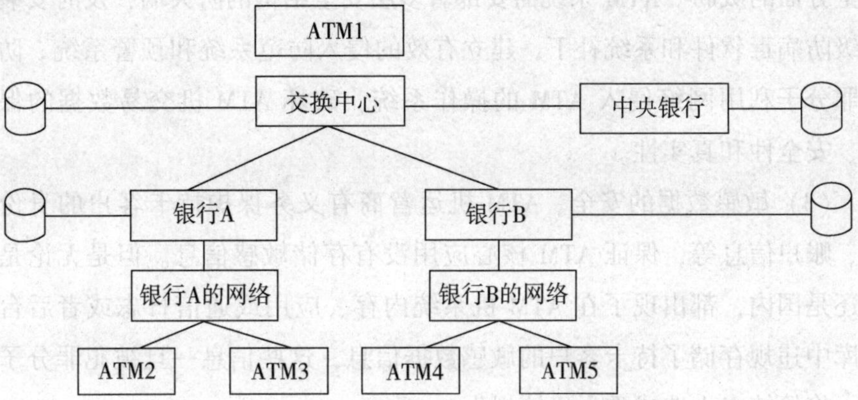

图 3-8　复合型网络结构和交易处理处理流程

7. ATM 系统的安全保密措施

ATM 系统作为传统银行服柜台服务的一个延伸，以其丰富的功能和便捷的自助金融服务，为人们提供了更多便利，ATM 系统应用得到了迅猛的发展。银行安装提供 ATM 服务的同时取得了可观的经济效益，从而成为各大银行开展竞争的方向之一。

然而，ATM 机也因其遍布大街小巷而成为犯罪分子的攻击和利用对象。目前，犯罪分子在伪造吞卡、假提示、假公告、假维修电话、假键盘窃号、制作伪卡甚至假冒银行工作人员等针对 ATM 机的犯罪手段层出不穷，不仅造成了银行储户资金的巨大损失，还给 ATM 金融安全带来了巨大的危害，如不能很好地解决安全问题，将直接影响人们使用自助设备的信心。因此，解决 ATM 机的安全保密问题是社会、金融、银行等业界关注的问题之一。

课堂笔记

1）ATM 数据安全

（1）系统数据加密和密钥体系安全。持卡客户在输入 ATM 密码时，ATM 机屏幕不显示输入密码，超过 3 次输入错误密码将做吞卡处理。持卡客户也可以在 ATM 系统上更改密码。目前，国内 ATM 系统多采用单一数据加密体系，银行中央计算机处理终端到 ATM 设备间应建立三级密钥体系，保证密钥生成、分发和接收、使用、存储、更新和销毁操作的安全。

（2）网络信息安全〔）ATM 系统从早期的专用操作系统到现在大量使用微软操作系统，使得 ATM 互联越来越普遍，但同时也面临网络信息安全方面的威胁。ATM 系统需要部署多层安全结构的防火墙，及时安装或升级防病毒软件和系统补丁，建立有效的侵入防范系统和预警系统。防范犯罪分子利用网络侵入 ATM 的操作系统，破坏 ATM 机交易数据的保密性、安全性和真实性。

（3）敏感数据的安全。ATM 机运营商有义务保护持卡客户的身份信息、账户信息等，保证 ATM 核心应用没有存储敏感信息。但是无论是国外还是国内，都出现了在 ATM 机系统内存、应用或通信日志或者后台数据库中违规存储了持卡客户的敏感数据信息，这些信息一旦被犯罪分子获取，将给持卡人造成重大经济损失。

2）ATM 机设备的安全

（1）在 ATM 客户键盘安装密码防窥罩，防止犯罪分子偷窥客户密码。

（2）在 ATM 插卡口安装欺诈设备抑制器，犯罪分子就难以安装任何形式的窃取装置。

（3）ATM 联网集中监控，将自助设备的监控、报警设备，自助银行门禁控制设备纳入远程监控报警联网系统。

3.2.3 POS 系统

POS 系统是电子技术发展及现代化商品流通管理理念和技术发展结合的产物。通过将计算机硬件和软件集成，形成一个智能型的既可独立工作，也可在网络环境下工作的商业工作站。经过几十年的发展，POS 系统已经成为我国主要支付系统之一。

1. POS 机系统概述

POS（Point Of Sale）中文名称是销售终端，分为商业型 POS 和金融型

课堂笔记

POS 两大类。

（1）商业型 POS。商业型 POS 是指通过自动读取设备（如收银机）在销售商品时直接读取商品销售信息（如商品名、单价、销售数量、销售时间、销售店铺、购买顾客等），并通过通信网络和计算机系统传送至相关部门进行分析加工以提高经营效率的系统。其功能是完成销售开单，收款方式可以是现金、银行、礼券等。商业型 POS 由主机、显示器、输入设备（键盘）、输出设备（打印机）、钱匣子组成，并具连接专用设备的接口如磁卡读入器、为供电子转账用的智能型银行卡读出设备、通信接口。

（2）金融型 POS。金融型 POS 是指由银行设置在商业网点或特约商家的信用卡授权终端机和银行计算机系统通过公用数据交换网联机构成的电子转账服务系统。它能提供持卡人在销售点购物或消费，通过电子转账系统直接扣账或信用记账的服务，即持卡人确认转账消费的金额和商家，然后金融机构定期把钱转给商家。金融 POS 由主机、打印机和密码键盘组成。

POS 系统被银行、第三方支付厂商等金融行业广泛采用，使消费者与商品之间的现金及支票交易、商业服务行业之间的业务结算及各家银行之间的业务由繁重的劳动、复杂的过程转变为轻松、简便、安全有序地运作，加快货币电子化的进程。POS 技术是保证银行的资金安全、防止恶意透支、防止诈骗、缩短客户等待时间、提高银行服务质量和信誉的有效手段，也是实现电子货币、杜绝伪钞的有效途径；同时对持卡人来讲，一张信用卡或扣款卡就可到各个商店购物而不需要带现金，免除了身上带现金不安全的风险以及使用信用卡提前消费的便利；对 POS 特约商家而言，电子支付不但能吸引持卡消费人群、扩大消费群体和提升市场份额，还能简化收款手续、减少现金流通风险。在电子支付系统中 POS 系统主要是指金融型 POS

2. POS 系统的主要功能

（1）自动转账。自动转账是指持卡人在特约商家购物、餐饮或者其他消费时使用信用卡进行支付，消费金额自动从持卡人银行账户上划转到商家的银行账户上。

（2）自动预授权。自动预授权指具有信用卡的自动授权功能。例如，宾馆、酒店类商家在预先估计了持卡人的消费金额后，通过 POS 联机取得

课堂笔记

预授权号码，保证持卡人账户中有足够支付金额的交易。可理解为暂时冻结持卡人账户中预授权数目的金额以作押金，但该金额还在持卡人账户中，在预授权完成（或者结算中）才按实际消费金额划归商家。

（3）信息管理。包括查询止付名单、查询流水、查询银行卡中账户余额、冲正、结算、打印单据和柜员管理等。在 POS 机上完成一笔交易后，POS 机自动更新客户和商家在银行的档案，以便今后查询；同时，也可以更新商家在存货资料及相关数据文件，以提供进一步的库存、进货等信息，帮助商家提供决策管理。

3. POS 系统的优点

POS 系统被金融行业广泛采用，使消费者与商品之间的现金及支票交易、商业服务行业之间的业务结算及各家银行之间的业务由繁重的劳动、复杂的过程转变为轻松、简便、安全有序的运作，加快货币电子化的进程。

（1）对于持卡人。对于持卡人来讲，一张信用卡或扣款卡就可到各个商店购物，而不需要带现金，免除了身上带现金不安全的风险并能获得使用信用卡提前消费的便利。POS 系统的普及，使越来越多的商品交易由现金和支票转向 POS 电子转账，这将深刻地改变着人们的消费习惯。

（2）对于商家。对于商家来讲，一是由于 POS 系统能实现立即转账，商家可在商品交易后立即得到资金，减少单笔交易时间提高了商品交易时的结账效率；二是用银行卡在 POS 机交易，减少了以往用支票付款时存在的呆账风险；三是为商家提供大量很有用的信息，通过对这些信息进行分析，可以为商家提供决策依据，以便提前为下一步进销情况和店面管理做出相应的计划，使其在激烈的市场竞争中处于有利的地位。

（3）对于银行。对于银行来讲，一是 POS 技术是保证银行的资金安全、防止恶意透支、防止诈骗、缩短客户等待时间、提高银行服务质量和信誉的有效手段，也是实现电子货币、杜绝伪钞的有效途径；二是银行通过 POS 机把支付系统延伸到零售商店和超级市场，通过电子手段同客户进行交易活动，减少现金交易成本，为客户提供良好的服务，大大加强了银行的金融中介作用；三是 POS 系统扩大了银行的职能，使银行从交易领域进入信息领域奠定了重要的基础。现代化的商业银行，除了起到传统的资金、货币流通的介质和导体作用外，还可以通过 POS 机应用的各个业务领

课堂笔记

域，收集、加工处理整个社会生产和商品交换产生的各种社会经济信息，从而为宏观经济的调控、微观经济的搞活，以及每个家庭，提供各种各样有价值的金融信息的服务。

4. POS 系统的工作方式

POS 机的工作方式主要有直接转账、脱机授权和联机授权 3 种方式。

（1）直接转账方式。早期的 POS 系统对于各个银行都是独立的，由各个银行独立开发，相互间的互通性比较差。持卡客户使用借记卡，POS 系统通过通信线路与发卡银行主机联机，实时确认持卡客户的身份、鉴别卡的合法性、核实卡中的余额、随时办理转账结账。这种直接转账方式效率高、安全、可靠，但它只适用于发卡银行，是一种专有系统，成本高、使用范围窄。

（2）脱机授权方式。POS 系统在不通过通信线路与发卡银行主机联机的状态下进行的交易。授权通常采用脱机处理方式，如通过电话、查询信用卡、查询止付黑名单等人工途径获得授权后，脱机运行所进行的消费交易。这种脱机交易的信息是 POS 机在下一笔联机授权交易或结账时才传送到发卡银行主机的，不论 POS 机传送的离线交易中卡号、授权号或金额等信息是否正确，收单行的主机都必须接受；如 POS 机传送的信息有不正确的，应由银行人员在日切（系统从当前工作日切换到下一工作日）时进行人工干预。

因此，脱机授权方式存在着商家操作错误风险及商家故意欺诈风险等。

（3）联机授权方式。随着银行卡业务的不断扩展和通信技术的迅猛发展，金融机构在 POS 上推出了信用卡联机授权方式。这是一种共享 POS 系统，通过通信网络与各个发卡银行、特约商家及各大银行的信息系统联机。目前，大多数的 POS 系统都采用联机授权方式，持卡客户进行消费交易时，POS 系统可以实时确认持卡客户的身份，鉴别卡的合法性，核实卡中的余额，随时办理转账结账，为客户提供更加方便、安全、可靠、准确的转账支付结算服务。

5. POS 系统的网络结构

（1）专有 POS 系统。在 POS 机的发展过程中，首先是一些具有雄厚技术实力的大银行开发了自己专有的 POS 系统，其结构如图 3-9 所示，

课堂笔记

POS 终端直接或通过集线器同银行计算机主机进行通信。这种 POS 系统网络结构只适用于开发系统银行的特约商家和持有本行信用卡的客户之间进行 POS 交易。开发专有 POS 系统成本较高，使用范围较易受开发银行特约商家和持卡客户的数量限制。

图 3-9　专有 POS 系统

（2）前方交换型 POS 系统。对于中小银行，开发自有的专有 POS 系统成本太高。中小银行便联合起来开发了 POS 系统，在集线器和银行计算机主机之间增加了一个交换中心，形成了如图 3-10 所示的共享前方交换型 POS 系统。

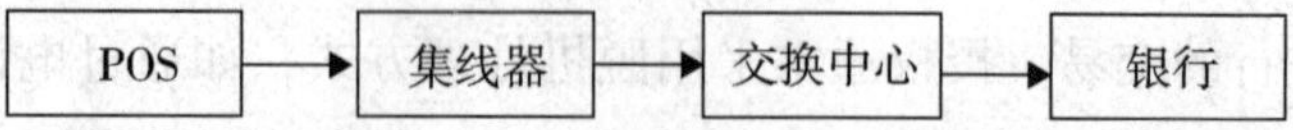

图 3-10　前方交换型 POS 系统

（3）复合型 POS 系统。POS 系统进一步发展时，可将两个系统合并，发展成联合系统。这是一种既有前方交换型，又有后方交换型的复合 POS 系统。图 3-11 所示为复合型 POS 系统。

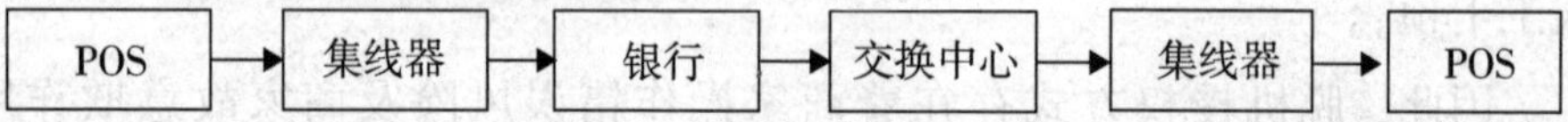

图 3-11　复合型 POS 系统

（4）共享型 POS 系统。如果把购物中心等商业场所开发的 POS 系统纳入其中，则发展成如图 3-12 所示的共享型 POS 系统。拥有自己 POS 终端盒计算机系统的商店要参加到共享型 POS 系统，必须同某个银行签约，通过银行的计算机主机系统进入共享型 POS 系统，也可以通过集线器链接到交换中心进入共享 POS 系统。如果建有全国性交换中心，将可以进行全国性 POS 交易。如果银行同国际性信用卡处理中心链接，将可以处理国际性信用卡持卡人的 POS 机交易。

课堂笔记

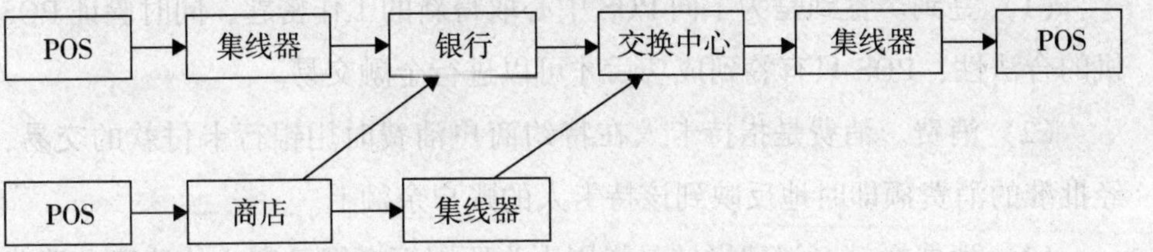

图 3-12　共享型 POS 系统

6. POS 系统的交易处理流程

POS 机业务的一般交易流程是：将信用卡在 POS 机上进行“刷卡”，并输入相关业务数据（交易种类、金额、密码等）；POS 机将获得的信息（卡号、业务数据等）通过通信线路传给银行主机；主机对信息进行处理，并向 POS 机返回相应的处理结果（通常叫作“授权”），从而完成一笔交易（如图 3-13 所示）。

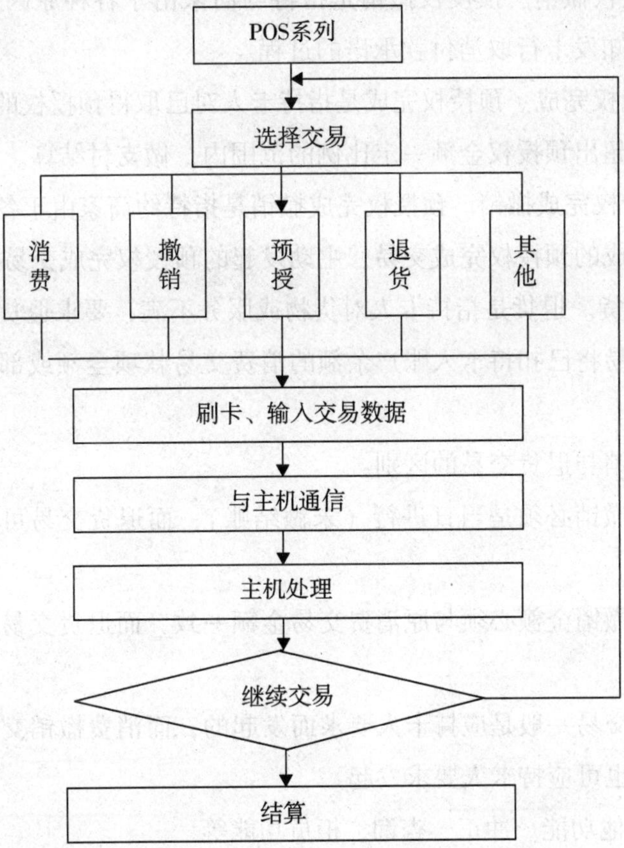

图 3-13　POS 业务的一般交易流程

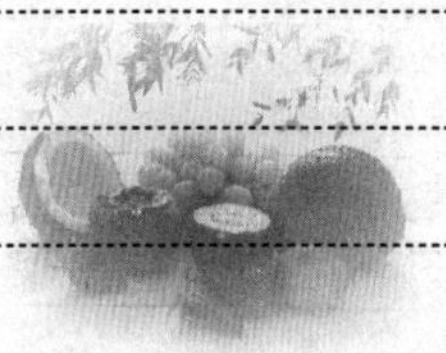

课堂笔记

（1）签到。签到是为了向 POS 中心取得新的工作密匙，同时验证 POS 机的合法性，POS 只有签到成功后才可以进行金融交易。

（2）消费。消费是指持卡人在特约商户消费时用银行卡付款的交易，经批准的消费额即时地反映到该持卡人的账户余额上。

（3）消费撤销。消费撤销是指因人为原因而撤销已完成的消费。消费撤销必须是撤销 POS 当日的消费交易，操作员需要向持卡人核对原始交易的凭证，消费撤销金额必须等于原始消费的金额，消费撤销交易需要主管操作员输入密码，消费撤销交易必须在原始 POS 上进行。

（4）预授权类交易。

① 预授权。预授权是指特约商家就持卡人预计支付金额向发卡行索取日后付款的承诺。发卡行将持卡人账户的预授权金额冻结，并给出授权号。该交易一般在酒店、宾馆使用。

② 预授权撤销。预授权撤销是指特约商家由于各种原因通过 POS 或其他方式通知发卡行取消付款承诺的过程。

③ 预授权完成。预授权完成是指持卡人对已取得预授权的交易，在预授权金额或超出预授权金额一定比例的范围内，做支付结算。

④ 预授权完成撤销。预授权完成撤销是指特约商家由于各种原因对持卡人已经完成的预授权完成交易，主动发起的预授权完成交易的取消。

（5）退货。退货是指持卡人对货物或服务不满，要求退货而发起的交易。退货交易将已扣持卡人账户余额的消费交易款项全额或部分地退还至持卡人账户。

消费撤销与退货交易的区别：

①消费撤销必须是当日进行（未做结账），而退货交易可以当日也可以隔日进行。

②消费撤销金额必须与原消费交易金额一致，而退货交易可以全部或部分退款。

③退货交易一般是应持卡人要求而发起的，而消费撤销交易可由商家主动发起，也可应持卡人要求发起。

（6）其他功能。冲正、查询、柜员功能等

（7）结算。结算是指 POS 与主机进行对账，部分 POS 机采取脱机交易的方式，则通过结算将交易数据上传至主机。一般情况下，资金会在结算成功后的 24 小时内转入该商户。

课堂笔记

7. POS 系统的安全保密措施

（1）POS 机的物理安全。在 POS 机的物理安全中，除 POS 机本身的物理安全外，还包括防止外界对 POS 机的物理攻击的安全。POS 机的物理安全体现在其物理封装上是否坚固耐用、是否能够承受一定程度的击摔、化学、电气和静电的损害而不至由此毁坏设备或外围电路。

（2）用户的身份安全。POS 系统中的用户一般分为操作 POS 机的操作员和持卡人，因此用户身份安全就应包括操作员和持卡客户的身份安全。操作员应分级管理，分为设置操作员、超级柜员和普通柜员。把职责和使用的功能相分离，使操作的安全级别更高。

通过对持卡客户个人 PIN 码的校验来鉴别持卡人的合法身份。持卡客户在 POS 机终端输入 PIN 码时，不能被他人窃取。在所有数据交换的通信线路上，PIN 码都不以明文出现，而是经过加密技术（如 DES 算法）进行加密处理后生成乱码密文。校验密码的过程由银行计算机主机完成。此安全性主要体现在加密算法的保密和密钥的安全上。

（3）通信传输中的信息安全。因为在联机 POS 机上做任何交易都得与银行计算机主机进行通信，其相当于银行的一台终端。银行计算机主机与 POS 机终端之间的互联、交换信息相对频繁，通信信息若被犯罪分子监听、分析，将给持卡客户和银行带来风险。交易数据在 POS 系统传输时，必须经过加密后以密码方式传播，在电文后还需要加送电文识别码 MAC。接收方通过检验电文识另 oI 码，可检验电文在传输过程中是否被篡改，以保障 POS 机交易数据的正确。

3. 2. 4 电子汇兑系统

20 世纪 S0 年代以来世界经济迅速发展，银行业务也迅速扩大。20 世纪六七十年代银行增加了大量的账户和新的服务项目，负责调节和监督国内财政经济状况和国际金融关系，要求通过银行交换的票据数目剧增。例如，美国在 20 世纪 70 年代中期通过银行系统处理的票据数每年达 338 亿张，到 1983 年增加到每年 524 亿张。为了减轻票据处理的负担，人们用电子通信的方式来取代票据的交换和传递，并用电子技术压缩票据流。1956 年，美国开始采用磁墨水字符识别装置，由计算机来处理票据。20 世纪

课堂笔记

60年代西方发达国家利用自动出纳机提取现金，开展电话付款。20世纪70年代出现了自动出纳机联机银行服务项目，建立了自动票据交换所。于是，电子汇兑系统便以多种形式发展起来，从而压缩了必须通过银行交换的票据流，提高了面向用户的金融业务的效益，扩大了金融机构的竞争能力。

1. 电子汇兑系统的概念

电子汇兑系统（electronic agiotage 或 electronic exchange）即利用电子手段处理自己的汇兑业务，以提高汇兑效率，降低汇兑成本。广义的电子汇兑系统，泛指银行间各种资金调拨作业系统，包括一般的资金调拨业务系统和清算作业系统。一般的资金调拨业务系统，用于行内或银行之间的资金调拨，如托收系统、资金转账系统、支付系统等，清算作业系统用于行际间的资金清算。任何一笔汇兑交易，均由汇出行（issuer bank）发出，至汇入行（acquirer bank）收到为止。其间的数据通信转接过程的繁简，视汇出行与汇入行（也称解汇行）两者之间的关系而定。根据汇出行与汇入行间的不同关系，可把汇兑作业分成联行往来汇兑业务和通汇业务两类。

联行往来汇兑是指汇出行与汇入行隶属同一个银行的汇兑，它属于银行内部账务调拨，按照联行往来约定办理各项汇入和汇出事宜。通汇业务需经过不同银行多重转手处理才能顺利完成，是一种行际间的资金调拨业务。通汇业务又可分为本国通汇业务和国际通汇业务。汇出行与汇入行隶属同一个国家的，属本国通汇业务；隶属不同国家的，则属国际通汇业务。跨行或跨国通汇业务因涉及不同银行间的资金调拨，参与通汇的成员必须签署通汇协定，才能保证作业系统的正常运行。

2. 电子汇兑系统的特点

电子汇兑系统同 ATM 系统和 POS 系统等常见的电子支付系统相比，前者资金交易额大、使用范围窄，主要顾客是各个银行等金融机构，其次是企业、政府机构等组织，社会普通民众使用得少。后者资金交易额小、使用范围广，主要面对社会公众。因此，国外把前者划归批发银行系统，把后者划归零售银行系统；中国则把前者划归大额支付系统，把后者划归

课堂笔记

小额支付系统。

（1）资金交易额大，风险性大。在银行系统的案例中，犯罪分子在电子汇兑系统里的作案比例很大，作案金额居各类电子支付案例之首。

（2）对系统的安全性要求高。通过电子汇兑系统的汇兑金额大，客户汇款时最关心的是安全，其次才是及时送到。为了电子汇兑系统的安全，信息传输应采用先存后送的方式，确保信息在传输过程中所通过的每个站点都有确切的记录，以便万一汇兑业务出现问题时，也能迅速找出出事点。

（3）跨行和跨国交易所占比例较大。随着国际贸易的发展、跨国公司的壮大和全球经济一体化进程的加速，跨行和跨国交易所占的比重在增大。因此，设计电子汇兑系统时，应适应国际上通行的各种标准、规格和要求。只有遵守这些标准，才能顺利进行国际汇兑业务。

3. 电子汇兑系统的类型

电子汇兑系统由于功能和作业性质的不同可分为通信系统、资金调拨系统和清算系统。

（1）通信系统。这类系统主要负责为银行等金融机构成员传送同汇兑有关的各种信息。成员行接收到这种信息后，若同意处理，则将其转送到相应的资金调拨系统或清算系统，再由后者进行各种必要的资金转账处理。目前，全球200多个国家和地区的使用的SWIFT（环球银行金融电信协会）系统就属于该类系统，环球银行金融电信协会通过SWIFT系统运营着世界级的金融电文网络，银行和其他金融机构通过它与同业交换电文，从而完成金融交易。

（2）资金调拨系统。这类系统是典型的汇兑作业系统，它们的功能较齐全。有的只提供资金调拨处理，有的还具有清算功能。在这类系统中，有代表性的系统，如美国的纽约清算所银行同业支付系统（CHIPS）、联邦储备通信系统（Fed Wire）、日本的全银系统。中国各商业银行的电子汇兑系统、中国人民银行的全国电子联行系统也都属于这类系统。

（3）清算系统。这类系统负责提供清算处理。当汇入行接受汇出行委托，执行资金调拨处理，导致行际间发生借差或贷差时，若汇入行与汇出行之间无直接清算能力，则需委托清算系统进行处理。例如，中国的异地

课堂笔记

跨行转汇，必须经过中国人民银行的全国电子联行系统，才能最终得以清算。

4. 电子汇兑系统的运作模式

电子汇兑系统是一个复杂的系统，电子汇兑往往是跨地区、跨系统进行的。以一笔电子汇兑的交易为例，在银行系统间处理资金的汇兑流程，由汇出行到汇入行，需要经过数据输入、电文的接收、电文数据控制、处理与传送和数据输出 5 个基本的作业处理。

在电子汇兑系统中，汇出行和汇入行可以是同一家银行，也可以是不同银行。电子汇兑系统的具体作业处理流程如图 3-14 所示。

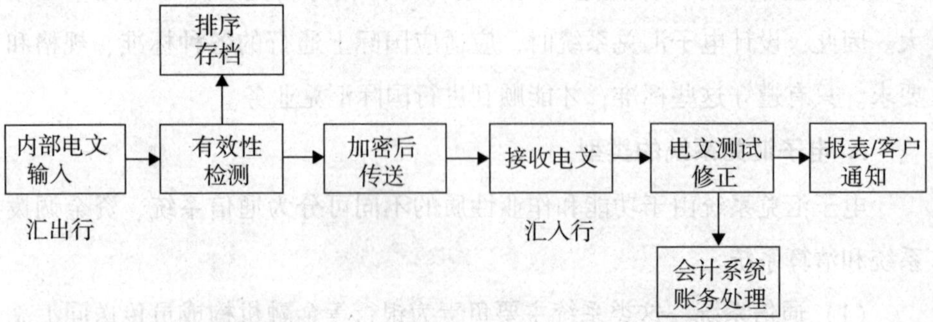

图 3-14　电子汇兑系统的具体作业处理流程

(1) 汇出行由内部输入电文。

(2) 系统对电文进行有效性检测，并为电文分配顺序号、存档。

(3) 对电文检测后进行加密，发送到专用通信网。

(4) 汇入行接收电文。

(5) 汇入行对电文进行测试和修正。

(6) 将数据发送到会计系统进行账务处理。

(7) 向客户发送报表/客户通知。

在整个处理流程中，需要进行边界控制和处理控制。边界控制就是对系统同外界的各个接口进行严格的检验控制，以防止错误的信息进入。处理控制是指当信息进入各子系统后，对子系统的相应操作进行监管和控制，以确保系统正确地执行处理操作。通过系统的边界控制和处理控制，可以保证各类交易电文在两个端点之间准确地传输。

5. 中国的电子汇兑系统——中国国家现代化支付系统

课堂笔记

为适应我国市场经济的发展，特别是电子商务的发展，迫切要求建立高效、安全可靠的跨行通信网络，实现支付系统的现代化、电子化、网络化。我国在中国人民银行的卫星通信网和全国电子联行系统建设的基础上，建设了中国国家金融通信网（CNFN）和中国国家现代化支付系统（CNAPS）。

1）中国国家金融通信网

中国国家金融通信网（China National Financial Network，CNFN）是把中国人民银行、各商业银行和其他金融机构有机地连接在一起的全国比和专业性的金融计算机网络系统。CNFN 由国家级主干网和区域级网两级网络组成，并由国家处理中心（中国人民银行总行）、省市处理中心（中国人民银行各省市分行）和县支行处理中心（中国人民银行各县支行）3 个层次构成。其中国家级主干网以卫星通信网为主，是国家处理中心与各省市处理中心之间的广域网。区域级网以邮电部门提供的公用数据网组成金融虚拟专用网，是各省市处理中心与县支行处理中心之间的广域网。

CNFN 是以提供网络基础设施为目标，以开放的系统结构使用户的各类计算机处理系统通过网络的连接运行的公共应用程序。在提供数据通信服务的基础上，CNFN 能够开展金融专用的电子邮件、储存转发传真、EDI 等增值业务，为我国金融领域办公自动化提供方便、快捷的服务。

2）中国国家现代化支付系统

中国国家现代化支付系统（China National Advanced Payment System，CNAPS）主要提供商业银行之间跨行的支付清算服务，是中国人民银行按照我国支付清算需要，并利用现代计算机技术和通信网络自主开发建设的，能够高效、安全处理各银行办理的异地、同城各种支付业务及其资金清算和货币市场交易的资金清算的应用系统。CNAPS 是在中国国家金融通信网上运行的应用系统，是各商业银行电子汇兑系统资金清算的枢纽系统，是中央银行履行支付清算职能，改进金融服务的重要核心系统。

作为国内唯一能够实现跨行资金结算的清算系统，CNAPS 主要包括大额实时支付系统、小额批量支付系统、中央银行会计核算系统、全国支票影像交换系统、境内外币支付系统、电子商业汇票系统和网上支付跨行清

课堂笔记

算系统等。

（1）大额实时支付系统。大额实时支付系统是中国人民银行按照我国支付清算需要，利用现代计算机技术和通信网络开发建设的，能够高效、安全处理各银行办理的异地、同城各种支付业务及其资金清算和货币市场交易的资金清算的应用系统。建立大额支付系统的目的，是为了给银行和广大企事业单位以及金融市场提供快速、高效、安全的支付清算服务，防范支付风险。大额实时支付系统于 2002 年 10 月 8 日投产试运行，2006 年 6 月 24 日完成全国推广。大额实时支付系统处理下列支付业务。

a. 规定金额起点以上的跨行贷记支付业务。

b. 规定金额起点以下的紧急跨行贷记支付业务。

c. 各银行行内需要通过大额支付系统处理的贷记支付业务。

d. 特许参与者发起的即时转账业务。

e. 城市商业银行汇票资金的移存和兑付资金的汇划业务。

f. 人民银行会计营业部门和国库部门发起的贷记业务及内部转账业务。

g. 人民银行规定的其他支付清算业务。

（2）小额批量支付系统。小额批量支付系统采取定时批量发送支付指令、轧差净额清算资金的方式，主要处理跨行同城、异地借记支付业务，以及在规定金额以下的贷记支付业务。小额批量支付系统实行 7×24 小、时连续运行，可为广大企事业单位和居民个人提供全天候不间断的支付服务。小额批量支付系统于 Zoos 年 11 月 28 日投产试运行，2006 年 6 月 26 日完成全国推广。小额批量支付系统处理下列支付业务。

a. 普通贷记支付业务：包括汇兑、委托收款（划回）、托收承付（划回）、国库贷记汇划业务、网银贷记支付业务等。

b. 定期贷记支付业务：包括代付工资业务、代付保险金、养老金业务等。

c. 实时贷记支付业务：主要是个人储蓄通存业务。

d. 普通借记支付业务：包括中国人民银行机构间的借记业务、国库借记汇划业务等。

e. 定期借记支付业务：包括代收水、电、煤气等公用事业费业务及国

课堂笔记

库批量扣税业务等。

f. 实时借记支付业务：包括个人储蓄通兑业务、对公通兑业务、国库实时扣税业务等。

（3）中央银行会计核算系统。中央银行会计核算系统是以中国人民银行地市以上机构为基本核心单位，运用计算机网络和电子通信技术，遵循会计基本原理、准则和特定方法进行设计的，集中核算、反映和管理中国人民银行各类会计业务的电算化系统。该系统提供资金最终结算服务，是中国人民银行现代化支付系统的运行基础，是中国人民银行履行各项职能的核心支付系统。中央银行会计核算系统自 2003 年 4 月 21 日正式在天津分行营业部上线运行。

（4）全国支票影像交换系统。全国支票影像交换系统是运用影像技术将实物支票截留，转换为支票影像信息，通过计算机网络将支票影像信息传递至出票人开户银行提示付款的业务处理系统。全国支票影像交换系统于 2006 年 12 月 18 日投入试运行，2007 年 6 月 26 日完成全国推广。

（5）电子商业汇票系统。电子商业汇票系统依托网络和计算机技术，接收、登记、转发电子商业汇票数据电文，提供与电子商业汇票货币给付、资金清算行为相关服务，并提供纸质商业汇票登记、查询和商业汇票（含纸质、电子商业汇票）公开报价服务的综合性业务处理平台。目前，电子商业汇票系统开通了电子商业汇票业务处理功能和纸质商业汇票登记、查询功能。电子商业汇票系统的建立，大大降低了票据操作风险，同时为金融机构统一管理票据业务提供了基础平台和技术手段。电子商业汇票系统于 2009 年 10 月 28 日在北京、上海、山东、深圳 4 地投产试运行，2010 年 6 月 28 日完成全国推广。

CNAPS 系统体系结构如图 3-15 所示。

课堂笔记

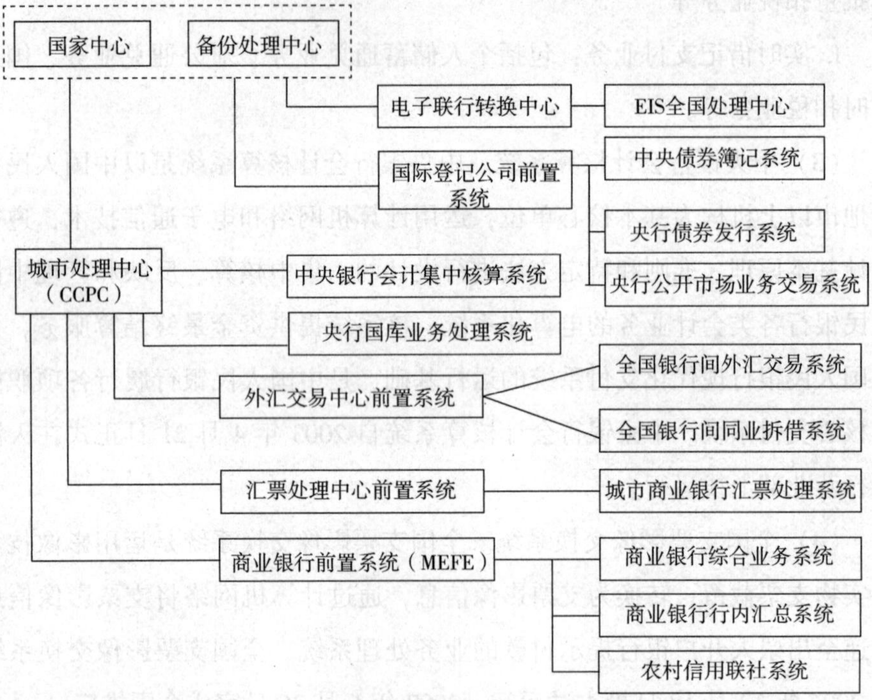

图 3-15　CNAPS 系统体系结构

任务三　第三方支付

传统的支付方式往往是简单的即时性直接付转，其中钞票结算和票据结算适配当面现货交易，可实现同步交换；汇转结算中的电汇及网上直转也是直接付转，适配隔面现货交易，但若无信用保障或法律支持，会导致异步交换容易引发非等价交换的风险。现实中买方先付款后不能按时按质按量收获标的，卖方先交货后不能按时如数收到价款，被拖延、折扣或拒付等引发经济纠纷的事件时有发生。

相比在现实的有形市场，异步交换权且可以附加信用保障或法律支持来进行，而在电子商务交易环境中，交易双方互不认识。客户在线支付货款时，总存在对支付后商家不发货、对货物不满意很难追回货款等种种担忧，同时也担心自己的银行账号、密码在支付的过程中被窃取；而商家也不愿先发货，怕货发出后不能收回货款。博弈的结果是双方都不愿意先冒险，网上购物无法进行。为适应同步交换的市场需求，第三方支付应运而生。

课堂笔记

随着我国电子商务的快速发展，第三方支付已经成为我们生活的必需品，只需要在键盘上轻轻一点，网上购物支付、手机话费充值，甚至是缴纳日常生活中的水电费都可以直接用第三方支付结清。

3.3.1　第三方支付经营模式

目前国内第三方支付服务主要有两种模式：一是没有内部交易功能的银行网关代理，即第三方支付网关模式，典型代表是首信易支付；二是有内部交易功能的电子商务交易平台支付模式，如支付宝、云网。这种模式为交易双方开立账户，商业银行也是通过他们建立支付网关，网上支付指令通过银行网关最终进入其后台处理系统，进行最终的资金处理。

小资料：中国主要第三方网上支付平台

上海环讯（http：//www. ips. com. cn/）

北京首信易支付（http：//www. beijing. com. cn）

银联电子支付有限公司（http：//www. chinapay. com）

云网支付（ http：//www. cncard. net/）

和讯网上支付（http：//image. hexun. com/payment/）

网银在线（http：//www. chinabank. com. cn）

西部支付（http：//www. westpay. com. cn）

中国在线支付（http：//www. ipay. cn）

YeePay（http：//www. yeepay. com）

快钱（http：//www. 99bill. com）

易达信动（http：//www. 1st-pay. net/）

易付网络（http：//www. epay. net. cn）

支付宝（https：//www. alipay. com）

安付通（http：//www. ebay. com. cn/）

贝宝中国（http：//www. paypal. com/cn/）

课堂笔记

银行作为金融机构，负责搭建基础的支付平台，同时为第三方网上支付提供统一的支付网关。第三方网上支付则是基于与各家银行密切合作的前提下，为用户提供整合型网上支付服务。第三方支付网关，连接了多家银行的内部网关，形成统一的支付接口，向在线商家提供服务，方便了商家同时利用多家银行的支付功能。但是，第三方支付网关提供的价值非常有限，而且门槛低，技术含量少，也缺少创新空间，支付网关这种运营模式很容易被复制和取代，所以采用此模式的网站只能靠打价格战求生。在未来我国银行业整合基本完毕之后，银行或银联组织完全可能取代；第三方支付平台有基于 C2C 的和基于 B2B 或 B2C 的两种类型。C2C 类型只向客户收取极低的手续费，甚至有些干脆不收任何费用。B2B 或 B2C 类型更注重与银行的合作。在 B2B 领域，很多大型企业直接开发和应用支付平台，利用银行提供的系统接口，直接实现支付。在 B2C 领域，第三方支付平台与银行间存在竞争，商家也可以直接连接网上银行支付网关，不采用第三方支付平台的技术方案和服务，但第三方支付平台占据了先发优势，并可以提供多家银行的支付通道，具有一定的优势，但发展空间逐步缩小。

3.3.2 第三方支付面临的问题

1. 市场竞争问题

支付公司之间的竞争最先反映在和银行关系的竞争上。能否与各大商业银行形成紧密合作，能否在和银行的谈判中将价格谈到最低，成为支付公司竞争的首要手段。除银行之外，目前我国第三方支付市场还面临 4 种力量的竞争，分别是潜在竞争对手、替代品生产商、客户、现有产业竞争对手。他们是驱动产业竞争的 5 种基本力量。第三方支付市场的 5 种竞争力量在市场上的博弈竞争，将共同决定该产业的平均盈利水平，这 5 种力量的分化组合也将对第三方支付平台的发展产生深刻影响。

2. 政策风险问题

第三方支付结算属于支付清算组织提供的非银行类金融业务，中央银行将以牌照的形式提高门槛。对于已经存在的企业，第一批牌照发放后如果不能成功持有牌照，就有可能被整合或收购。政策风险将成这个行业最

课堂笔记

大的风险，严重影响了资本对这个行业的投入，没有资本的强大支持，这个行业靠自己的积累和原始投资是很难发展起来的。现在国家制订相关法律法规，准备在注册资本、保证金、风险能力上准备对这个行业进行监管，采取经营资格牌照的政策来提高门槛。因此，对于那些从事金融业务的第三方支付公司来说，面临的挑战不仅仅是如何赢利，更重要的是能否拿到将要发出的第三方支付业务牌照。

此外，第三方支付还面临着其他问题。如：信用问题，我国的信用卡体系相比之下比较落后，金融系统基本上以借记卡为主，所以提取的交易费率也就较低；风险问题，能否有效防范和化解基于信息技术导致的系统风险和基于虚拟产品形成的支付风险，是第三方支付成败的关键；政府监管问题，第三方支付的出现，给支付体系监管提出了全新课题。

3. 第三方支付生存法则

在产品类似、模式单一、高度同质化的支付市场，“创新”无疑是企业核心竞争力所在，也是第三方支付唯一的出路。对第三方支付而言，创新主要体现在如下几个方面。

（1）电子支付技术的提高与服务的优化。产品和服务质量是第三方网上支付平台在竞争中制胜的关键因素。所以，各网上支付平台必须进行研发投入以获得技术进步，减少和消除支付信息被窃取，掉单率高等关键问题，保证网上支付的安全性，增强客户的忠诚度。

（2）进一步强化市场细分。电子支付可以区分为通用类支付、行业支付、定制化服务或者基础支付层、骨干支付层、应用支付层等不同类别，按照支付的载体还可以再细分银行卡支付、电子钱包等。第三方支付可以根据自身的资源优势，准确定位，形成有效的细分市场，避免蜂拥而上的同质化竞争。

（3）与银行和商家的紧密合作正成为第三方支付走向坦途的不二法门。银行在早期的发展已经树立值得信任的品牌，拥有完善的渠道，由此而得到大众的认可和商家的信任。借鉴国外的成功经验，加强和银行的深度合作，与银行保持密切的合作关系，借助银行品牌和渠道一起推广创新的服务，从而提供本地化的支付平台。

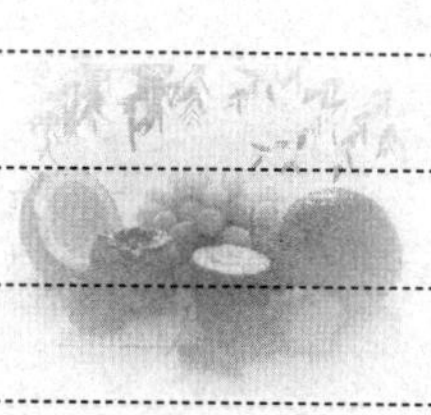

（4）创新多元化支付模式也是值得推荐的策略之一。在提供网上支付服务的同时，提供在线支付、手机支付、电话支付、虚拟支付等其他电子

课堂笔记

支付手段，形成立体化的支付体系。在线支付包括网关银行卡支付，也包括会员支付，同时也包括包月的服务等。

(5) 创新营销策略，开展互动营销。第三方支付之所以陷入价格战的非良性竞争，最大的原因是缺乏差异，只有在产品策略、价格策略、渠道策略、促销策略等营销手段上开展深度创新，才能共同把网上支付的蛋糕做大。通过和商家开展互动营销则可以避免诸侯割据的价格战，优势互补进而实现双赢。

任务四　大额资金支付系统

网络支付与结算按照支付的规模可以分为微支付、消费者级别支付和大额支付。大额支付，尤其是各大商业银行间的巨额资金的转账支付甚至跨国支付需要专业网络和支付系统的支持。国际汇兑信息通常是通过 SWIFT 系统传输的，而国际资金结算通常是通过 CHIPS 系统来完成的。我国正在建设基于中国金融骨干网（CNFN）的中国国家现代化支付系统（CNAPS），将为我国大额资金支付与结算提供可靠的保障。

3. 4. 1　SWIFT

1. WIFT（Society Worldwide Interbank Financial Telecommunication）的产生和发展

20 世纪 50 年代以来，国际贸易急速发展，计算机及通信技术的应用日益广泛。开始时银行收到的从各地发来的电文格式不同，必须经过人工转换后才能输入计算机进行处理，很不方便，而且传递速度也慢，还容易出错。解决这个问题的办法是建立采用统一电文格式的全球性金融通信网络。

20 世纪 70 年代初，欧洲和北美的一些大银行决定建立一个国际金融通信系统。该系统要能正确、安全、低成本和快速地传递标准的国际资金调拨信息。于是，这些大银行于 1973 年 5 月正式成立 SWIFT 组织，负责设计、建立和管理 SWIFT 网络，以便为该组织成员提供国际金融信息传输服务。1977 年夏，完成了 SWIFT 网络系统的各项建设和开发工作，并正式投入运营。

课堂笔记

1980 年，SWIFT 链接到中国香港，中国银行作为中国第一家入会 SWIFT 成员，1985 年正式开通 SWIFT 服务。中国工商银行 1990 年正式加入。此后，农行、建行、交行等也陆续加入 SWIFT。但在初级阶段，各银行以单独形式与 SWIFT 链接，共享度和自动化程度低。随着中国金融的繁荣，中国在 SWIFT 的发报率高速增长，现在的 SWIFT 网络已经成为中国商业银行进行国际结算，外汇买卖、清算兑付的通信主渠道。

2. SWIFT 提供的服务

SWIFT 的目标是，在所有金融市场为其成员提供低成本、高效率的通信服务，以满足成员金融机构及其终端客户的需求。包括我国在内的全球的外汇交易电文，基本上都是通过 SWIF 传输的。需要指出的是，SWIFT 仅为全球的金融机构提供通信服务，不直接参与资金的转移处理服务，也就是说，在网络支付机制中起传递支付结算电文的作用，并不涉及支付电文收到后的处理细节。SWIFT 提供的通信服务主要包括：

（1）提供全球性通信服务。189 个国家和地区的 6 673 个金融机构同 SWIFT 网络实现连接。

（2）提供接口服务。使用户能以低成本、高效率实现网络存取。

（3）存储和转发电文服务。1999 年转发的电文达 10 亿条。

（4）业务文件传送服务。SWIFT 提供的银行间的文件传送 IFT（Interbank File Transfer）服务，用于传送处理批量支付结算和重复交易的电文。

（5）电文路由（Message Routing）服务与具有冗余的通信能力。

特别要指出的是，SWIFT 服务提供的 240 种以上的电文标准中，专门有支持大额资金支付结算的支付系统电文或转账电文。

SWIFT 系统提供的各类电文通信服务，全部采用标准化的处理程序和标准化的电文格式。这样，SWIFT 系统的通信服务可直接由计算机自动处理，中间不必经过转换和重新输入。实现从端到端的自动处理可以减少出错概率，提高交易处理效率和自动化水平，降低成本，减少风险。一笔通信服务通常 10 分钟内就可提交，传输一笔交易电文仅收费 U5 $0.36 美元。如 1999 年时 SWIFT 的年通信量为 10 亿笔，平均每天传送的电文超过 418.5 万笔，每日通过 SWIFT 传送的支付电文的平均金额超过 5 万亿美元。

课堂笔记

3. SWIFT 的逻辑结构

SWIFT 是国际银行间非营利性的国际合作组织，它依据全世界各成员银行金融机构相互之间的共同利益，按照工作关系将其所有成员组织起来，按比利时的法律制度登记注册，总部设在比利时的布鲁塞尔。现在 SWIFT 有两个控制中心（System Control Center，SCC）进行业务处理，分别位于美国和荷兰，同时在各会员国设有地区处理站。网络和系统管理由上述两个中心实施，银行本地线和检验由各地面处理站管理。

原则上每个国家有一个区域处理中心（Regional Processor，简称 RP）。少数较小国家可共用一个 RP 因此，RP 也称国家处理中心（National Processor）。OC 通过全双工国际数据通信链路同 RP 链接，各成员行则通过国内数据通信链路同 RP 链接。SWIFT 传输如图 3-16 所示。

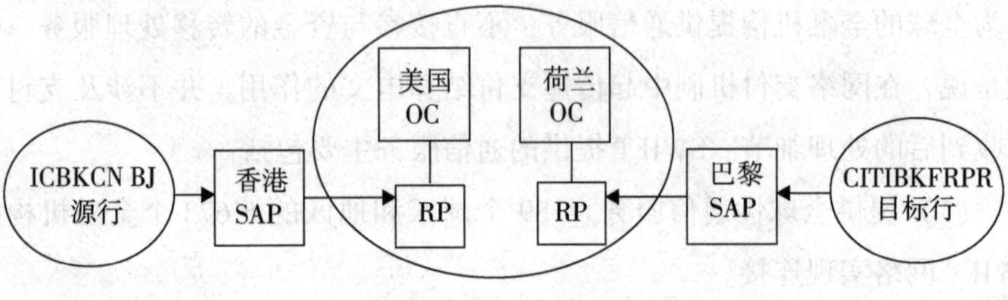

图 3-16 SWIFT 传输示意图

3.4.2 CHIPS

3.4.2.1 CHIPS 概述

CHIPS（Clearing House Interbank Payment System）中文译为“纽约清算所银行同业支付系统”，主要是以美国纽约为资金结算地。具体完成资金调拨即支付结算过程。因为纽约是世界上最大的金融中心，国际贸易的支付活动多在此地完成。因此，CHIPS 既然在纽约运行，它也就成为世界性的资金调拨系统。现在，世界上 90% 以上的外汇交易，是通过 CHIPS 完成的。可以说，CHIPS 是国际贸易资金清算的桥梁，也是欧洲美元供应者进行交易的通道。

到 20 世纪 90 年代初，CHIPS 发展为由 12 家核心货币银行组成，有 140 家金融机构加入的资金调拨系统。CHIPS 的参加银行，除了利用该系

课堂笔记

统本身调拨资金外，还可接受往来银行的付款指示，透过 CHIPS 将资金拨付给指定银行。这种层层代理的支付清算体制，构成了庞大复杂的国际资金调拨清算网。因此，它的交易量非常巨大，而且在逐年增加。

CHIPS 采用层层代理的支付清算体制，构成庞大复杂的国际资金调拨清算网。其体系如图 3-17 所示。

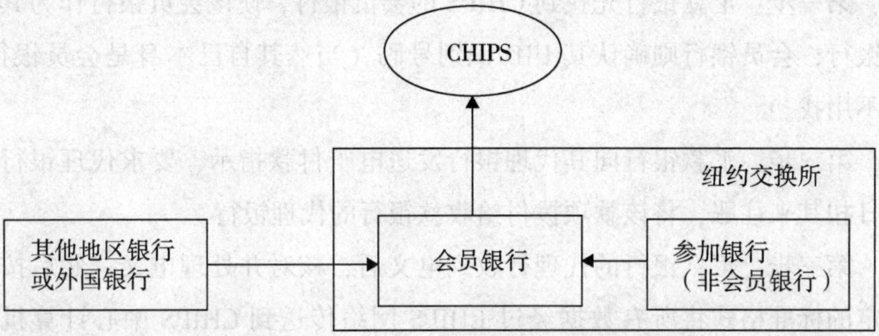

图 3-17 CHIPS 体系结构示意图

会员银行在纽约美联储有存款准备金具有清算能力，拥有 CHIPS 系统的标识码。参加银行的金融业务需要通过会员银行的协助才能清算和支付。其他地区银行是纽约地区之外具有外汇经营能力的美国银行，外国银行是设于美国纽约的分支机构或代理行。当然，外国银行也可以选择 CHIPS 中的会员银行作为其代理行。

CHIPS 虽庞大和复杂，但能够高效方便的处理和运行，有许多独特的优势，如表 3-2 所示：

表 3-2 CHIPS 的独特优势

序号	特 点
Ⅰ	参加银行预先给出调拨提示，到生效之日拨款银行下达“解付”命令后，CHIPS 开始实施。
Ⅱ	实时查询
Ⅲ	自动识别标识码
Ⅳ	双套系统互为备份，高速链接，不间断电源
Ⅴ	保密模块、保密设备、标准的保密检测

课堂笔记

3.4.2.2 CHIPS 逻辑构架

CHIPS 的运作框架是典型的“SWIFT&CHIPS”模式。两个不同国家和不同银行之间，进行一笔资金清算需要完成信息流与资金流的两个过程，其逻辑步骤为：

第一步：汇款银行先找到 CHIPS 的会员银行，使该会员银行作为其代理银行，会员银行则确认其 UID 识别号码（当然其自己本身是会员银行，则不用找。）

第二步：汇款银行向其代理银行发送电子付款指示，要求代理银行于某日扣其来往账，将该款项拨付给收款银行的代理银行。

第三步：汇款银行的代理行收到电文后，核对并处理电文，然后按照一定的标准格式将所有数据经过 CHIPS 网络传送到 CHIPS 中心计算机存储起来。

第四步：中心计算机接受收汇款银行的代理行的“解付”命令之后，将此款项通知通过 CHIPS 传送到收款银行的代理行中。

第五步：收款银行的代理行根据收款银行的 UID 通知收款银行接受汇款，完成汇款。

CHIPS 利用网络传输完成国际资金电子支付与结算，而一笔国际电子汇兑由于源行和目标行相距非常遥远，往往经过不同国家多个同业的转手才能完成。例如，中信银行的客户 A 要求自已开户行即中信银行给叙利亚的渣打银行的客户 B 支付一笔款项，若上述两行有业务往来，则可以直接通过 CHIPS 划拨；若该两行以前未曾有过业务往来，则需要一个中间的第三者银行来协助处理。设两行均与德意志银行有所往来，但中信银行为 CHIPS 非会员银行，渣打银行与德意志银行均是 CHIPS 的会员银行，则中信银行可以先将款项通过 CHIPS 汇兑给德意志银行，德意志银行在将汇款转入渣打银行的账户中，并通知渣打银行知晓该款项的收益人为客户 B。渣打银行接到通知以后，通过自身的银行系统通知客户 B 汇款已达账。也就是说，CHIPS 机制可能涉及多个银行。其流程如图 3-18 所示。

课堂笔记

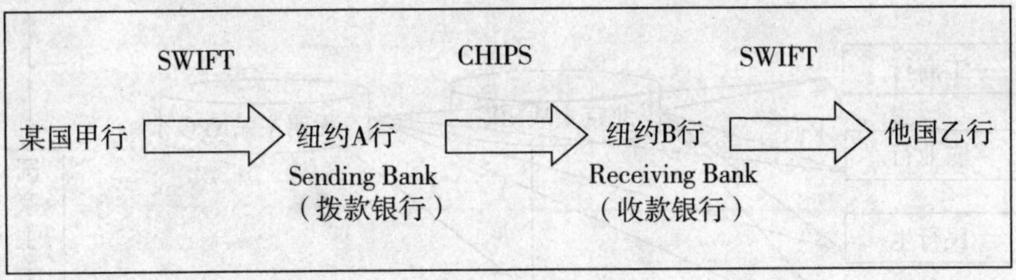

图 3-18 CHIPS 流程图

3.4.3 CNFN

3.4.3.1 CNFN（China National Financial Network）简介

中国金融骨干网 CNFN 是把中国人民银行、各商业银行和其他金融系统有机融合在一起的全国性和专业性金融网络系统。

CNFN 的目标是向金融系统用户提供专用的公用数据通信网络，通过文件和报文传输向应用系统如汇兑系统提供服务；我国的金融机构通过该网络可链接全国各领域成千上万企事业信息系统，为广大的客户提供全面的支付服务和金融信息服务；最终成为中国国家现代化支付系统 CNAPS 的可靠网络支撑（物理结构上有点类似 SWIFT 网络）。

为充分发挥金融通信网的投资效益，实现一网多用，在规划网络建设时，将通信子网与资源子系统分离，建设独立于应用的全国金融通信网络。整个 CNFN 网络分为 3 个层次的结点，分别是一级结点国家处理中心 NPC，二级结点城市处理中心 CPC，三级结点中国人民银行县支行处理结点 CLB。由 NPC 与几百个 CPC 构成国家主干网，由 CPC 与几千个 CLB 构成城市区域网络。

在 CNFN 的三级结点中，NPC 负责整个系统的控制和管理及应用处理，CPC 和 CLB 主要完成信息采集、传输、转发及必要的应用处理。其网络结构如 3-19 图示。

课堂笔记

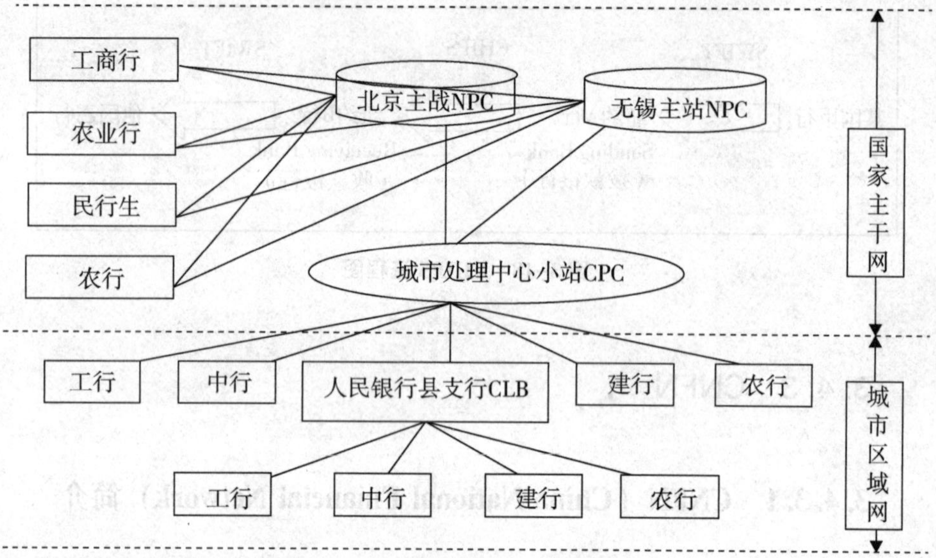

图 3-19 CNFN 网络结构示意图

该图中，虚线表示备用链接。在一般的情况下，主用 NPC 即北京主站控制管理，一旦发生灾难，备用 NPC 即无锡主站就接管遭受破坏的主用 NPC 的所有业务，直到北京主站 NPC 完全恢复使用。两个 NPC 之间由高速卫星线路和高速地面线路相连。两个国家处理中心，两者互为备份，有同样的结构和处理能力。

3.4.3.2 CNFN 物理通信线路

CNFN 物理通信线路包括卫星通信线路和地面通信线路两部分。目前支撑 CNFN 的中国金融卫星通信网与中国金融数据地面骨干通信网已基本建成，为 CNFN 的建设已打下坚实的基础。目前，CNFN 在“九五”期间，已实现网络到县，天地对接，现已建成 1 000 多个收发报行，覆盖了人民银行的所有一二级分行和部分县支行，并链接商业银行 1.4 万多个通汇网点。现正在完善中。国家级主干网：以中国人民银行的卫星通信网为主体，以中国金融数据地面通信骨干网和邮电部门的公用数据通信网 DDN 为辅助信道。卫星网与地面网互为备份，相互补充。区域网：根据当地通信状况可选用中国金融数据地面通信骨干网、DDN、X.25 或 PSTN；少数边远地区交通不便或有特殊需要的地区，也可采用卫星通信网构成区域

课堂笔记

网。各商业银行总行要采用 DDN 线路与 NPC 链接。

CPC 与当地商业银行的链接，可根据当地通信状况选用中国金融数据地面通信骨干网、DDN、X. 25 或 PSYN。CLB 与当地商业银行的链接，可采用拨号线路、租用线路、无线通信等多种通信媒体。

总之，CNFN 是日通信息量和业务处理的物理通信平台，数据是 CNFN 中最重要的资源，各个子块功能的无缝融合造就了 CNFN 系统有机工作，为 CNAPS 的研发应用提供了底层保障。

3. 4. 4　CNAPS

中国现代化支付系统是在国家级金融通信网（CNFN）上运行的我国国家级的现代化的支付系统，是集金融支付服务、支付资金清算、金融经营管理和货币政策职能为一体的综合性金融服务系统。可以说是目前我国所运行的所有电子与网络支付系统的综合集成，如服务于企业间大额资金支付结算的全国电子联行系统和各商业银行的电子汇兑系统等。

3. 4. 4. 1　CNAPS 的发展

CNAPS 得到世界银行技术援助项目的支持，从 1991 年开始，计划用 13 年时间完成。CNAPS 试点工程于 1997 年 6 月 1 日正式开工，1998 年底完成测试验收。CNAPS 试点工程的目的，是建立现代化的支付系统，以利于实施货币政策，改善金融宏观调控，防范支付风险；改善对商业银行的服务，满足社会各种支付清算活动的需求；加速资金的周转，提高社会资金的使用效率。

试点工程阶段，已经建成在中国国家金融数据通信网上运行的大额实时、小额批量支付系统。该系统覆盖全国一期工程 20 个城市、80 个县，能够处理同城和异地纸票据截留后的所有支付服务。从 1999 年开始试运行。试运行时，试点城市停止运行电子联行业务，并把同城支付业务纳入支付系统进行处理。

为加快中国国家现代化支付系统的建设，中国人民银行决定，在试点工程实施过程中，从 1998 年 4 月开始启动 CNAPS 向全国扩展的工程项目。该工程计划已于 2001 年年底完成。

课堂笔记

为确保中国现代化支付系统的实施与正常运行，各试点城市正在加紧做好与中国支付系统衔接的各项准备工作。目前仍进行中。

3.4.4.2 CNAPS 的支付业务系统

CNAPS 报文信息格式，基本上采用 SWIFT 报文格式标准，这样 CNAPS 的用户也可以方便地借助 SWIFT 进行国际金融服务如支付结算服务。

CNAPS 是一个非常庞大的复杂金融系统工程，作为现代化的支付系统，为了发挥实施货币政策、改善宏观金融调控，防范支付风险、优化对商业银行的服务、满足社会各种支付清算要求、加强资金周转等功能，其业务系统包括如下几个部分，如表 3-3 所示。

表 3-3 CNAPS 的业务系统

名　称	作　用
HVPS	大额实时支付系统
BEPS	小额批量电子支付系统
BCAS	银行卡授权系统
GSBES	政府证券簿记支付系统
FMIS	金融管理信息系统
IPS	国际支付系统

CNAPS 主要包含有大额实时电子支付系统 HVPS、小额批量电子支付系统 BEPS、银行卡授权系统、政府证券簿记支付系统、金融管理信息系统和国际支付系统 IPS 等业务系统。其中 HVPS 和 BEPS 可以用来支持企业或组织间的资金调拨与支付结算。

CNAPS 实施者包括中国人民银行、各商业银行及非银行金融机构的企业、政府机关、公共事业单位和个人。根据各自角色的不同，可分为业务发起人、发起行、发报行、接受行和受益人。如图 3-20 所示。

课堂笔记

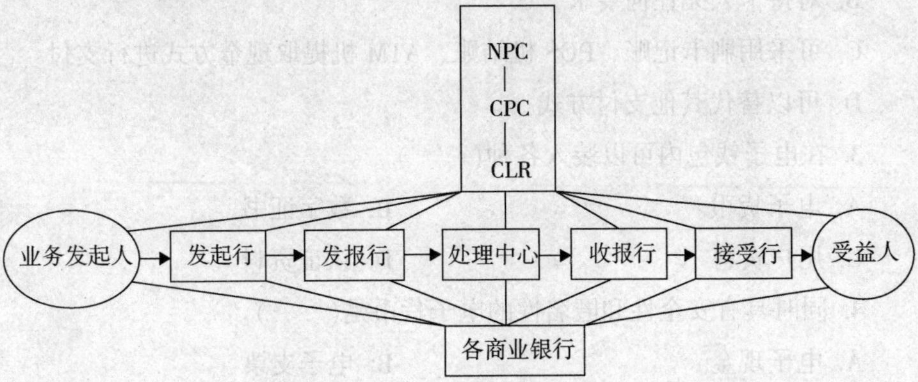

图 3-20　CNAPS 结构示意图

在三级结点 NPC、CPC、CLB 上，都有各商业银行分支参与，其中业务发起人为工商企业、政府机关和个人等；业务发起行为各个商业银行和其他金融机构的基层单位，如营业网点等，受客户委托办理业务，是支付业务系统的开始行；发报行是发起行所在的 CNFN 处理中心；业务发起人为是需要办理业务的主动方，如要汇款的客户；受益人为业务办理的接受方，如收款人；接受行是受受益人的委托办理收汇业务的基层金融单位，是支付业务系统的结束行。

概念索引

电子货币　信用卡　IC 金融卡信用卡　网络货币　电子现金
电子钱包　电子支票

闯关考验

一、选择题

1. 信用卡最大的特点是具备（　　）功能。

A. 信贷　　　　B. 支付

C. 分期付款　　　　D. 定期付款

2. 信用卡支付(　　)。

A. 可在任何商场和饭店使用

课堂笔记

B. 对持卡人无任何要求

C. 可采用刷卡记账、POS 机结账、ATM 机提取现金方式进行支付

D. 可以替代其他支付方式

3. 在电子钱包内可以装入各种(　　)。

A. 电子货币　　B. 数字证书

C. 用户资料　　D. 认证资料

4. 同时具有安全性和匿名性的电子货币是(　　)。

A. 电子现金　　B. 电子支票

C. 电子钱包　　D. 信用卡

5. (　　)是电子商务 B2B 模式下最好的支付方式。

A. 信用卡　　B. 电子现金

C. 电子支票　　D. 电子钱包

6. (　　)主要有借记卡、电子支票等,用于对银行存款以电子化方式支取现金、转账结算、划拨资金。

A. 储值卡型电子货币　　B. 现金模拟型电子货币

C. 信用卡应用型电子货币　　D. 存款利用型电子货币

7. 电子现金的属性不包括(　　)。

A. 货币价值　　B. 可分解性

C. 可交换性　　D. 匿名性

二、简答题

1. 什么是电子货币?电子货币分为哪几种?

2. 信用卡有哪些优点?

3. 电子货币涉及哪些法律问题?

4. 电子现金的性质有哪些?

5. 什么是电子钱包?电子钱包的功能有哪些?

6. 电子支票的优点是什么?

课外修炼

登录中国交通银行网站(http://www.bankcomm.com/)查阅信用卡使用的有关说明。

项目四 网上支付与结算实务

课堂笔记

案例导入

校园中的电子支付

就读于南方大学的小刘是来自贵州的一个小县城的一名大学一年级男孩，到学校后不久，他打电话告诉远在贵州的爸爸，请他放心，他的钱保管得很好。原来，在接到录取通知书后，按照学校提供的招商银行账号，小刘的爸爸打进了他在学校所需的学费、生活费等费用。到南方大学报到后，小刘领到了一张集学籍管理、学业管理、内部消费、图书借阅、就餐、医疗和存取款等功能于一体的“招行校园卡”。利用这张卡，小刘可交学费，办饭卡，还可到小卖部买东西。星期天，小刘和同学一块儿逛街，在商场买了一部手机，付款时，高兴地发觉该卡在商场也能用。售货员还告诉她，可以在学校的自助圈存机上缴话费，不用去电信公司或者银行。这样，小刘基本上就不用现金了。而且，这张集磁卡、IC卡于一身的校园卡还有一个特殊的功能，可在自助圈存机上将小额的钱从需要密码的磁卡上转到不需要密码的IC卡电子钱包上。这样，在食堂吃饭、小卖部买东西等小额消费时，就免除了输密码联机验证的麻烦，该卡即使丢失了也损失不大。后来小刘成为“网民一族”在网上购物时，开通了招行网上支付的功能，既可以在线完成支付，也可以通过送货人员随身携带的手持卡读写设备刷卡结账，潇洒地体验电子商务。后来，小刘到广州的同学家里面玩时了解到，买电、买水、买气、买油、就医等都可以通过磁卡结账。同学家虽然住在偏远小区，但他们楼下就有一台自助圈存机，可以在电卡上只剩一度电的时候从容地下楼充用电卡。同学的妈妈是一个股民，告诉她，在炒股时IC卡也特别有用。同学的父亲是一个交警，也告诉小

课堂笔记

刘说，他们也用得着现在实行收支两条线，司机可以用 IC 卡交罚款，记扣分，不但如此，司机到加油站加油时也可以通过加油站里的自助利卡设备缴费。

任务一 数字现金支付

4.1.1 数字现金支付模式特点

数字现金支付系统是一种“预付费”的支付系统。它的特点是不直接对应任何账户，持有者事先预付资金，便可获得相应货币值的电子现金（智能卡或硬盘文件）用于网上支付。因此，可以离线操作。任何电子现金支付系统必须包含一些共同的特征，电子现金也必须具有货币价值、互操作性、可恢复性及安全性。

1. 数字现金支付模式的优点

（1）使用上与传统现金相似，比较方便和易于被接受；

（2）支付过程不必每次都经过银行网络（即离线支付），成本低适合小额支付；

（3）可以匿名使用，使用过程具有不可追踪性；

（4）安全性较高，充分利用了数字签名技术保证安全，防止伪造、抵赖。

2. 数字现金支付模式的缺点

（1）数字现金的支付属于“虚拟支付层”模式，真正的资金划拨还需要通过“实际支付过程”进行。例如，使用转账的方式从银行卡中划拨一定的资金购买电子现金；

（2）数字现金支付的匿名性及不可追踪性使得电子现金的持有者一旦丢失相关资料，将无法报失；

（3）需要安装额外的软件，所以对于付款人来说初期设置比较复杂。

按照电子现金的两种不同形式（即：硬盘数据文件形式的电子现金和 IC 卡形式的电子现金）。数字现金支付系统可分为两类：银行发行的数字现金和非银行机构发行的数字现金。下面我们分别介绍这两种方式的流程。

课堂笔记

4.1.2　银行机构数字现金流程

银行发行的数字现金网上支付的流程（以 E-cash 数字现金为例）如图 4-1 所示。

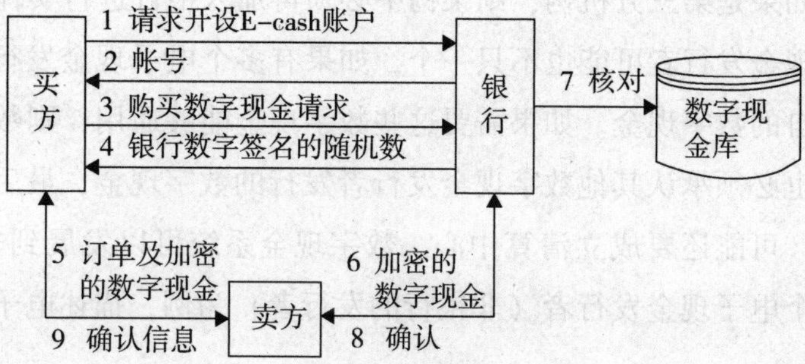

图 4-1　银行发行数字现金流程图

（1）购买：买方在数字现金发布银行开立 E-cash 账号并购买 E-cash。要在网上的货币服务器或银行购买数字现金，首先要在银行建立一个账户，将足够资金存入该账户以支持今后的支付。

（2）存储：使用电脑 E-cash 终端软件从 E-cash 银行取出一定数量的 E-cash 存在硬盘上。一旦账户建立，买方就可以使用数字现金软件产生一个随机数。它是银行使用私钥进行了数字签名的随机数字。

（3）用 E-cash 购买商品或服务：买方向接收 E-cash 的卖方订货，并用卖方的公钥加密 E-cash 后，传送给卖方。

（4）资金清算：接收 E-cash 的卖方与 E-cash 发行银行进行清算，在交易中，数字现金被发给卖方，卖方再把它直接发给发行 E-cash 的银行，银行检验货币的有效性。像纸币一样，数字现金通过一个序列号进行标识，银行将从卖方获得的数字现金与已经使用的数字现金数据库进行比对，并确认它没有被重复使用，然后将它转入卖方账户。

（5）确认订单：卖方获得付款后，向买方发送订单确认信息。

若电子现金的转移是在个人之间发生，则通过两者专用的电子钱包来进行支付转移，这一过程既可在网上进行，也可在网下进行。而且随着电

课堂笔记

子现金的发展和普及，智能卡型现金可在流通中反复使用，并不需要每次都向发行机构兑回传统现金。数字现金支付模式中最基本的参与者有付款人，收款人，数字现金发行者三方。

4.1.3 非银行机构数字现金流程

数字现金发行者可能直接就是银行等金融单位，也可能是公正的第三方机构。如果是第三方机构，则架构中必须再加入银行进行实体现金的交换，数字现金发行者可能也不只一个，如果有多个电子现金发行者，也可能发行各自的数字现金。如果需要这些数字现金能够通用，则数字现金发行者之间也必须承认其他数字现金发行者发行的数字现金，最后为了简化分账问题，可能还要成立清算中心。数字现金系统可以发展到非常复杂。下面以一个电子现金发行者（非银行的发行者）为例，描述电子现金的支付流程。

这种类型的数字现金进行网络支付，需要在客户端安装专门的电子现金客户端软件，在商家服务器端安装电子现金服务器软件，发行者需要安装对应的电子现金管理软件等。为了保证电子现金的安全性及可兑换性，发行银行还应该从认证中心申请数字证书以证实自己的身份，并利用非对称加密进行数字签名，具体流程如图 4-2 所示。

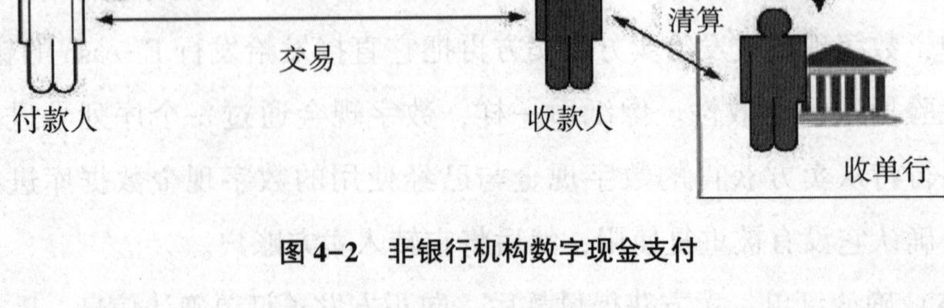

图 4-2 非银行机构数字现金支付

（1）预备工作：付款人、收款人（商家）、发行者都要在认证中心申请数字证书，并安装专用软件。付款人从发行者处开设电子现金账号，并

课堂笔记

用其他电子支付方式存入一定数量的资金（例如，使用银行转账或信用卡支付方式），利用客户端软件兑换一定数量的电子现金。接受电子现金付款的商家也须在发行者处注册，并签约收单行用于兑换电子现金。

（2）付款人与收款人达成购销协议，付款人验证收款人身份并确定对方能够接受相应的电子现金支付。

（3）付款人将订单与电子现金一起发给收款人。这些信息使用收款人的公开密钥加密，收款人使用自己的私钥解密。

（4）收款人收到电子现金后，可以要求发行者兑换成实体现金。发行者通过银行转账的方式将实体资金转到收单行，收款人与收单行清算。

任务二　电子钱包与在线转账支付

电子钱包也叫储值卡，是用集成电路芯片来存储电子货币并被顾客用来作为电子商务购物活动中常用的、尤其在小额购物或购买小商品时常用的一种支付工具。电子钱包的网络支付是指客户利用电子钱包作为载体，选择其存放的电子货币在 Internet 上实现即时的、安全可靠的在线支付。电子钱包用户通常在银行里都有账户。在使用电子钱包时，先安装相应的软件，然后利用电子钱包服务系统把自己账户里的电子货币输进去。在发生收付款时，用户只需在计算机上单击相应项目即可。系统中设有电子货币和电子钱包的功能管理模块，称为电子钱包管理器，用户可以用它来改变口令或保密方式等，以及用它来查看自己银行账号上电子货币收付往来的账目、清单及其他数据。系统中还提供了一个电子交易记录器，顾客通过查询记录器，可以了解自己的购物记录。我们以中银电子钱包软件为例来介绍电子钱包支付。

4.2.1　中银电子钱包

中银电子钱包是中国银行推出的基于中国银行长城电子借记卡和长城国际信用卡的网上支付的服务产品。中国银行长城电子借记卡持卡人可以利用免费发送的电子钱包软件，使用长城电子借记卡实现人民币网上实时支付，使用长城国际信用卡并利用 Visa、MasterCard 两大国际信用卡组织

课堂笔记

指定的认证中心发放的电子证书，实现外币网上实时支付。中银电子钱包能够进行安全电子交易和储存交易记录，就像生活中随身携带的钱包一样。持卡人的借记卡信息和与卡对应的证书都存放在电子钱包里。一个电子钱包里可以存放不同品牌的多张卡，当持卡人进行电子交易时，可以打开钱包，随意选择想用的卡来进行支付。

中银电子钱包采用目前公认的信用卡/借记卡的网上交易的国际安全标准：安全电子交易（SET）协议的方式，建立了完全符合国际标准的安全认证中心和支付网关，为客户提供安全、可靠、快捷、高效的电子商务支付结算。

小资料：如何安装中银电子钱包？

中银电子钱包可以从中国银行主页上免费下载。如果下载电子钱包有困难，可以到中行指定网点索取电子钱包光盘。如果下载的电子钱包是压缩文件（bocewallet. zip），请首先使用 WinZip（http：//www. winzip. com）等解压缩软件将该文件解压至一个临时目录中，然后操作 setup. exe，按照软件安装提示进行安装即可。

4. 2. 1. 1 中银电子钱包的特点

中银电子钱包提供的安全电子交易具有以下特点：

（1）确保信息的保密性：SET 协议通过多种先进的信息加密技术（如 DES、RSA 等），确保数据信息在网络传输中的安全性。

（2）确保支付信息的完整性：SET 协议利用散列（Hash）方法确保数字签名信息不会被改变和假冒。

（3）不仅对商户进行认证，而且对持卡人也进行合法性认证：SET 协议运用数字签名、认证等技术手段对交易双方进行全面的认证。中银电子钱包使用时对持卡人和商户双方的认证是通过电子证书来实现的，该电子证书是由权威性的、公正的认证机构即认证中心（CA）来颁发和管理的，每次交易时，都要通过电子证书对各方的身份进行验证。

课堂笔记

4.2.1.2　中银电子钱包的功能

中银电子钱包具有管理账户信息、管理电子证书、处理交易记录、导入导出信息、设置相关选项和更改口令的功能。

(1) 管理账户信息。管理账户信息是指中银电子钱包能够为客户创建多张卡的账户信息、编辑卡账户信息（即可以改变电子钱包中的卡账户信息)、删除卡账户信息（同时也删除了和此卡账户相关的电子证书)。

(2) 管理电子证书。管理电子证书包括电子证书的申请、电子证书的查看和电子证书的删除。在申请电子证书之前，必须先添加卡信息账户，否则，无法申请电子证书。目前，中银电子钱包规定用于网上支付的卡的电子证书最多可申请 10 张，而且，用于网上支付的卡的电子证书有效期为 1 年，1 年以后需重新为这张卡申请电子证书。

(3) 处理交易记录。处理交易记录是指中银电子钱包会保存每一笔交易记录，并能够对这些交易记录进行各种处理，包括：查询交易记录、打印交易记录、分类排序（升序或降序）交易记录、归档交易记录（是指把选定的交易记录转成文件的形式存储，以便客户对交易记录进行备份)、恢复交易记录（恢复交易记录是指把归档的交易记录添加到交易列表中)、删除交易记录（一旦删除了购买记录，将无法恢复、查看或打印它们）等。

(4) 导入导出信息。导出信息是指将客户的证书和账户信息导出至外部媒体（例如，软盘）上。所有的用户数据都将复制到客户所选择的外部媒体上，以便用于另一个电子钱包。证书和账户信息都将自动导出，而交易数据可以由客户选择是否导出。导入信息是指将先前已导出至一个外部媒体上的证书和账户信息，再装回电子钱包。

(5) 设置相关选项。设置相关选项包括：

①设置“证书警告”选项：使用此过程来指定所选的卡账户的证书状态不是有效时是否需要有一个警告消息，即希望程序显示或不显示警告消息。

②设置“导人警告”选项：使用此过程来指定钱包在将数据导出至外部媒体后，第 1 次启动时是否需要显示一条警告消息。

③设置“验证商店”选项：使用此过程来指定是否在每次购买时显示

课堂笔记

有关商店的信息。显示商店的有关信息能够让您验证您正在打交道的商店是否是正确的商店。

④设置“显示收款方细节”选项：使用此过程来指定是否在购买记录细节中显示收款方的消息。

⑤设置“显示交易 ID”选项：使用此过程来指定是否在购买记录细节中显示交易 ID。

⑥设置“代理设置选项”选项：使用此窗口指出是否想要在你的局域网（LAN）中使用代理服务器连接 Internet（代理服务器是内部网络和 Internet 间的安全屏障，阻止 Internet 上的其他人存取内部网上的信息。代理服务器可以是 HTFP 服务器，也可以是 SOCKS 服务器）。

⑦设置“数据位置”选项：使用此窗口查看和改变电子钱包程序所用的数据的位置（硬盘和软盘），包括用户和交易数据的位置、用来检索和存储数据的目录。

（6）更改口令。更改口令即用新的口令替换旧的口令，这里更改的是中银电子钱包的口令，而非长城电子借记卡的密码。

4.2.1.3 中银电子钱包的流程

使用电子钱包购物，通常需要在电子钱包服务系统中进行。使用电子钱包的顾客通常应在银行有账户在电子钱包内只能完全安装电子货币，用户可以使用电子钱包管理器来改变保密口令或保密方式，查看自己银行账户上的收付往来的电子货币账目、清单和数据。中国银行电子钱包进行网上购物的基本流程如下：

（1）消费者在自己的计算机上安装中国银行电子钱包软件。

（2）登录到中国银行网站（www.bank-of-china.com），在线申请获得持卡人电子安全证书。

（3）登录到中国银行网上特约商户购物网站选购商品、填写送货地址并最后确认订单。

（4）点击采用长城电子借记卡支付，将自动启动电子钱包软件，按提示依次输入卡号、密码等信息，即可完成在线支付。

（5）消费者在家中坐等商家送货上门。

注：以上（1）、（2）步骤仅在初次使用中国银行长城电子借记卡进

行网上购物时方进行，在第 2 次乃至以后进行网上购物时，不必重复上面(1)、(2) 步骤。

课堂笔记

4. 2. 2　在线转账支付模式

在线转账是指应用非常普遍的电子支付模式。支付者可以使用申请了在线转账功能的银行卡（包括借记卡和信用卡）转移小额资金到另外的银行账户中，完成支付。一般来说，在线转账功能需要到银行申请，并获得用于身份识别的证书及电子钱包软件（E-wallet）才能够使用。在线转账使用方便，付款人只需使用电子钱包软件登陆其银行账户，输入汇入账号和金额后即可完成支付。而此后的事务由清算中心、付款人银行、收款人银行等各方通过金融网络系统来完成。近年来，国内的银行陆续开通了网上银行业务，在线转账是网上银行基本的功能之一。

4. 2. 2. 1　在线转账支付模式的特点

1. 在线转账支付模式的优点

（1）安全性较高，经过数字签名处理的支付命令一般无法被未经授权的第三方破解；

（2）直接利用银行网络进行支付，支付指令立即生效，收款人立即可以得到收款确认；

（3）架构简单，适合小额度支付；

（4）付款人无须告诉收款人汇出账户信息，可防止卡号密码等泄露。

2. 在线转账模式存在的缺点

（1）付款人需要申请个人认证，并下载安装证书、软件，这些繁琐的步骤难以被小额支付中的中国个人支付者接受；

（2）付款人的付款指示立即生效，如有任何操作错误而导致转入错误账户，或者转移金额有误，虽然有记录而得以追踪证明，但追讨程序及过程繁杂不易；

（3）一旦款项进入收款人账户，即使交易失败，收款人予以否认，款项转移仍合法完成，难以追回。

（4）在线转账模式中，付款人身份无须被验证。电子商务中交易双方

课堂笔记

经常是完全陌生的，付款人无法确认收款人的身份，因此也无法确定收款人收款后是否会履行其义务。因此，在线转账支付模式更加适合应用于付款人事先能够明确收款人身份的场合，如交纳公共事业费用、住房贷款、学费等。

4.2.2.2　在线转账的支付流程

在线转账支付模式的参与者包括付款人、收款人、认证中心，以及发卡行和收单行，其支付流程如图 4-3 所示：

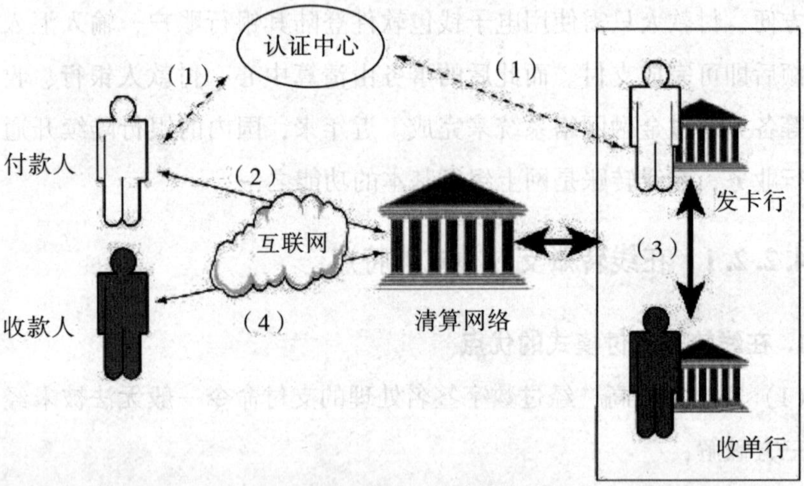

图 4-3　在线转账支付模式示意图

（1）付款人和发卡行申请认证，使得支付过程双方能够确认身份；

（2）付款人通过电子钱包软件登陆发卡行，并发出转账请求。转账请求包括汇入银行名称，汇入资金账号，支付金额等信息；

（3）发卡行接受转账请求之后，通过清算网络与收单行进行资金清算；

（4）收款人与收单行结算。

任务三　第三方平台支付

第三方平台结算支付模式是指当前国内服务商数量最多的支付模式。在这种模式下，支付者必须在第三方支付中介开立账户，向第三方支付中

课堂笔记

介提供信用卡信息或账户信息，在账户中“充值”，通过支付平台将该账户中的虚拟资金划转到收款人的账户，完成支付行为。收款人可以在需要时将账户中的资金兑成实体的银行存款。

由于第三方支付平台结算支付模式架构在虚拟支付层；本身不设计银行卡内资金的实际划拨，信息传递流程在自身的系统内运行，所以电子支付服务商可以有比较自由的系统研发空间。目前，国内很多第三方支付平台运用客户的 Email 作为账户，也就是所谓的“E-mail 支付”。

4.3.1　第三方平台支付流程

第三方支付平台结算是典型的应用支付层架构。提供第三方结算电子支付服务的商家往往都会在自己的产品中加入一些具有自身特色的内容。但是总体来看，其支付流程都是付款人提出付款授权后，平台将付款人账户中的相应金额转移到收款人账户中，并要求其发货。有的支付平台会有“担保”业务，如支付宝。担保业务是将付款人将要支付的金额暂时存放于支付平台的账户中，等到付款人确认已经得到货物（或者服务）、或在某段时间内没有提出拒绝付款的要求，支付平台才将款项转到收款人账户中。

第三方平台结算支付模式的资金划拨是在平台内部进行，此时划拨的是虚拟的资金。真正的实体资金还需要通过实际支付层来完成，如图 4-4 所示。有担保功能的第三方结算支付的流程为：

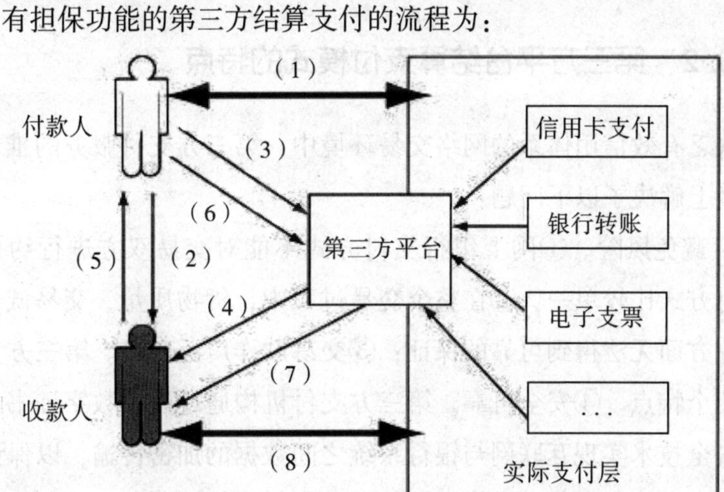

图 4-4　第三方支付平台结算支付流程

课堂笔记

第三方支付一般的运行模式如图 3-10 所示。

(1) 客户在电子商务网站选购商品，买卖双方在网上达成交易意向，客户提交订单。

(2) 客户将资金转人客户开户行并选择利用第三方支付机构作为交易中介。

(3) 客户通过客户银行将货款划到第三方支付机构，第三方支付机构将客户账户中相应的资金转移到自己的账户中保管。

(4) 第三方支付机构将客户已经付款的消息通知商家，要求商家在规定时间内发货。

(5) 商家收到客户已付款的通知后按订单发货，并在网站上做相应记录，客户可在网站上查看自己所购买商品的状态；如果商家没有发货，则第三方支付机构会通知客户交易失败，并询问是将货款划回其账户还是暂存在支付平台。

(6) 客户收到商品后检验，如果客户对商品不满意或认为与商家的承诺有出入，可通知第三方支付机构拒付货款并将商品退回商家。第三方支付机构确认商家收到商品后，将该商品货款划回客户账户或暂存在支付平台等待客户下一次交易的支付。如果满意就通知第三方支付机构，确认商品已经验收，同意付款。第三方支付机构将其账户上的货款划入商家银行账户中，交易完成。

(7) 商家按照第三方支付机构清算信息，与银行进行结算。

4.3.2 第三方平台结算支付模式的特点

在缺乏有效信用体系的网络交易环境中，第三方支付服务的推出，在一定程度上解决了以下问题：

(1) 避免风险。①网上银行支付方式不能对交易双方进行约束和监督，支付方式比较单一；②在整个交易过程中，货物质量、交易诚信、退换要求等方面无法得到可靠的保证；③交易欺诈广泛存在。第三方支付具有以下几个特点。④安全可靠。第三方支付机构通过使用数字证书、数字签名等安全技术实现互联网与银行系统之间数据的加密传输，以保证账户的安全。客户的账户信息只需告诉第三方支付机构，商家无法获取敏感财务信息，客户不但减少了账户信息失密的风险，还可以规避无法收到货物

课堂笔记

的风险。而收款人通过第三方支付机构不但可以规避无法收到客户货款的风险，还能够为客户提供多样化的支付工具。

（2）节约成本。第三方支付机构提供一系列的应用接口程序，将多种银行卡支付方式整合到一个平台上。客户和商家不需要在不同的银行开设不同的账户，解决了各商业银行对外支付接口不统一的技术问题，帮助消费者降低网上购物的成本，帮助商家降低运营成本，尤其是为无法与银行网关建立接口的中小企业提供了便捷的支付平台。第三方支付机构将商业银行与商家的支付接口链接起来，并承接应用和服务层面的工作。银行不但可以节省为大量中小企业提供网关接口的开发和维护费用，还可以扩展业务范畴，为银行带来新的利润。这有利于提高网上交易效率，增加效益，促进电子商务的拓展，创造更多的社会价值。

（3）整合资源。第三方支付机构对交易信息和物流信息进行整合，为电子商务的资金流、信息流、物流三大瓶颈问题提供了一致的解决方案。通过第三方支付机构，商家网站能够解决实时交易查询和交易系统分析，提供及时的退款和支付服务，便于客户查询交易动态信息、物流状态，以及对交易进行相应处理等。第三方支付机构对于交易信息进行详细记录，可以防止交易双方在交易行为中发生不信用作为，也为售后可能出现的纠纷问题提供相应的证据，维护双方权益。

第三方平台结算支付模式存在以下缺点：

（1）这是一种虚拟支付层的支付模式，需要其他的“实际支付方式”完成实际支付层的操作；

（2）付款人的银行卡信息将暴露给第三方支付平台，如果这个第三方支付平台的信用度或者保密手段欠佳，将带给付款人相关风险；

（3）第三方结算支付中介的法律地位缺乏规定，一旦该中介破产，消费者所购买的“电子货币”可能成了破产债权，无法得到保障；

（4）由于有大量资金寄存在支付平台账户内，而第三方平台不属于金融机构，所以有资金寄存的风险。

4.3.3　支付宝的注册和使用

1. 支付宝账户注册

目前，支付宝账户注册有电子邮箱注册和手机注册两种方式。

课堂笔记

1）电子邮箱注册

（1）打开支付宝首页单击“免费注册”（如图 4-5 所示）。

图 4-5　支付宝首页页面

（2）进入“支付宝注册页面”（如图 4-6 所示）。

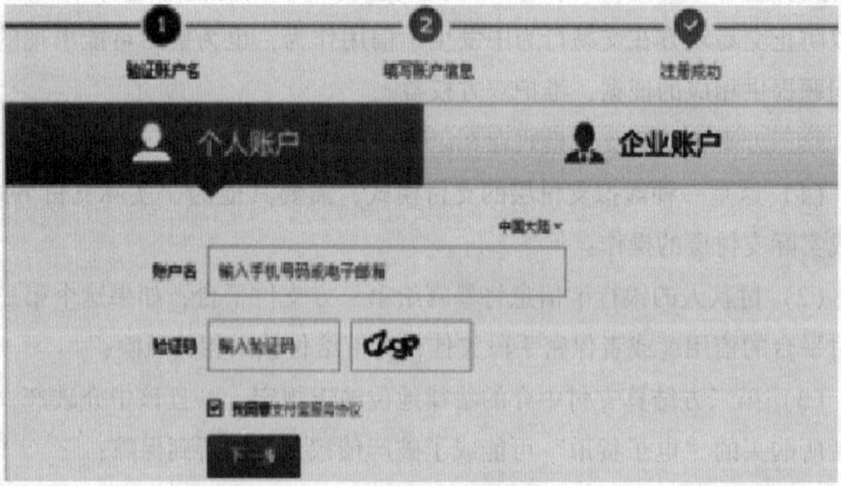

图 4-6　支付宝注册页面

（3）填写并确认注册信息（如图 4-7 所示）。

课堂笔记

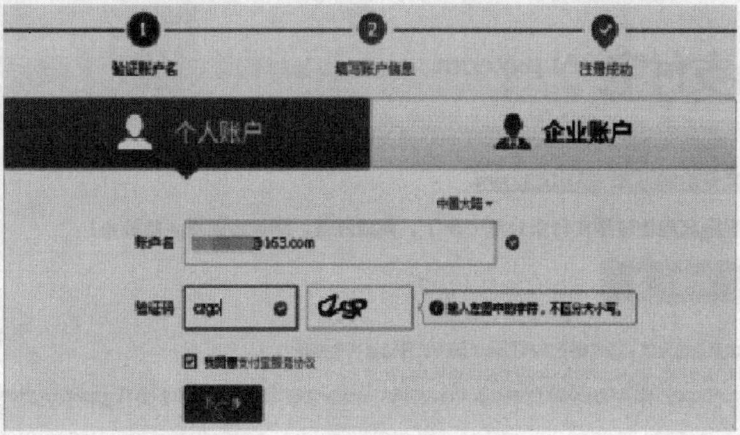

图 4-7　注册信息填写与确认页面

（4）注册信息提交成功，查看邮件（如图 4-8 所示）。

图 4-8　注册信息提交成功页面

（5）单击支付宝激活邮件（如图 4-9 所示）。

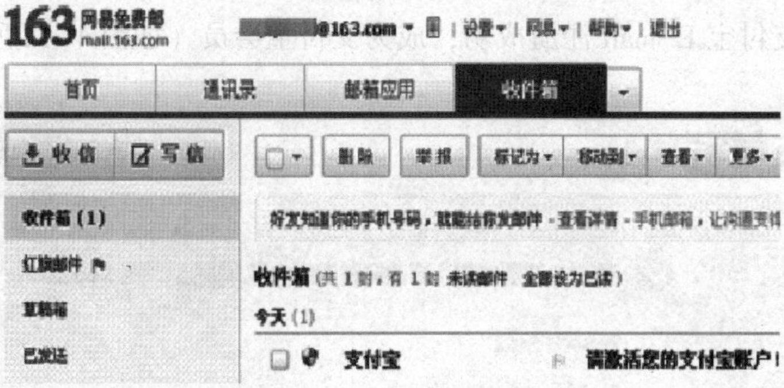

图 4-9　支付宝激活邮件页面

课堂笔记

（6）激活支付宝账户（如图 4-10 所示）。

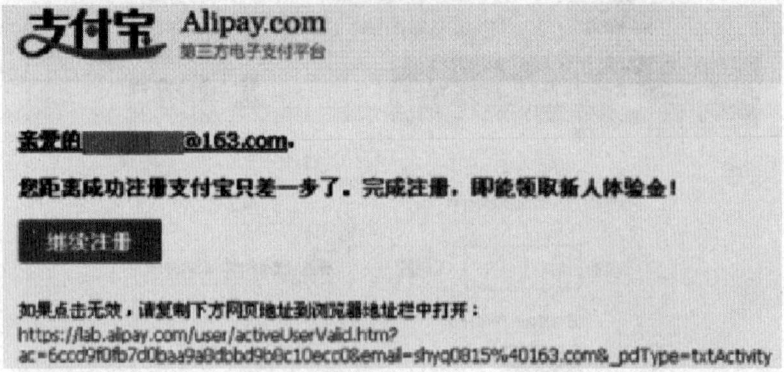

图 4-10　激活支付宝账户页面

（7）单击“继续注册”，填写账户信息（如图 4-11 所示）。

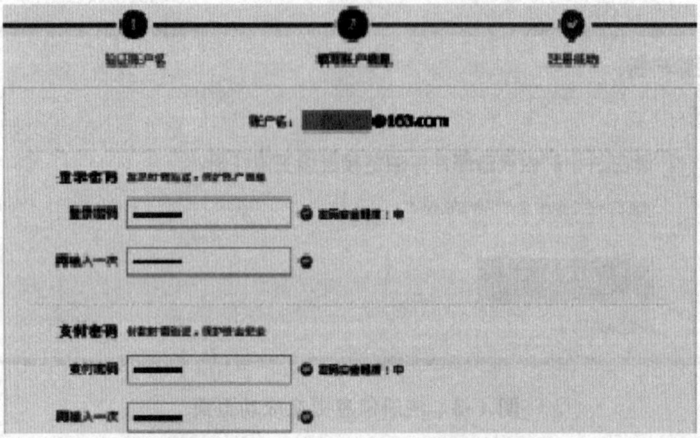

图 4-11　支付填写账户信息页面

（8）支付宝 E-mail 注册成功，成为支付宝会员（如图 4-12 所示）。

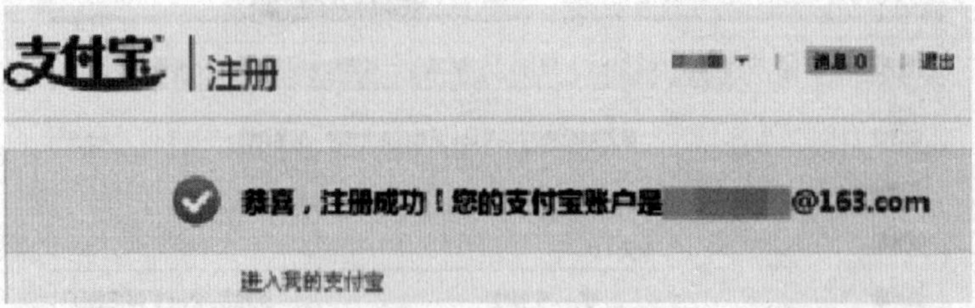

图 4-12 支付宝 E-mail 注册成功页面

课堂笔记

2）手机注册。

（1）打开支付宝首页单击“免费注册”（如图 4-13 所示）。

图 4-13　支付宝首页页面

（2）进入“支付宝注册页面”（如图 4-14 所示）。

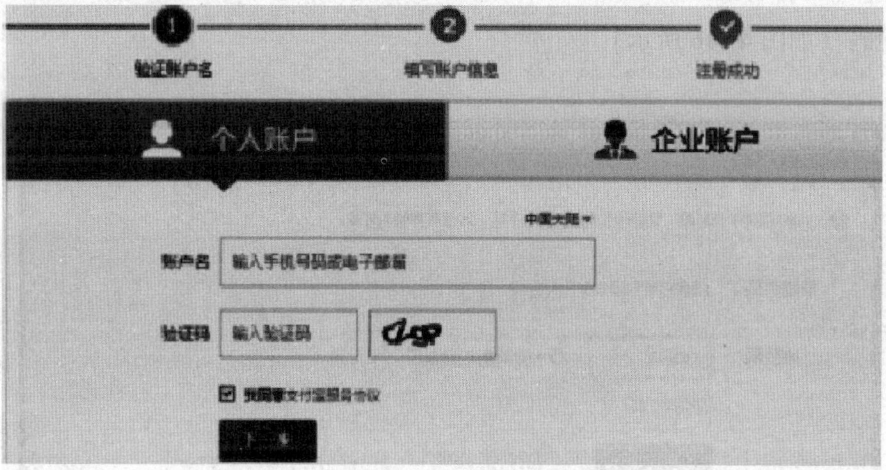

图 4-14　支付宝注册页面

（3）填写手机号码注册信息并提交（如图 4-15 所示）。

课堂笔记

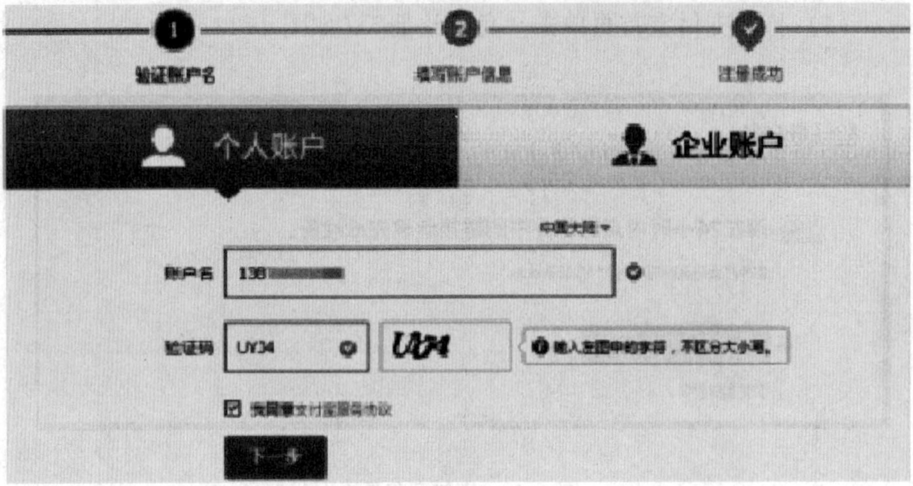

图 4-15　手机号码注册信息填写页面

（4）支付宝向手机号码注册用户发送确认信息，用户输入短信中的校验码（如图 4-16 所示）。

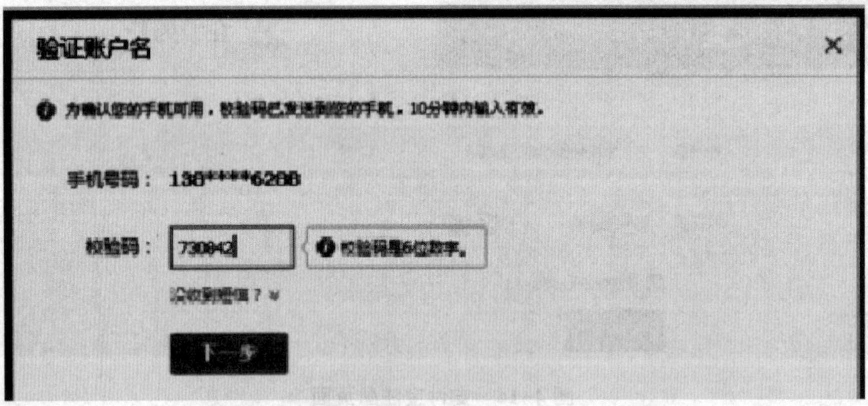

图 4-16　输入短信中的检验码

（5）设置支付宝账户密码（如图 4-17 所示）。

课堂笔记

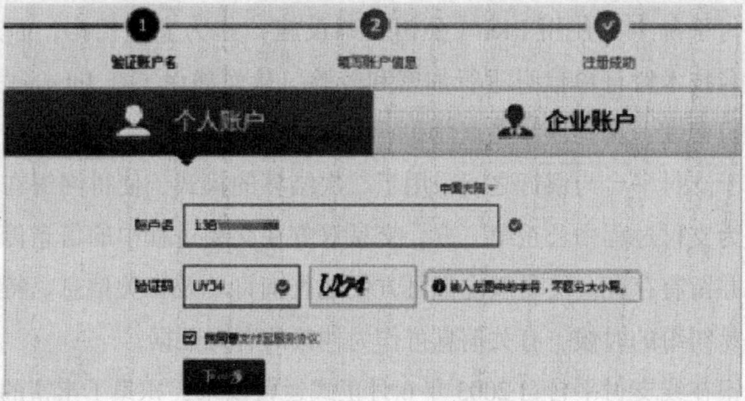

图 4-17　支付宝账户密码设置页面

（6）注册成功（如图 4-18 所示）。

图 4-18　手机注册支付成功页面

4.3.4　网银在线第三方平台支付示例

网银在线支付平台是独立的第三方安全支付平台，通过整合多家银行的支付接口，为商户提供便捷、安全、稳定的电子商务支付解决方案。由于网上支付最关键的要素是支付平台的安全性和稳定性，所以在技术开发时，网银在线采取了以下措施：

支付平台采用目前公认的前沿的开发模型 Java 2 platform enterprise edition（J2EE）。在服务器的系统方面，采用 FREE BSD 这样的 UNIX 内核的操作系统，使系统可以负荷百万的用户级别。在服务器的安全方面，采用硬件防火墙与软件防火墙结合的方式屏蔽大部分的病毒和攻击。

目前网银在线支付支持的银行卡种，在银行端使用的是 SSL128 位加密算法和 SET（安全电子交易）协议，这样就保障了 B to C 在线支付的安

课堂笔记

全实施。

支付平台本身使用 PKI（公钥基础设施）作为安全架构，通过 MD5 数字签名技术对订单信息进行加密和校验，从而确保了在 Internet 上数据传输的机密性、真实性、完整性和不可抵赖性。

由于支付平台与银行之间采用了二次结算的模式，使得网银在线支付能够成为支付过程中公正第三方。交易双方在交易过程中的信息传递到支付平台并留有存证。交易双方都可方便地查询订单及相关信息。特别是在出现交易纠纷的时候，有关信息可作为仲裁的有力证据。

网银在线支付平台自 2003 年 6 月正式运营以来，积累了丰富的运营经验。作为国内电子商务发展的有力推动者，网银在线支付平台拥有全面的网上支付解决方案，帮助众多 B2C 网站很好地解决了网上支付问题。网银在线于 2003 年 11 月 20 日在业内首次推出了“零开发”承诺，为注重 TCO 成本、缺乏技术力量的商务网站解决了后顾之忧。目前，网银在线已经成功的为国内外数千家网站，提供了优质的支付平台服务。只要是合法经营的网站都可以接入支付平台。想要成为网银在线的商户第 1 步需要做的是在网银在线支付平台的系统上注册其公司信息。第 2 步是商户需要在网银的首页上下载接口文档来安装。接口的源代码和怎样做接口的例子都已经是公开的。第 3 步是需要商户和网银在线签协议，否则是不能给商户结算的。商户可以通过登陆后台来查询订单。网银在线的订单号是的产生是由年+月+日+商户号+时+分+秒来生成的。商户也可以按照自己的公司情况来编写订单。选择网银在线支付平台的优势在于：是国内支持银行卡种最多、覆盖范围最广、结算速度最快的支付平台；采用 JAVA 编程语言，保证系统的安全稳定性；平台适用面广，支持静态页面及其他各种网站空间，后期维护成本低；价格定位最具性价比，服务品质优良。

网银在线支付平台的使用群体中小型企业。对于中小型企业来说，去和银行签约及技术的开发是很难实现的，所以其客户群体主要是中小型企业。在线支付比以前传统的付款方式具有更大的优势。网银在线国内卡网上购物业务流程以下是网银在线实验流程（截图）。

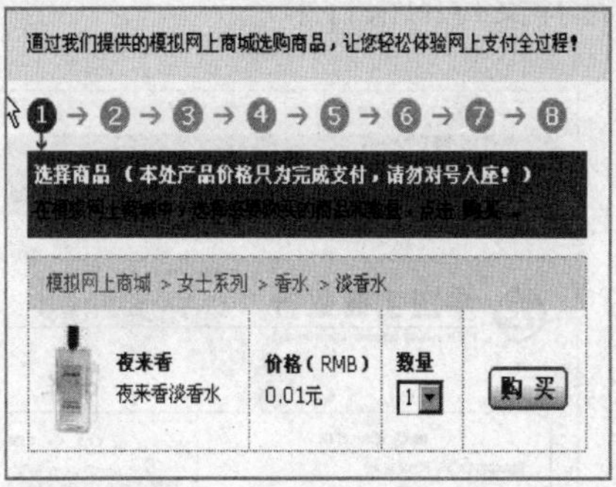

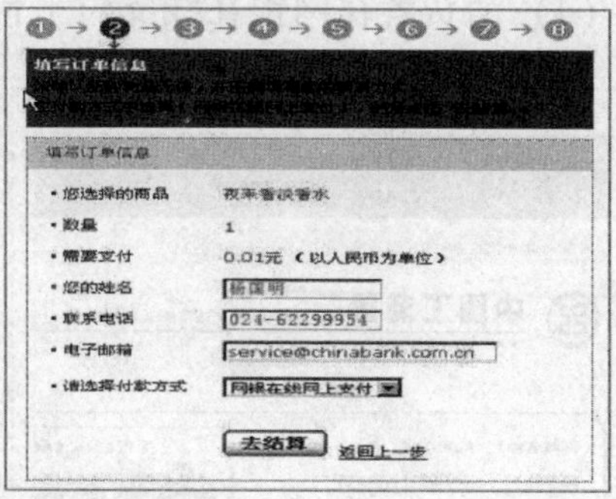

课堂笔记

（1）持卡消费者到加盟商户网站选购商品；

（2）填写购物信息清单和联系方式，并选择网银在线支付

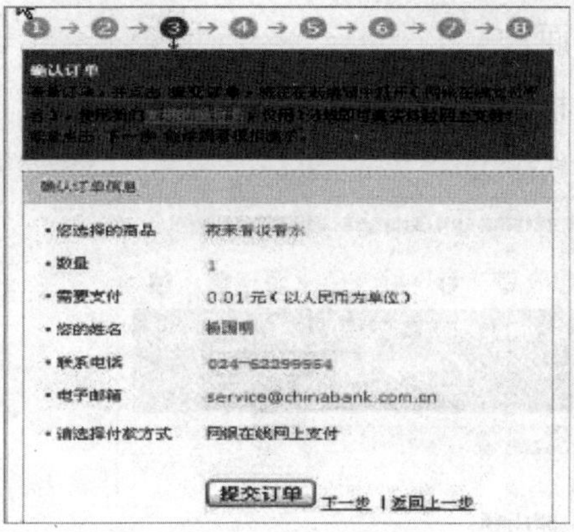

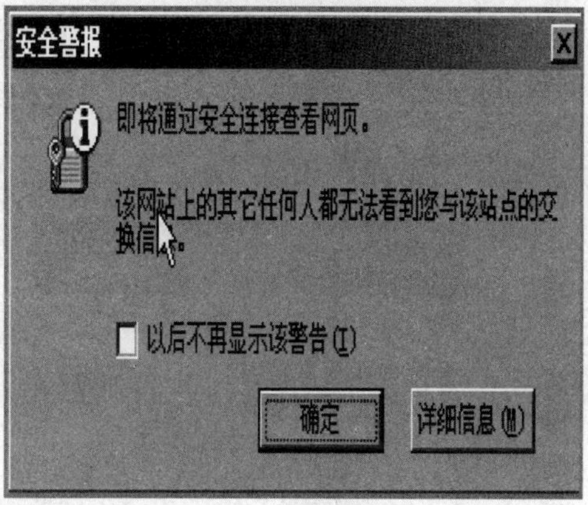

（3）提交订单信息后，网上商城发送支付请求给网银在线支付平台；网银在线通过安全支付平台，引导消费者到其发卡银行支付网关。

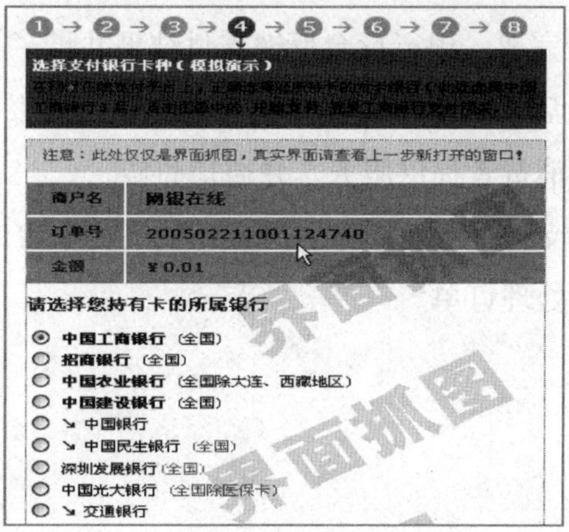

课堂笔记

（4）消费者在网银在线支付平台选择支持的银行卡。

（5）登录到了相应银行支付网关界面；

（6）持卡消费者输入卡号、密码等相关信息开始在线支付；

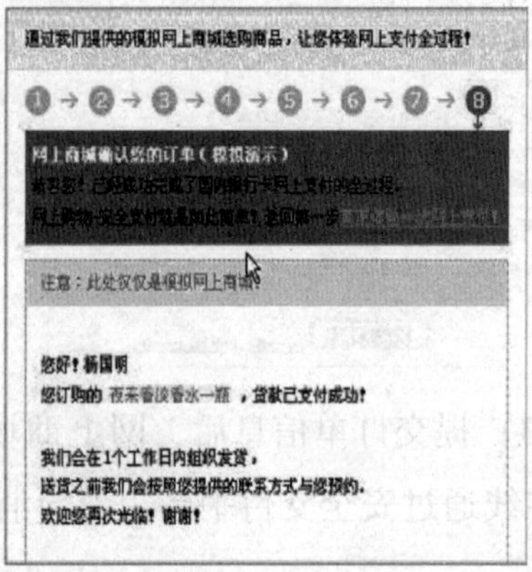

（7）在线支付完成，银行后台反馈支付结果并将

（8）扣款确认后，由商城向消费者发货或者提供服务，加盟商户根据反馈的支付结果为消费者提供服务。并通知商城。

货款转入在线支付平台；同时，网银在线支付平台向加盟商户发送支付结果，并通知其处理订单。

课堂笔记

小资料：网银在线全面支持 Visa、MasterCard、JCB 等国际信用卡

网银在线率先通过了全球通用国际信用卡支付标准：“3-D 验证”，全面支持 Visa、MasterCard、JCB 等国际信用卡的网上支付功能。为国际信用卡消费者开辟了一条便捷、安全的支付通道。

网银在线全面受理全球范围内的人民币、外币在线支付业务，成功地实现了全球范围内的网络覆盖，此举不仅为国内外的信用卡持卡人提供了便利，而且对推动中国的电子商务网站进军国际领域，改善网上外币受理环境有着重要意义。

任务四　电子支票与合并账单支付

电子支票的网络支付是指在互联网平台上利用电子支票完成商务活动中的资金支付与结算。电子支票支付使用方式模拟传统纸质支票应用于在线支付，可说是传统支票支付在网络的延伸。电子支票的签发、背书、交换及账户清算流程均与纸票相同，用数字签名背书，用数字证书来验证相关参与者身份，安全工作也由公开密钥加密来完成。除此之外，电子支票的收票人在收到支票当时，即可查知开票人的账上余额及信用状况，避免退票风险，是电子支票超越传统支票的优点。

4.4.1　电子支票支付

电子支票通过互联网传送，收款银行收到电子支票后，通过自动清算所（Automated Clearing House，ACH）网络来进行交换。这种银行体系和公众网络整合的做法，为银行及用户提供了类似实体支票处理机制的可行方案。电子支票支付模式按照参与银行的情况，可分为同行电子支票网络支付模式和异行电子支票网络支付模式两种。

课堂笔记

4.4.1.1　同行电子支票支付流程

同行电子支票支付模式由于只涉及客户在同一家银行的资金结算，所以相对比较简单，具体模式是：

（1）预备工作。客户（如企业、学校或政府部门等组织）与开户银行、商家与开户银行之间密切协作，通过严格的认证阶段，如相关资料的认定、数字证书的申请与电子支票相关软件的安装应用、电子支票应用的授权等，以准备利用电子支票进行网络支付。

（2）客户和商家达成网上购销协议，并且选择使用电子支票支付。

（3）客户通过网络向商家发出电子支票。

（4）商家收到电子支票后，通过认证中心 CA 对客户提供的电子支票进行初步验证，验证无误后将电子支票送交开户银行索付。

（5）开户银行在商家索付时通过认证中心 CA 对客户提供的电子支票进行最后验证，如果有效即向商家兑付或转账，即从客户资金账号中转拨相应资金余额到商家资金账号；如果支票无效，如余额不够、客户非法等，即把电子支票返回商家，告知索付无效消息。

（6）开户银行代理转账成功后，在网上向客户发出付款成功通知消息，方便客户查询。

4.4.1.2　异行电子支票流程

由于涉及两个或多个银行，以及中间的用于银行间资金清算的自动清算所，所以流程较为复杂一些。一个完整的异行电子支票支付流程如图 4-19 所示：

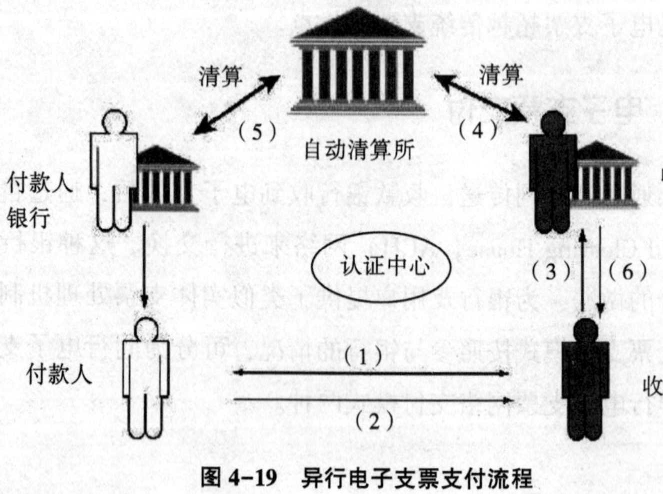

图 4-19　异行电子支票支付流程

课堂笔记

(1) 付款人（消费者）和收款人（商家）达成购销协议并选择用电子支票支付。

(2) 付款人利用自己的私钥对填写的电子支票进行数字签名后，通过网络发送给收款人，同时向银行发出付款通知单。

(3) 收款人通过认证中心对消费者提供的电子支票进行验证，验证无误后将电子支票送交收单行索付。

(4) 收单行把电子支票发送给自动清算所的资金清算系统，以兑换资金进行清算。

(5) 自动清算所向付款人的付款银行申请兑换支票，并把兑换的相应资金发送到收款人的收单行。

(6) 收单行向商家发出到款通知，资金入账。

注意：电子支票与电子现金的系统架构类似，最大的不同是电子现金需要发行单位为其发行的现金担保。因此，电子现金发行单位在电子现金上的数字签名很重要；而电子支票的开票人即付款人要为其所开的支票兑现做担保。因此，付款人在电子支票上的数字签名很重要。

4.4.1.3 电子支票模式的特点

1. 电子支票支付模式的优点

(1) 与传统支票类似，用户比较熟悉，易于接受，可广泛应用于 B2B 结算；

(2) 电子支票具有可追踪性，所以当使用者支票遗失或被冒用时可以停止付款，并取消交易，风险较低；

(3) 通过应用数字证书、数字签名及各种加密/解密技术，提供比传统纸质支票中使用印章和手写签名更加安全可靠的防欺诈手段。加密的电子支票也使它们比电子现金更易于流通，买卖双方的银行只要用公开密钥确认电子支票即可，数字签名也可以被自动验证。

2. 电子支票支付模式的缺点

(1) 需要申请认证，安装证书和专用软件，使用较为复杂；

(2) 不适合小额支付及微支付；

(3) 电子支票通常需要使用专用网络进行传输。

课堂笔记

4.4.2 合并账单模式

合并账单模式主要的特性是将消费者的消费金额并入 ISP 账单或电话账单，属于此类的服务公司称之为 ICP，可能与 ISP 合作或本身就是 ISP。消费者在线购物的款项将加入上网费账单，每个月 ICP 再与 ISP 根据合同分账。因此，在此模式下商家必须与 ISP 签订合同，而消费者必须是 ISP 的使用者，如果不是 ISP 的使用者，有些 ISP 提供消费者购买该 ISP 发行的虚拟预付卡（储值卡），消费者取得此卡号与密码，必须回到入口网站进行开卡手续，即可在所有已经与 ISP 合作的 ICP 进行消费。

合并账单支付模式在消费者购买游戏点卡、电影网站点卡等 ICP 服务中应用很广泛。这一类消费通常数额很小，消费者往往希望用最简单的方式进行支付，而忽略其安全性。

4.4.2.1 合并账单模式支付流程

ISP 账单模式架构图如下，ICP 与 ISP 签订合同后 ICP 将商品通过 ISP 放在入口网站，消费者（付款人）通过 Internet 登陆入口网站消费，数据由 ISP 记录，固定时间与 ICP 分账。ISP 实际收款方式，是以账单向付款人请款。如图 4-20 所示。

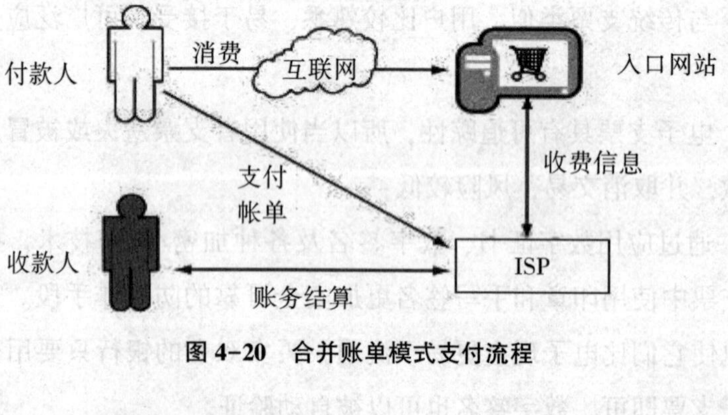

图 4-20 合并账单模式支付流程

此种付款方式的优点为付款人为原来 ISP 之用户，身份不需要再以其他方式鉴别，付款人的信用程度已有相当程度之认定，不易出现不认账的情形。收款人因有 ISP 当第三者，可免除收费困扰。同时 ICP 提供的商品或服务也因为有第三者存在而更能保证品质。以往商品特性往往被限制，

课堂笔记

实体的物品因有物流的问题而很少被利用，因此服务多为算命、电子书、扫毒、电子数据下载等，但近几年来，ICP 提供的商品已包括实体物品，物流则由 ICP 负责，ISP 只负责资金流部分。

4.4.2.2　合并账单模式的特点

1. 合并账单支付模式的优点

（1）支付方式非常方便，只需要输入自己网络介入的用户名和密码即可；

（2）合并账单模式是一种延迟付款的方式，因此付款人可先利用该现金于其他用途或得到消费额度最多一个月的利息收入。

（3）ICP 可对消费者缴费信用状况事先进行评估，信用不佳者可拒绝提供服务。

2. 合并账单模式的缺点

（1）只要知道网络接入的账号和密码就可以完成付款，没有任何身份认证措施，所以安全性比较差。

（2）对于 ICP 来说，通过 ISP 收款可能会遇到坏账风险。因为账单支付模式是后结算的，付款人可能会在该付款的时候恶意拒付；

（3）安全机制不完整，至多以 SSL 进行通信加密及密码的保护。

任务五　银行卡在线支付模式

4.5.1　智能卡支付模式

4.5.1.1　智能卡及其结构

（1）智能卡：类似于信用卡，但卡上不是磁条，是计算机芯片和小的存储器。在智能卡上将消费者信息和电子货币储存起来，可以用来购买产品或服务，存储信息。

（2）智能卡的结构：智能卡的结构主要包括 3 个部分：①建立智能卡

课堂笔记

的程序编制器。②处理智能卡操作系统的代理。③作为智能卡应用程序接口的代理。

4.5.1.2 智能卡的应用范围

（1）电子支付：如智能卡用于电话付费，可代替信用卡。

（2）电子识别：如能控制对大楼房间或系统的访问，如收银机。

（3）数字存储：如存储或查询病历，跟踪信息或处理验证信息。

4.5.1.3 智能卡的工作过程

（1）在适当的机器上启动消费者的浏览器。

（2）通过安装在机器上的读卡机，用消费者的智能卡登录到相关银行的站点，智能卡自动将账号、密码和其他一切加密信息告知银行。

（3）消费者从智能卡下载现金到商家的账户，或从银行账号下载现金到智能卡。

4.5.1.4 智能卡的标准（智能卡作为网上支付主要有以下标准）

（1）全球 PC/SC 计算机智能卡联盟：由 IBM、微软等 10 家 IT 界巨头组成的计算机与智能卡联盟，并制定了一系列智能卡的规范。

（2）EMV 集成电路卡规范：由 Visa、Master card 等共同完成的基于 ISO 标准的集成电路卡规范。

（3）PCSC（个人计算机智能卡）标准：微软公司制定的标准。

（4）Java Card API 标准：由 SUN 提出的标准。

（5）欧洲电信智能卡规范：用来鉴别移动电话用户的智能卡规范。

（6）中国 IC 卡系列标准规范：由中国人民银行组织开发和制定，与国际通用的 EMV 规范兼容。

4.5.1.5 智能卡的优点

（1）使电子商务交易变得简便易行：智能卡消除了某种应用系统可能对消费者造成不利影响的各种情况，它能为消费者“记忆”某些信息，并以消费者名义提供这些信息（如不需要使用者记住个人密码）。

（2）具有很好的安全性和保密性：降低了现金处理的支出及被欺诈的

课堂笔记

可能性，提供了优良的保密性能。可以实现像信用卡一样的功能，但保密性高于信用卡。

4.5.2　信用卡网络支付模式

信用卡网络支付模式可分为无安全措施的信用卡支付模式、借助第三方代理机构的信用卡支付模式、基于 SSL 协议机制的信用卡支付模式和基于 SET 协议机制的信用卡支付模式

4.5.2.1　无安全措施的信用卡支付

（1）流程：消费者从商家订货，信用卡信息通过电话、传真或因特网传送（无安全措施），商家与银行之间使用各自现有的授权来检查信用卡的合法性。其工作流程如图 4-21 所示：

图 4-21　无安全措施的信用卡支付流程

（2）特点：由于卖方没有得到买方的签字，如果买方拒付或否认购买行为，卖方将承担一定的风险；信用卡信息可以在线传送，但无安全措施，买方（即持卡人）将承担信用卡信息在传输过程中被盗取及卖方获得信用卡信息等风险。商家完全掌握消费者的信用卡信息，存在安全风险。

4.5.2.2　通过第三方代理人的信用卡支付

改善信用卡事务处理安全性的一个途径就是在买方和卖方之间启用第三方代理，目的是使卖方看不到买方信用卡信息，避免信用卡信息在网上多次公开传输而导致的信用卡信息被窃取。

1）一般流程

消费者在网上经纪人处开设一个账号（经纪人持有消费者的账号和信用卡号），并用该账号从商家订货，商家将消费者账号提供给经纪人，经纪人验证商家身份，给消费者发送 Email，要求消费者确认购买和支付后，将信用卡信息传给银行，完成支付过程。其流程如图 4-22 所示。

课堂笔记

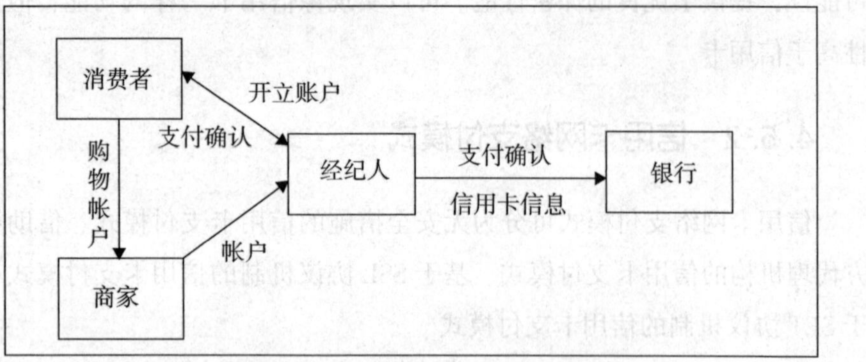

图 4-22　通过第三方经纪人信用卡支付示意图

2）软件供应商解决方案

（1）cybercast（http：//www.cybercash.com）第三方代理人解决方案。

买方必须首先下载 cybercast 软件，即“钱夹”（注：很多钱夹（Wallet）软件提供多种支付工具，里面包括信用卡、数字/电子现金、电子支票，打开钱夹可以选择其中的一种支付方式）。其软件使用步骤如下：

a. 在建立钱夹过程中，买方将信用卡信息提供给第三方 cybercast；

b. 第三方 cybercast 指定一个加密的代码代表信用卡号码，传送给买方；

c. 当买方向接收 cybercast 的卖方购物时，它只需简单地输入代码；

d. 卖方将代码及购买价格传送给第三方 cybercast；

e. 第三方证实这一事务处理并将资金及购买商品的授权传送给卖方。

Cybercast 第三方代理软件具有如下特点：开设账号时信用卡信息通过网络传输；cybercast 信用卡服务不向买卖双方额外收费，所有 cybercast 费用都通过信用卡处理系统支付。

（2）First Virtual（http：//www.firstvirtual.com）公司第三方代理服务解决方案。

a. 买方通过填写注册单，或通过语音电话向 First Virtual 提供他们的信用卡号码，申请 Virtual PIN，买方可以用它替代信用卡；

b. 为了购买产品，顾客通过他的 FV 账号向卖方选购，这种购买可能以如下两种形式中的一种发生：买方自动授权卖方通过浏览器获得其 FV 账号，并向买方送账单；买方自己把账户信息传过去；

c. 卖方通过买方账号和 FV 支付系统服务器联系；

课堂笔记

d. FV 支付系统确认买方账号，并清点出相应资金；

e. FV 支付服务器向买方发送一个电子信息，这条信息是自动 WWW 格式，或者只是一个简单的 E-mail。买方以下面 3 种方式中的一种做出反应：是的，我同意支付；不，我拒绝支付；我从未发出过相关命令；

f. 如果 FV 支付服务器获得了一个“同意”的信息，就通知卖方，卖方准备发货；

g. FV 在收到购买完成的信息后在买方账户上借记，买方在收到产品/信息后，如果拒绝付款，可以终止他们的账户。

FV 第三方代理软件具有以下的特点：卖方在 FV 上注册一次性付费 10 美元，一次交易交费 0.29 美元以及 2% 的附加费，买方通过账户进行一次支付需要 1 美元的费用，每个买方的启动费用是 2 美元；整个系统也可以建立在现存的机制上以方便买卖双方，买方只需要一个电子邮箱和 First Virtual 账户即可，卖方无须具有计算机技能或者 Internet 销售服务器 (warehouse server)，而只需通过 FV 就可直接处理销售业务。

（3）通过第三方代理人支付的特点：支付是通过双方都信任的第三方完成的；信用卡信息不在开放的网络上多次传送，买方有可能离线在第三方开设账号，这样买方没有信用卡信息被盗窃的风险；卖方信任第三方，因此卖方也没有风险；买卖双方预先获得第三方的某种协议，即买方在第三方处开设账号，卖方成为第三方的特约商户。

任务六　电子支付过程中的风险与防范

4.6.1　电子支付过程中的风险

随着电子商务的兴起，电子支付因方便、快捷等优点让网络交易变得更加便捷。因此，电子支付作为一种消费方式已经被越来越多的人接受。电子支付系统作为电子货币与交易信息传输的系统，既涉及交易秘密的安全及风险，又涉及国家金融和个人的经济利益。消费者使用电子支付时担心被他人冒领、盗领款项而发生损失；而电子支付系统出现故障也可能给消费者和金融机构造成损失。

课堂笔记

电子支付安全问题在于计算机网络安全与商务交易安全。计算机网络安全与商务交易安全实际上是密不可分的，两者相辅相成，缺一不可。电子支付的一个重要技术特征是采用先进的技术通过数字流转来完成信息传输，其各种支付方式都是采用数字化的方式进行款项支付的。没有计算机网络安全作为基础，商务交易安全就犹如空中楼阁，无从谈起。没有商务交易安全保障，即使计算机网络本身再安全，仍然无法达到电子商务所特有的安全要求。能否有效防范电子支付过程中的风险是电子支付健康发展的关键。

1. 计算机网络安全风险

（1）系统故障。从整体看，电子支付的业务操作和大量的风险控制工作均由计算机软件系统完成。在与客户的信息传输中，如果该电子支付系统与客户终端的软件互不兼容或出现故障，就存在传输中断或速度降低等问题，可能造成客户经济方面的损失。客户在利用电子支付方式时，也可能发生虽然有钱，但是却因为断线、厂商拒收或是其他原因，而无法在一定时间、地区完成特定金额交易的困扰。此外，系统停机、磁盘列阵破坏等不确定性因素，也会形成支付风险。

（2）非授权访问。即没有预先经过授权使用，有意避开系统访问控制机制，对网络设备及资源进行非正常使用，或擅自扩大权限，越权访问信息。包括非法用户进入网络或系统进行违法操作和合法用户以未授权的方式进行操作。例如，利用特洛伊木马和其他后门程序窃取秘密信息。

（3）破坏信息的完整性。通过篡改信息的内容和形式，更改正确的数据，破坏数据的真实性状态。插入无用或有害的信息和删除部分或全部信息，造成真假信息难辨，破坏了信息的可信性。例如，修改使用权限、口令字、密钥等破坏信息完整性。

（4）破坏系统可用性。利用病毒等非法程序或其他手段攻击系统，破坏系统功能和系统中存储、处理、传输的数据和应用程序，使系统瘫痪或无法服务，破坏系统可用性。

（5）交易抵赖。这是指通信的某一方出于某种目的可能出现的抵赖行为，其涵盖范围比较广泛。例如，否认自己曾经发布过的某条消息、伪造一份对方来信等以此推卸自己的责任。

2. 商务交易安全风险

（1）密码管理。大部分公司和个人在电子支付过程中出现风险的主要

课堂笔记

原因是密码管理不善。据统计有86%的用户在所有网站上使用的都是同一个密码或者有限的几个密码。大多数密码都是根据自己的姓名、生日、住址、电话或者其他与自身密切相关信息改编的密码。这类信息很容易在日常生活中泄露，从而造成密码泄露。

（2）网络诈骗。犯罪分子建立起域名和网页内容都与真正的网上银行系统、网上证券交易平台极为相似的网站（钓鱼网站），引诱用户输入账号密码等信息，进而通过真正的网上银行、网上证券系统或者伪造银行储蓄卡、证券交易卡盗窃资金。还有的利用合法网站服务器程序上的漏洞，在站点的某些网页中插入恶意代码，屏蔽一些可以用来辨别网站真假的重要信息，以窃取用户信息。

（3）信息隐私。在从事电子支付时，客户所有的付款资讯可能未经客户的同意即被收集或是向第三人披露，甚至被冒用或是为其他不利于客户利益的目的而使用，侵害了客户的隐私权。例如，假冒合法用户伪造电子邮件欺骗他人。

6.6.2　电子支付过程中的风险防范

1. 链接要安全

在电子支付过程中，首先要确认当前的通信、交易和存取要求是安全的。在提交任何关于个人账户信息或私人信息之前，一定要确认支付页面网站域名的真伪，防范钓鱼网站，确保支付信息已经加密，并且是通过安全连接传输的。

2. 保护密码

不要以任何方式向别人提供或泄露自己的密码。不要使用任何容易破解的信息作为电子支付密码。例如，类似“123456”这样简单数字组合或和自己的私人信息相关的数字组合。电子支付密码最好是一串比较独特的组合，至少包含5个数字、字母或其他符号。在使用多种电子支付系统时，最好分别设置不同的支付密码。

3. 保护自己的隐私

尽量减少暴露私人信息，填在线表格时要格外小心，不是必填的信息就不要主动提供。因为在订购过程和支付过程中的订单信息等在互联网中

课堂笔记

开放传输的数据都可能被第三者监视或窃取。犯罪分子可能会利用这些信息非法窃取你的账号或假冒你的身份谋利。

4. 使用安全的支付方法

使用信用卡和借记卡在线购物不但方便，而且很安全。因为很多商业银行通过采用 USB KEY 数字证书和动态口令卡等新的加密机制，降低了电子支付过程中的风险。在通过第三方支付进行的交易时，客户先把资金转账到第三方平台账号上，在收到商家货物后对货物进行检验，可以在商家提款前提出质疑，并在质疑得到解决之前拒绝第三方转账给商家。因此，持卡人进行网上支付时最好选择采用这些安全的支付方式。

5. 保证交易的不可否认性

在电子商务系统中使用 X. 509 数字证书和数字签名技术认证交易各方身份的合法性和有效性，并保证交易的不可抵赖性；不可抵赖主要包含数据的原始记录和发送记录，确认数据已经完成发送和接收，防止接收用户更改原始记录，或在已经收到数据后否认收到数据，并拖延自己的下一步工作。为了保证交易过程的可操作性，必须采取可靠的方法确保交易过程的真实性，保证参加电子交易的各方承认交易过程的合法性。

概念索引

电子支付系统　ATM　POS　电子汇兑系统　第三方支付

闯关考验

一、选择题

1. 在线商店向银行请求支付授权时，信息通过(　　)从互联网传给收单。

A. 认证中心　　B. 信用卡信息中心

C. 支付网关　　D. 票据交换中心

2. 下列哪一种不属于个人网上支付方式？(　　)

A. 网关支付　　B. 第三方支付

C. 货到付款　　D. 移动支付

3. 以下选项中不属于电子支付安全问题的是(　　)。

课堂笔记

A. 缺乏相应支付系统的支持　　B. 黑客入侵

C. 内部作案　　D. 密码泄露

4. 电子支付具有以下特征，其中错误的是(　　)。

A. 电子支付是采用先进的技术通过数字流转来完成信息传输的

B. 电子支付的工作环境是基于一个封闭的系统平台之中

C. 电子支付使用的是最先进的通信手段

D. 电子支付具有方便、快捷、高效、经济的优势

5. 下列哪一种不属于第三方支付的盈利模式(　　)。

A. 沉淀资金利息收入　　B. 增值服务收入

C. 贷款利息收入　　D 手续费收入

6. 在电子支付流程中资金最终流向的地方是(　　)。

A. 票据交易所　　B. 商家开户行

C. 清算中心　　D. 客户开户行

7. ATM 指的是(　　)。

A. 自动柜员机　　B. 呼叫中心

C. 销售点终端　　D. 提款机

8. 第三方支付机构不能完成(　　)。

A. 客户使用第三方支付机构提供的账户进行贷款支付

B. 通知商家贷款到达、进行发货

C. 通知客户付款给卖方

D. 发货给客户，向客户收费

二、简答题

1. 我国的电子支付模式主要分为几种？

2. 网上支付系统的基本构成有哪些？

3. 网上支付系统有哪些功能？

4. 第三方支付的特点有哪些？

课外修炼

通过网络收集和了解中国互联网络信息中心发布的《2014 年中国网络支付安全状况报告》。

课堂笔记

项目五　移动支付

案例导入

从大年三十春晚开始一直到今天，人们讨论最多的话题不是拜年，也不是春晚，而是抢红包。平心而论，马云凭借着支付宝口令确实在一定程度上成功地对微信红包进行了阻击，可惜的是由于缺乏社交属性，支付宝在这次红包大战中还是败给了微信，但是是不是就说未来微信就可以在线上移动支付上与支付宝分庭抗礼呢？恐怕不能就此匆忙下定论。

跳出这一次的红包大战来看，它仅仅只是腾讯挑战阿里支付霸主地位无数战役之中的一场战争而已。微信春晚发红包的最终目的无非就是要撼动阿里的移动支付地位，而如果要预知中国移动支付的未来，就必须站在历史的长河中来看待这个问题。

古人云："以史为镜，可以知兴替。"同样，我们也只有对中国互联网支付的过去充分了解之后才能真正预知它的未来。

一、支付宝与财付通支付之争实乃网购场景之战

我们先来看看PC互联网时代阿里巴巴的支付宝和腾讯的财付通。支付宝的崛起安全是建立在自家强大的淘宝平台之上，通过培养用户在网上购物并在网上支付的习惯，支付宝逐渐成为网购一族的首选。在淘宝培养了强大的用户基础之后，支付宝又被越来越多的电商平台和商家接入。天猫商城的推出更加捍卫了支付宝在中国互联网支付领域的王者地位。

而腾讯财付通也同样是凭借着QQ游戏点卡、拍拍、QQ商城、易迅培养了大量的用户基础，成为国内第二大网上支付平台。

与其说支付宝与财付通之间的竞争是两大支付平台的对抗，不如说是他们背后的购物场景之战。果不其然，随着拍拍、QQ商城在电商市场份额上远远落后淘宝、天猫商城，财付通的市场份额也被支付宝甩了很远。进入到2014年，腾讯把拍拍、QQ商城、易迅都交给京东商城之后，由于京东主打自己的支付体系，财付通的市场份额瞬间从12.9%下降到了8.9%。

从支付宝和财付通的发展来看，都是在先有了网购场景的基础之上才得以发展得如此之迅猛，而后财付通因为在网购场景上优势渐失，其支付地位也就日渐削弱。

二、微信先布局支付而后反攻场景胜算几何？

去年，微信借助红包在春节期间笼络了800万的移动支付用户。随后微信支付又对广大的微信公众号进行了开放，并与众多的第三方平台达成了合作。但是微信支付却并没有能撼动支付宝的霸主地位，刘旷认为主要有以下几大原因。

其一就是用户的支付习惯。对于很多用户来说，网购已经形成了使用支付宝付款的习惯，突然让用户使用微信付款，很多人会觉得很不习惯。

其二则是网购场景的不足。淘宝和天猫商城目前已经占据了中国电子商务大半个天下，而稍微能够跟阿里电商PK的京东还不太给腾讯面子，刘强东一心一意志在打造自家的京东支付平台。

其三就是微信支付生态上的不足。相比微信支付而言，支付宝能够缴水费、电费、燃气费、医院挂号、买火车票等，拥有强大的支付生态。

其四就是用户对微信支付的安全担忧，很多人认为微信是一个社交平台，经常登陆且没有安全退出，一旦手机丢失就担心网银卡不安全，所以不太放心把钱存在微信钱包里。

当然，微信并没有就此轻易放弃，这一次的红包大战就是最好的说明。与此同时，微信也在弥补生态上的不足，目前已经可以做到充话费、买彩票、Q币充值、买电影票、理财等。

而对于网购场景的战力补充，腾讯也是下足了工夫。在线上腾讯虽然不具备阿里的电商优势，却也已经接入了大众点评、京东、美丽说等。线下也成为腾讯重要的突破口，去年腾讯就推出了极具优势的二维码支付，可惜的是因为安全问题和刺激到了传统银行的利益而被叫停，未来微信仍然会继续向线下发起猛攻。腾讯深知：如果不能打造强大的网购支付场景，微信支付即便拥有强大的用户基础最后可能只是个摆设。

课堂笔记

而对于阿里来说，今年支付宝在移动端表现更猛的发展势头，得要好好感谢微信。正是因为微信的刺激，才让支付宝更加重视移动端，并先后推出了余额宝、娱乐宝、服务窗、支付宝红包等系列产品来反击微信。竞争是促进中国移动支付迅速发展的重要原因之一。但是未来的中国移动支付命运会不会就只掌握在支付宝的手里，咱们也不能贸然下定论，刘旷认为存在两个重大变数。

变数一：苹果领导下的NFC支付

苹果推出Apple Pay，同时推出了NFC+TouchID的支付组合，引发了整个业内对移动支付将迎来新变革的共同呼声。NFC技术来代替原来信用卡的磁条，指纹来做授权验证，代替信用卡支付中的签名。简单来说，iPhone代替了信用卡塑料卡片，并且省去了签名。

相比支付宝，苹果既没有世界第一的电商平台，也没有强大的支付平台，那么苹果的NFC支付优势到底在哪？

第一，苹果手中握着强大的移动终端设备——iPhone手机。苹果不用像其他移动支付平台一样，需要依靠大量的烧钱来推广自己的支付应用。而苹果呢，在销售手机的同时也就占据了移动支付的市场份额。

第二，苹果推出NFC支付最大的优势就在于用户体验，相比刷卡签名及二维码支付更加方便。

第三，苹果的NFC支付更容易实现全球化，本身苹果手机就已经在全球范围内开始销售，而支付宝和微信支付要想实现全球化就必须突破很多限制。

第四，从安全角度上来说，苹果的指纹+设备相比账号+密码的方式安全度更高。

当然，任何事情都不会那么简单轻松，苹果的这种NFC支付方式也面临着些许需要解决的问题。

首先，在我国目前只有一些公共交通设施能够使用NFC手机进行“刷手机”支付，Apple Pay要想在偌大的中国市场普及苹果这种特有的NFC接收器，是一件非常困难的事情。

其次，苹果的NFC支付同样也需要与各大银行达成合作，有很多法律问题及操作上的问题需要解决。

不过刘旷认为苹果推出Apple Pay最大的暴风不在于Apple Pay本身，

课堂笔记

而是这种支付方式。它将会引来小米、魅族、华为、三星等众多智能手机以及智能硬件公司的效法，如此众多的竞争对手涌入到这个领域，一旦他们在线下稳固自己的这种支付优势地位，他们定然会向线上的支付宝发动攻击。

变数二：银联带领下传统银行利益集团

作为中国线下支付的老大——银联，代表着国内众多银行的集体利益，是经中国人民银行批准的、由 80 多家国内金融机构共同发起设立的股份制金融机构。中国银联股东数为 152 家，其中，中国印钞造币总公司持有 1.425 亿股，持股比例为 4.86%；建设银行持股 4.78%；工商银行、农业银行和交通银行均持股 3.84%，并列第三大股东。眼瞅着支付宝一天天做大，银联不可能毫无作为。

线下收单支付占据着银联超过九成的业务，如果失去了支付场景，银行将流失大部分金融服务功能，也就意味着银行将失去大量的客户，失去未来几十万亿的金融消费市场。此前，支付宝和银联一直是井水不犯河水，一个专注于线上，一个称霸着线下，但是支付宝和微信借助 O2O 的旗号大举进军线下市场却惹急了银联。

POS 机、二维码支付被叫停就是银联对支付宝和微信的最有力反击。银联正在全力加速 NFC 闪付，意图借助 NFC 全力阻击支付宝和微信支付。目前支持 NFC 闪付的 POS 机已经有 300 多万台，每台传统终端的改造费用 300 元，银联将提供免费改造费用。NFC 闪付将覆盖线下所有支付场景，一部手机可以走遍天下。在没有移动信号时，1 000 元以内的小额支付也可以轻松搞定。所有银行、信用卡、移动公司、银联都将继续开拓各种支付场景，加上政府的大力支持、公共交通、公共事业费，财税收入、医疗教育等方面在未来都会为 NFC 支付大开绿灯。

与此同时，银联也正在加紧线上市场的布局。通过借助与 12306. 当当、京东等众多实力强劲的电商支付平台合作，银联正在向支付宝和微信支付进行有力反击。不过由于支付宝拥有淘宝和天猫这两个核武器，银联进军在线市场一直都是不温不火。

总体来说，对于中国移动支付的未来，刘旷认为线上在很长的一段时间内可能仍然会是支付宝一家独大的局面。微信虽然能够借助红包获取大量的用户，但是由于网购场景的严重不足，微信支付的表现甚至可能还比

课堂笔记

不上当初 PC 端的财付通。线下支付市场，支付宝、微信支付、苹果等智能手机厂商、银联未来谁主沉浮眼下还真不好说。O2O 是一个线上与线下有力结合的市场，它也是决定中国移动支付未来变数最大的一个市场，谁能称霸这个市场谁就有可能线下线上通吃。

任务一　移动支付概述

5.1.1　移动支付定义

移动支付是近几年发展起来的技术与业务，根据阐述角度的不同，相关行业、组织给对其的定义与解释也各有不同。根据 2002 年“移动支付论坛”（Mobile Payment Forum）的说法，移动支付就是交易双方使用移动设备转移货币价值以清偿获得商品和服务的债务。这是一种依靠短信、HTTP、WAP 或 NFC（近场通信技术）等无线方式完成支付行为的新型支付方式。移动支付所使用的移动终端可以是手机、PDA、移动 PC 等。目前手机是主要的移动支付终端，因此，也有人把移动支付称为手机支付。另外一种定义认为，移动支付是电子支付的一种方式，是指交易双方为了某种货物或者服务，使用移动终端设备为载体，通过移动通信网络或者 NFC 实现的商业交易，它属于移动电子商务的范畴。移动支付是移动终端由通信工具变成信用支付工具的一种功能性的扩展，同时也是移动电子商务过程实现的一种价值体现。

本教材对移动支付的定义为，移动支付（Mobile Payment）也称为手机支付，是指交易双方为了某种货物或者服务，使用移动终端设备为载体，通过移动通信网络实现的商业交易。移动支付所使用的移动终端可以是手机、PDA、移动 PC 等。单位或个人通过移动设备、互联网或者近距离传感直接或间接向银行金融机构发送支付指令产生货币支付与资金转移行为，从而实现移动支付功能。移动支付将终端设备、互联网、通过提供商及金融机构相融合，为用户提供货币支付、缴费等金融业务。移动支付主要分为近场支付和远程支付两种。所谓近场支付，是指用手机刷卡的方式坐车、买东西等，很便利。远程支付是指通过发送支付指令（如网银、

课堂笔记

电话银行、手机支付等）或借助支付工具（如通过邮寄、汇款）进行的支付方式，如掌中付推出的掌中电商、掌中充值、掌中视频都等属于远程支付。

5.1.2　移动支付的特点

移动支付属于电子支付方式的一种，因而具有电子支付的特征，但因其与移动通信技术、无线射频技术、互联网技术相互融合，又具有自己的特点。

1. 移动性

随身携带的移动性，消除了距离和地域的限制。结合了先进的移动通信技术的移动性，随时随地获取所需要的服务、应用、信息和娱乐。

2. 及时性

不受时间地点的限制，信息获取更为及时，用户可随时对账户进行查询、转账或进行购物消费。

3. 定制化

基于先进的移动通信技术和简易的手机操作界面，用户可定制自己的消费方式和个性化服务，账户交易更加简单方便。

4. 集成性

以手机为载体，通过与终端读写器近距离识别进行的信息交互，运营商可以将移动通信卡、公交卡、地铁卡、银行卡等各类信息整合到以手机为平台的载体中进行集成管理，并搭建与之配套的网络体系，从而为用户提供十分方便的支付及身份认证渠道。移动支付业务是由移动运营商、移动应用服务提供商（MASP）和金融机构共同推出的、在移动运营支撑系统上构建的一个移动数据增值业务应用。移动支付系统将为每个移动用户建立一个与其手机号码关联的支付账户，其功能相当于电子钱包，为移动用户提供了一个通过手机进行交易支付和身份认证的途径。用户通过拨打电话、发送短信或者使用 WAP 功能接入移动支付系统，移动支付系统将此次交易的要求传送给 MASP，由 MASP 确定此次交易的金额，并通过移动支付系统通知用户，在用户确认后，付费方式可通过多种途径实现，如直接转入银行、用户电话账单或者实时在专用预付账户上借记，这些都将

课堂笔记

由移动支付系统（或与用户和MASP开户银行的主机系统协作）来完成。

5.1.3 移动支付的发展历程

最早在1999年，中国移动与中国工商银行、招商银行等金融部门合作，在广东等一些省市开始进行移动支付业务试点。2002年，中国移动在广州即开始小额移动支付的试点；2004年银联也常常开展以手机和银行卡绑定的移动支付合作。2006年，中国移动在厦门启动近场支付的商用试验。2008年，近场支付试点扩大到长沙、广州、上海、重庆。2010年，银联联合工商银行、农业银行、建设银行、交通银行等18家商业银行，以及中国联通、中国电信两家电信运营商，及部分手机制造商共同成立“移动支付产业联盟”。2011年6月，央行下发第三方支付牌照，银联、支付宝、银联商务、财付通、快钱等获得许可证。但由于支付标准不统一等原因，国内的移动支付一直没有大规模推广。2012年6月21日，中国移动与中国银联签署移动支付业务合作协议，标志着中国移动支付标准基本确定为13.56MHz标准。标准统一，阻碍移动支付发展的技术分歧去除。

三大运营商纷纷成立了移动支付公司：中国移动于2011年7月成立中国移动电子商务有限公司，中国联通于2011年4月组建了联通沃易付网络技术有限公司，中国电信2012年3月成立天翼电子商务有限公司。2011年12月，三大运营商移动支付子公司同时在获得央行颁布的支付业务许可证，运营商在开发移动支付产品和推广上的积极性得到提升。

移动终端和移动电子商务的发展是移动支付迅速发展的重要前提。2011年，中国移动电子商务市场交易规模为156.7亿元，同比增长609%；预计2012年中国移动电子商务市场规模将达到251.5亿元，到2015年将达到1 046.7亿元。随着移动终端的普及和移动电子商务的发展，业界也纷纷看好移动支付市场的发展前景。

2011年，中国移动支付市场发展迅速，全年交易额规模达到742亿元，同比增长67.8%；移动支付用户数同比增长26.4%至1.87亿户。易观智库预计未来3年移动支付市场将保持快速发展，2014年交易规模将达到3 850亿元，用户数将达到3.87亿户。2011年之后移动互联网和移动电子商务的普及率提高，不仅为移动支付提供广阔的商用平台，更培养了用户网上支付的消费习惯，是移动支付市场爆发的重要催化剂。

课堂笔记

智能手机普及率提高，支持移动支付发展的硬件条件逐步具备。随着3C技术的兴起和发展，带来移动电子商务的兴起，使手机成为更便捷的交易终端。最近几年，中国互联网高速发展，普及率不断提高为电子商务的高速发展打下了最坚实的基础。随着网上商务活动的不断发展壮大，需要政策法规来规范网上市场的发展。国家也在这几年不断出台政策及相关法律来规范网上市场如《电子签名法》。

2014年，Q3的数据，第三方支付的移动支付市场仍是支付宝钱包一家独大，份额达到79.26%，在应用内支付市场，支付宝也以66.82%的份额领跑，表面风光，但其实两个市场都不稳固。微信和QQ的手机支付正在快速成长，而整合百付宝之后的百度钱包也不可轻视，特别是直达号的移动入口如果真正发力，百度钱包会有叫板支付宝和微信的实力。更大的威胁还有苹果。

任务二　移动支付类型

5.2.1　移动支付分类

1）按用户支付的额度，可以分为微支付和宏支付

（1）微支付：根据移动支付论坛的定义，微支付是指交易额少于10美元，通常是指购买移动内容业务。例如，游戏、视频下载等。

（2）宏支付：宏支付是指交易金额较大的支付行为。例如，在线购物或者近距离支付（微支付方式同样也包括近距离支付，例如交停车费等）。

2）按完成支付所依托的技术条件，可以分为近场支付和远程支付

（1）远程支付：指通过移动网络，利用短信、GPRS等空中接口，和后台支付系统建立链接，实现各种转账、消费等支付功能。

（2）近场支付：是指通过具有近距离无线通信技术的移动终端实现本地化通信进行货币资金转移的支付方式。

3）按支付账户的性质，可以分为银行卡支付、第三方支付账户支付、通信代收费账户支付

（1）银行卡支付就是直接采用银行的借记卡或贷记卡账户进行支付的

课堂笔记

形式。

(2) 第三方账户支付是指为用户提供与银行或金融机构支付结算系统接口的通道服务，实现资金转移和支付结算功能的一种支付服务。第三方支付机构作为双方交易的支付结算服务的中间商，需要提供支付服务通道，并通过第三方支付平台实现交易和资金转移结算安排的功能。

随着智能移动终端的高速发展普及，以及金融脱媒趋势的日益强化，传统金融正在前所未有的冲击，以 P2P、众筹模式、第三方支付为核心的互联网金融新兴产业正在逐渐形成。有分析机构认为，纵观乐富支付的战略布局，在移动支付领域，乐富支付仍然沿袭其一贯走行业发展的路线，通过手机刷卡器等移动支付产品与其他互联网支付、POS 收单等原有支付产品在行业拓展和企业服务过程中形成良好的协同效能。特别是其将要推出的移动支付产品，都是以中小微企业需求为核心，这与大洋彼岸的 Square 模式和成长路径也有异曲同工之处。

(3) 通信代收费账户是移动运营商为其用户提供的一种小额支付账户，用户在互联网上购买电子书、歌曲、视频、软件、游戏等虚拟产品时，铜鼓偶手机发送短信等方式进行后台认证，并将账单记录在用户的通信费账单中，月底进行合单收取。

4) 按支付的结算模式，可以分为及时支付和担保支付

(1) 及时支付是指支付服务提供商将交易资金从买家的账户即使划拨到卖家账户。一般应用于“一手交钱一手交货”的业务场景（如商场购物），或应用于信誉度很高的 B2C 及 B2B 电子商务，如首信、yeepal、云网等。

(2) 担保支付是指支付服务提供商先接收买家的货款，但并不马上就支付给卖家，而是通知卖家货款已冻结，卖家发货；买家收到货物并确认后，支付服务提供商将货款划拨到卖家账户。支付服务商不仅负责资本的划拨，同时还要为不信任的买卖双方提供信用担保。担保支付业务为开展基于互联网的电子商务提供了基础，特别是对于没有信誉度的 C2C 交易以及信誉度不高的 B2C 交易。做得比较成功的是支付宝。

5) 按用户账户的存放模式，可分为在线支付和离线支付

(1) 在线支付是指用户账户存放在支付提供商的支付平台，用户消费时，直接在支付平台的用户账户中扣款。

课堂笔记

（2）离线支付是用户账户存放在智能卡中，用户消费时，直接通过POS机在用户智能卡的账户中扣款。

5.2.2　支付方式

1. 短信支付

手机短信支付是手机支付的最早应用，将用户手机SIM卡与用户本人的银行卡账号建立一种一一对应的关系，用户通过发送短信的方式在系统短信指令的引导下完成交易支付请求，操作简单，可以随时随地进行交易。手机短信支付服务强调了移动缴费和消费。

2. 二维码支付

如图5-1所示，二维码支付是一种基于账户体系搭起来的新一代无线支付方案。在该支付方案下，商家可把账号、商品价格等交易信息汇编成一个二维码，并印刷在各种报纸、杂志、广告、图书等载体上发布。

用户通过手机客户端扫拍二维码，便可实现与商家支付宝账户的支付结算。最后，商家根据支付交易信息中的用户收货、联系资料，就可以进行商品配送，完成交易。同时，由于许多二维码扫码工具并没有有恶意网址识别与拦截的能力，腾讯手机管家的数据显示，这给了手机病毒极大的传播空间，针对在线恶意网址、支付环境的扫描与检测来避免二维码扫描渠道染毒。

图5-1　二维码支付

课堂笔记

3. 指纹支付

指纹支付即指纹消费，是采用目前已成熟的指纹系统进行消费认证，即顾客使用指纹注册成为指纹消费折扣联盟平台会员，通过指纹识别即可完成消费支付。

4. 声波支付

则是利用声波的传输，完成两个设备的近场识别。其具体过程是，在第三方支付产品的手机客户端里，内置有“声波支付”功能，用户打开此功能后，用手机麦克风对准收款方的麦克风，手机会播放一段“咻咻咻”的声音。

5. “刷脸”支付

人脸识别是一种基于人的相貌特征信息进行身份认证的生物特征识别技术，技术的最大特征是能避免个人信息泄露，并采用非接触的方式进行识别。人脸识别与指纹识别、掌纹识别、视网膜识别、骨骼识别、心跳识别等都属于人体生物特征识别技术，都是随着光电技术、微计算机技术、图像处理技术与模式识别等技术的快速发展应运而生的。可以快捷、精准、卫生地进行身份认定；具有不可复制性，即使做了整容手术，该技术也能从几百项脸部特征中找出“原来的你”。人脸识别系统在世界上的应用已经相当广泛。在中国就已广泛地应用于公安、安全、海关、金融、军队、机场、边防口岸、安防等多个重要行业及领域，以及智能门禁、门锁、考勤、手机、数码相机、智能玩具等民用市场。“刷脸”支付系统是一款基于脸部识别系统的支付平台，它于 2013 年 7 月由芬兰创业公司 Uniqul 全球首次推出。该系统不需要钱包、信用卡或手机，支付时只需要面对 POS 机屏幕上的摄像头，系统会自动将消费者面部信息与个人账户相关联，整个交易过程十分便捷。

任务三　移动支付系统

5. 3. 1　移动支付基本要素

移动支付的本质是支付服务提供商通过合适的支付渠道为买家购买服

课堂笔记

务或商品而将资金从买家的账户划拨到卖家账户。移动支付和电子支付同样主要包括了4个要素：买家和卖家的资金账户、资金安全、支付接入渠道和支付应用。因此，开展移动支付服务，首先必须回答以下4个问题：要服务于什么类别的支付应用？可以使用哪些支付账户？可以向用户提供哪种支付渠道？如何保障支付安全？

5.3.1.1　支付账户

电子支付本质上就是资金在不同账户间的转移，资金从哪里来，到哪里去，是电子支付业务最关键的问题。因此，支付账户是开展支付业务的核心。一般可用的支付账户包括以下几类。

1. 银行账户

银行账户包括借记卡、信用卡、存折等账户，拥有庞大的资金，是支付业务最重要的资金来源，任何做支付业务的服务商都难以绕开银行账户。

2. 第三方支付账户

支付服务提供商为摆脱银行账户资金调度灵活性方面的制约，建立自己的电子货币账户体系（如支付宝等）。这类电子货币账户上的资金一般与人民币等值，具有全业务的支付能力，由于支付服务商可完全掌控自建的电子货币账户上的资金，有利于其提供灵活的支付业务模式；资金可通过银行转账到电子货币账户，有的电子货币账户甚至可以再转回银行，本质上已等类似银行账户。

3. 积分账户

运营商或各服务提供商（如航空公司、连锁超市等）为使用了其业务或购买其商品的用户赠送积分，拥有积分的用户也同时拥有运营商或服务提供商的某种权益，如可获取某些类型的商品、换取礼品、联盟商家购物时抵扣一定的金额等。因此，积分从某种意义上来讲也可当成一种外部支付账户。其特点是不能直接当现金使用，只能在特定的应用范围内使用，通常需要配合适当的营销策略。

4. 离线钱包账户

该账户不与后台账务系统实时交互，是直接记录在某种载体上（如集成RFID芯片的手机或其他移动终端）的电子货币。其特点是能充分利用

课堂笔记

庞大的移动终端的用户群，以及移动终端随身携带的特性，快速发展支付用户；支付过程中不需要与后台系统实时交互，适用于公交、商店、电影票、彩票等小额近距离支付业务。

5. 运营商的通信账户（如固话、手机、宽带上网账户等）

通信账户代收费是电信运营商特有的电子支付模式，可充分运用运营商庞大的用户群以已经建立的缴费渠道，为其他支付应用提供代收费服务，从中获取收益。

5.3.1.2　支付应用

服务于特定的支付应用以获取收益是开展移动支付业务的目标，移动支付业务提供的资金转移一定是为某项商业活动服务的。移动支付服务必须建立支付业务管理平台，实现与商户（卖家）系统的交互，协助商户完成交易，并提供对账、结算等服务。根据支付应用的不同，移动支付服务提供的形式和模式都不尽相同。按应用类型分类，移动支付业务可分为以下几类。

1. 互联网虚拟服务购买

为虚拟服务提供商的虚拟产品或服务（包括电信增值业务、互联网服务等）提供支付，不涉及实物交易。虚拟服务购买业务的支付商户一般是各类内容应用服务提供商（SP），典型的业务有虚拟点卡、影视下载、会员包月、软件许可购买等。

2. 公共事业充值缴费

向某个特定账户中转移一笔资金，用于清缴因为使用某种业务或服务已经发生的费用（缴费）；或预存一笔资金，为以后使用某种业务或服务付费（充值）。充值缴费类业务通常资金的用途明确，支付商户一般是服务面广泛、用户需要定期缴费的大型企业或事业单位。典型业务有电信业务充值缴费、公共事业缴费（水、电、煤气等）。

3. 线上和线下实物购买

为网上购物或者实体店购物，提供非现金的电子支付，将资金从买家的账户划拨到卖家的账户。

4. 离线钱包支付

主要用于公交、士多店一些小额快速的支付场合。

课堂笔记

5.3.1.3　支付渠道

支付渠道是指发送和接收支付指令的场所和方式，是开展移动支付业务的基础。支付渠道有以下几类。

1. 互联网支付渠道

使用互联网的方式操作支付账户，为特定的业务完成支付，多服务于互联网虚拟服务购买类业务，是目前支付渠道的主流。

2. 固定终端支付渠道

固定终端支付渠道（不包括归属银行业务的银行柜员机和传统 POS 机）是指用户使用固定的支付终端通过刷卡的方式认证支付账户，为特定的业务完成支付，多服务于账单已形成（如公共事业缴费），或向固定账户充值类的应用（如各类账户的充值服务），服务对象多为拥有大量用户基础的大行业或应用。

3. 移动终端支付渠道

用户使用手机终端，通过 WAP、短信等方式操作支付账户，为特定业务完成支付。

4. 声信支付渠道

用户拨打声信电话，通过按键操作和语音提示操作支付账户，为特定业务完成支付。

5. RFID 支付渠道

用户通过近距离射频技术（如 RFID），使用卡片等载体与特殊的机具交互，为特定的应用实现方便快捷的支付，如北京的公交一卡通、广州的羊城通卡等。RFID 渠道可以与移动终端支付渠道结合，如日本的 FeliCa 手机支付模式。

5.3.1.4　支付安全

移动支付涉及用户和商家资金的转移，保障资金安全是开展移动支付业务的首要前提，用户可知的常用的安全手段主要有：支付密码、数字证书、终端认证（如 USB-KEY、实体卡、手机终端）等。

课堂笔记

5.3.2 移动支付系统架构体系

移动支付从本质上讲就是买方为了获取卖方的某种商品或者服务，通过电子化的渠道，将买方的资金安全地转移给卖方的商业行为。移动支付系统的核心是账户间资金的安全转移，因此，移动支付系统架构应该围绕账户体系，结合移动支付的基本特点进行构建，如图 5-2 所示。

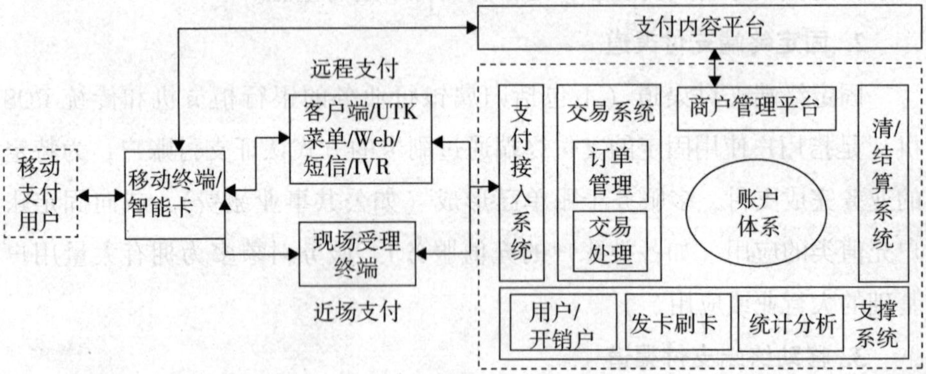

图 5-2 移动支付系统架构

移动支付系统架构以账户体系为核心，由移动终端/智能卡、远程支付的客户端/ UTK 菜单/短信、近场支付的现场受理终端、支付接入系统、交易系统、账户体系、清/结算系统、支付内容平台、商户管理平台、支付支撑系统等部分组成。

1. 移动终端/智能卡

特指移动支付用户持有的设备，主要包括手机、PDA、移动 PC、RFID 智能卡等设备，用户使用移动终端/智能卡完成支付业务。移动支付与其他支付方式的不同之处在于生成及获取支付信息的源头是移动终端。

2. 客户端/UTK 菜单/Web/短信/IVR

在远程支付中，用户通过手机上的支付客户端、智能卡上的 UTK 菜单、短信、IVR 等方式实现商品选购、订单支付等功能。

3. 现场受理终端

在近场支付模式下，用户在商户的经营场所（超市、商场等）内选定商品后，或者在乘坐公交、观看电影时，持带有 RFID 功能的移动终端/智能卡，通过现场受理终端进行刷卡，完成支付和认证功能。

课堂笔记

4. 移动支付接入系统

用户通过移动终端或者智能卡接入移动支付平台的统一入口，完成支付环节的处理。移动支付接入系统作为用户设备和平台的一道安全屏障，保障了移动支付平台和账户资金的安全。移动支付接入系统主要包括近场支付的 POSP 接入平台，远程支付的 Web 门户服务器、短信接入服务器、IVR 语音接入服务器。

5. 支付内容平台

这是在支付过程中提供内容或服务的系统，不局限于无线通信渠道。例如，用户通过 PC、互联网渠道也可以使用支付内容平台的服务。提供支付内容平台的机构可以是商城、B2C 商户、专营的第三方公司、校企服务公司、便民服务公司、公交公司等。

6. 商户管理门户

商户管理门户是支付内容提供商接入移动支付平台的统一入口，也是商户访问支付平台的统一门户，通过该门户，商户可以完成管理账户，查询交易订单，申请支付接入等功能。

7. 交易系统

它是完成支付交易流程的基本事务处理系统，通过接收支付接入系统的支付请求，完成订单处理和账户资金的流转等功能。

8. 清/结算系统

清/结算系统主要完成交易订单的对账和资金清/结算功能。其中，对账包括与商户应用系统的对账、与金融机构的对账等。结算管理模块根据指定的分成方案和结算规则对交易日志进行结算，产生相应的结算数据。结算数据包括与商户的结算数据、与银行的结算数据，根据这些结算数据运营商完成与各个部分之间的资金划拨。

9. 支撑系统

支撑系统主要包括用户的开/销户管理、RFID 智能卡制卡/发卡和业务统计等功能。

5. 3. 3 移动支付典型交易流程

1. 远程支付流程

在远程支付模式中，由于用户与商家非面对面接触，用户需要使用移

课堂笔记

动终端的客户端等接入方式在支付内容平台选购商品或服务，确认付款时，通过无线通信网络，与支付平台进行交互，由支付系统完成交易处理。其交易流程如图 5-3 所示。

远程支付交易流程说明如下。

(1) 用户通过移动终端的客户端在支付内容平台订购商品或服务。

(2) 支付内容平台向移动支付交易系统提交订单。

(3) 用户通过移动终端向移动交易系统发起支付请求。

(4) 移动支付交易系统接收用户支付请求，检查用户的订单信息，向账户系统发起扣款请求。

(5) 账户系统接收扣款请求，并对用户账户信息进行鉴权，鉴权通过后，完成转账付款，并发送扣款确认信息给支付交易系统。

(6) 支付交易系统将支付结果通知支付内容平台。

(7) 支付内容平台向支付交易系统返回支付结果确认的应答。

(8) 支付交易系统为支付客户端返回支付成功确认，完成交易流程。

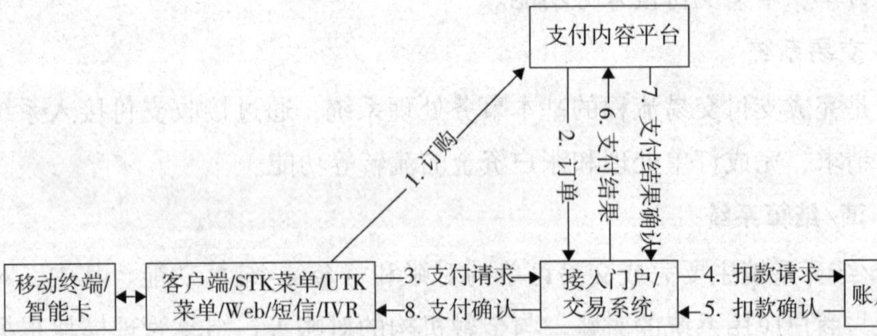

图 5-3　远程支付流程

2. 进场支付流程

1) 近场支付（联机消费）流程

近场支付（联机消费）是指用户使用移动终端/智能卡，通过现场受理终端接入移动支付平台，在本地或接入收单网络完成支付过程的支付方式。其主要的流程如图 5-4 所示。

近场支付（联机消费）流程说明如下。

(1) 用户在商户店内选择商品和服务。

(2) 用户到商户收银台结账。

(3) 商户在现场受理终端（POS）上输入消费金额，通过近场通信技

课堂笔记

术，向移动终端/智能卡发起账户信息读取请求。

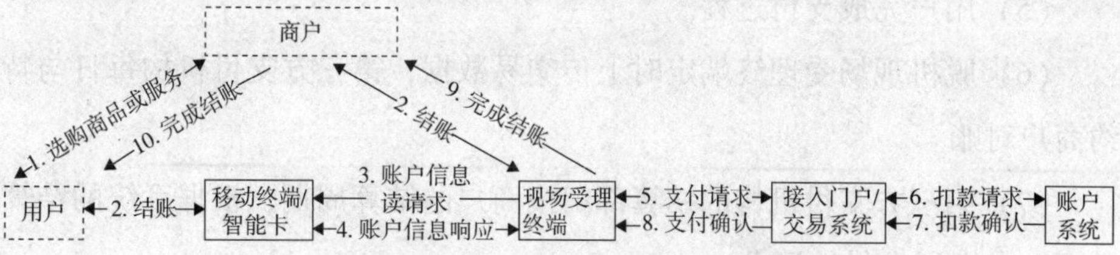

图 5-4 近场支付（联机消费）流程

（4）移动终端/智能卡将账户信息发送给现场受理终端。

（5）现场受理终端发送支付请求指令给交易系统。

（6）交易系统发送账户扣款请求给账户系统。

（7）账户系统收到扣款请求后，进行用户账号的鉴权，返回扣款确认信息。

（8）交易系统返回支付确认信息给受理终端。

（9）完成结账过程。

2）近场支付（脱机消费）流程

近场支付（脱机消费）是指用户使用移动终端/智能卡，直接通过现场脱机受理终端进行鉴权和支付。受理终端定期上传交易数据，第三方支付机构每日与特约商户对账。其主要的流程如图 5-5 所示。

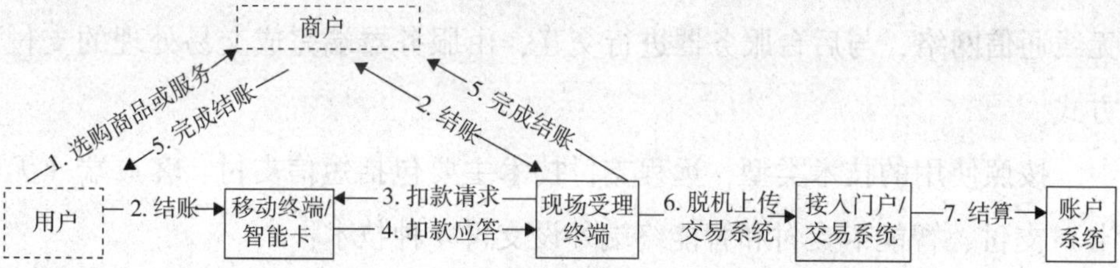

图 5-5 近场支付（脱机消费）流程

近场支付（脱机消费）流程说明如下。

（1）用户在商户店内选择商品和服务。

（2）用户到商户收银台结账。

（3）商户在现场脱机受理终端（POS）上输入消费金额，通过近场通信技术，向移动终端/智能卡发起账户扣款请求。

（4）移动终端/智能卡收到扣款请求，进行扣款的鉴权，通过后直接

课堂笔记

在其离线钱包中扣款，并返回扣款应答给受理终端。

（5）用户完成支付过程。

（6）脱机现场受理终端定时上传交易数据，第三方支付机构每日与特约商户对账。

（7）第三方支付机构的结算部门按商户的结算周期，根据系统的结算数据，向银行发付款请求。

任务四　移动支付技术应用

根据应用场景的不同，移动支付的技术实现方案也不尽相同。按照应用场景和业务类型，移动支付可分为远程支付和近场支付两大类。因此，技术方案也可分为远程支付技术方案和近场支付实现方案。

5.4.1　远程支付技术

5.4.1.1　远程支付技术概述

远程支付是指用户与商户不需要面对面交互，而是使用移动终端通过无线通信网络，与后台服务器进行交互，由服务器端完成交易处理的支付方式。

按照使用的技术类型，远程支付技术主要包括短信支付、客户端（无卡）支付、智能卡支付和智能终端外设支付4种技术：

（1）短信支付：是指用户通过编辑、发送短信完成的支付业务。

（2）客户端（无卡）支付：是指用户通过移动互联网浏览器或客户端，经互联网与支付平台交互完成支付的业务。

（3）智能卡支付：是指用户通过存储支付数据的智能卡进行安全认证的远程支付业务。本章中的智能卡是指集成了安全运算单元和安全存储的集成电路卡片，包括SIM/UIM卡、SD卡、手机内置SE等形态。

（4）移动终端外设支付：是指通过移动终端的外接设备完成刷卡支付的业务。

5.4.1.2　短信支付技术

课堂笔记

典型的短信支付业务有上海电信推出的手机缴费业务和肯尼亚电信运营商推出的 M-PESA 业务。在上海电信推出的手机缴费业务中，用户首先将自己的手机号码与一个支付账户（比如付费宝）绑定，并针对要缴费的业务申请开通手机缴费功能。每月该业务账单生成后，系统向用户发送账单信息（包括条码号、金额等）；用户可以编辑并发送短信到特定的支付服务接入号，发起手机缴费。具体流程如图 5-6 所示。

M-PESA 在肯尼亚当地的斯瓦希里语中，就是“移动货币”的意思，M-PESA 是肯尼亚电信运营商 Safaricom 推出的全球首个由移动运营商独立开发和运作、传统商业银行不参与运营的新型移动银行业务。M-PESA 是一种虚拟的电子货币，用户开通 M-PESA 业务后，只需要通过发送短信就可完成转账，并且汇款人和收款人都不要求拥有银行账户，收款人持收到的转账短信即可到 M-PESA 代理点兑换现金。

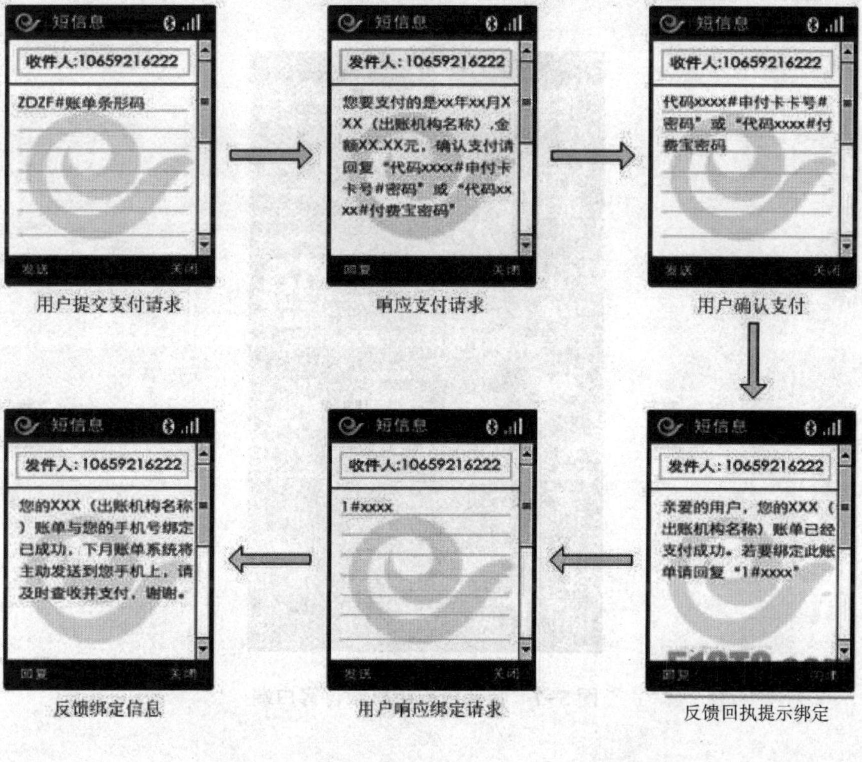

图 5-6　上海电信的手机缴费业务交易流程

课堂笔记

5.4.1.3 客户端支付技术

1. 客户端支付技术分类

客户端软件可分为浏览器和专用客户端两种，因此客户端支付也可分为浏览器支付和专用客户端支付两种技术形态。

（1）浏览器支付。指用户通过移动终端的浏览器链接移动互联网，与移动支付接入平台和支付内容平台进行交互完成支付的技术。浏览器支付无须安装客户端软件，可通过浏览器或双因子验证方式完成支付操作。

（2）专用客户端支付。指用户使用专用的移动终端客户端软件，链接移动互联网，与移动支付接入平台和支付内容平台进行交互完成支付的技术。专用客户端支付是专门针对某类支付业务设计的，功能强大，流程灵活，用户体验较好，并且可端到端加密。

2. 客户端支付技术应用

典型的客户端支付业务有客户端版手机银行业务，如招商银行推出的客户端版手机银行（如图 5-7 所示）。

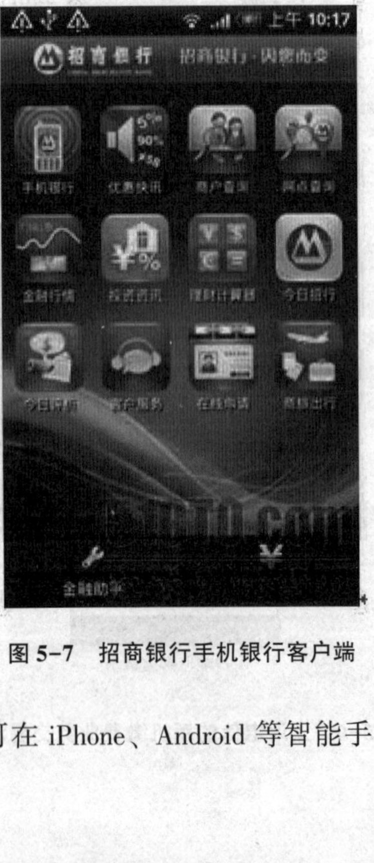

图 5-7　招商银行手机银行客户端

招商银行的用户可在 iPhone、Android 等智能手机或平板电脑中下载

课堂笔记

安装招商银行的手机银行客户端，使用银行卡或信用卡账户登录后，可办理银行账户查询、转账汇款、信用卡还款、充值缴费、申购/赎回基金及理财产品等多种金融应用，实现了" 移动互联时代，银行随身带"。

招商银行客户端版手机银行有如下功能：

（1）账户管理：实现招商银行一卡通、信用卡的账户余额查询、交易记录查询、密码管理、挂失、ATM/POS/网银额度管理等功能。

（2）卡内转账：实现用户招商银行注册账户之间的转账。注册账户包括一卡通、信用卡、存折账户；实现招行一卡通账户的定期活期互转。

（3）投资管理：实现基金查询、基金申购/赎回、理财专户管理、证券行情、受托理财购买/赎回、银证转账、实物黄金交易、延期黄金交易、黄金行情查询、资金库存持仓查询、委托/成交查询、黄金专户开户、黄金专户转账、客户信息修改、专户密码修改/重置、交易账号变更等。

（4）转账汇款：实现各类转账汇款业务，包括转同城招行，转异地招行，转同城他行，转异地他行，手机号转账、收款方信息管理、转账支付功能申请、交易查询等。

（5）一卡通/信用卡自助缴费：实现缴手机费、电话费等缴费功能。

（6）外汇管理：实现外汇购汇、外汇结汇功能。

（7）信用卡管理：实现信用卡额度管理、交易明细查询、还款设置、积分管理等功能。

5.4.1.4 智能卡支付技术

使用智能卡远程支付的典型业务有银联 UP Cards 业务和银联 SD 卡远程支付业务等。CUPMobile 是中国银联 2005 年推出的移动支付应用平台，CUPMobile 包括 UP Cash、UP Cards、UP Voucher 等移动支付业务，如图 5-8所示。

UP Cards 是银联标准卡的缩写，支持目前的银联标准卡（磁条）应用和 PBOC 2.0 借/贷记应用。持卡人持有的银联标准卡应用时，通过一定机制安全地存储在手机中嵌入的智能卡内，实现了和传统银行卡一样的使用接口，提高了支付的便利性和安全性。持卡人可以同时将多张银行卡的信息存储在手机上，在实际支付时可以方便地选择手机内存储的任何一张银行卡账户进行支付。

课堂笔记

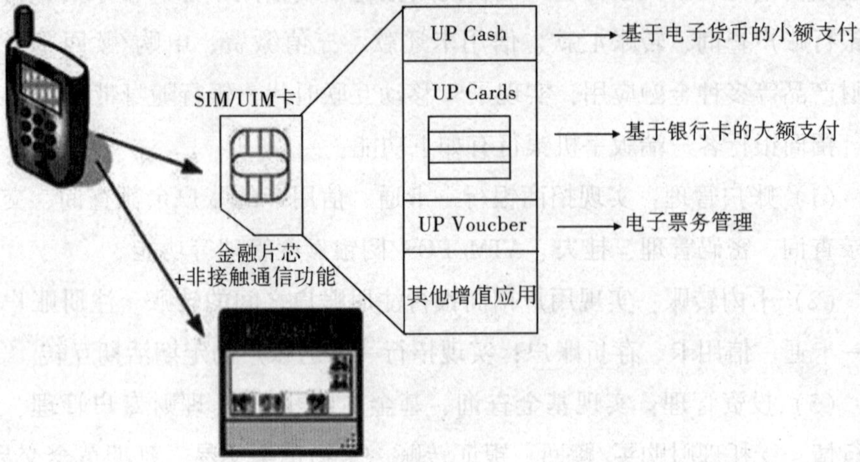

图 5-8　CUPMobile 中卡片承载的业务

使用智能卡进行远程支付时，用户先选择要支付的业务，后台系统生成订单后，发送数据短信给手机智能卡，激活其中的 STK/UTK 支付菜单，用户在菜单中输入密码后，手机智能卡通过加密的数据短信发送银行卡磁条信息和支付密码到移动支付后台系统，后台系统验证通过后完成支付。

5.4.1.5　移动终端外设支付技术

典型的移动终端外设支付业务有国外的 Square 支付产品（实物如图 5-9所示）。Square 公司的支付产品是一个带音频接口的外接读卡器，插入移动终端的音频接口后，用户可在读卡器上刷银行卡，读卡器将刷卡信息转换成音频信号，由安装在 iPhone 或 Android 移动终端上的 Square 客户端软件将音频再转换成数字信息，然后将支付应用和刷卡付款信息用加密的方式传输到服务器端，服务器端再返回刷卡是否成功的信息，完成刷卡支付。通过这种方式，将用户的移动终端变成一个刷卡 POS 终端，使得用户无须开通网银即可享受丰富的在线支付服务。

Square 产品的主要应用场合是商户收款。商户需要收款时，在手机支付界面中输入金额等订单信息和持卡人的手机号码，生成支付订单；用户（持卡人）确定订单信息，通过 Square 刷卡，并输入密码、银行卡卡号及密码信息，通过网络送到后台进行验证；验证成功后，后台系统向用户发送成功短信，完成支付。

课堂笔记

图 5-9　Square 产品实物图

5. 4. 2　近场支付技术

近场支付，是指用户必须与商户面对面交互，移动终端通过非接触式受理终端在本地或接入收单网络完成支付过程的支付方式。近场支付的技术基础是 RFID 技术。

1. RFID 技术

RFID（Radio Frequency Identification）即无线射频识别，俗称电子标签。通过射频信号自动识别目标对象并获取相关数据，无须人工干预，操作快捷方便，并具有可识别高速运动物体，可同时识别多个标签的特点。RFID 可工作于各种恶劣环境。RFID 是一种简单的无线系统，由一个读卡器（Reader）和电子标签（Tag）两个基本器件组成。读卡器是用于读取（有时还可以写入）标签信息的设备，可设计为手持式或固定式。标签由耦合元件及芯片组成，每个标签具有唯一的电子编码，附着在物体上标识目标对象。读卡器和标签直接通过天线（Antenna）传递射频信号。

目前，RFID 产品按其工作频率分有低频、高频、超高频、有源 RFID，不同频率范围的 RFID 产品符合不同的标准，拥有不同的特性。低频 RFID 工作频率从 125kHz 到 135kHz，除金属材料外，该频率范围产品穿透性能好，读取距离长，但数据传输速率慢，且价格较贵。低频 RFID 产品主要应用于汽车防盗和无钥匙开门、自动停车场收费、车辆管理、自动加油、酒店门锁、畜牧业管理等领域。

课堂笔记

高频 RFID 工作频率为 13.56MHz。除了金属材料外，该频率的波长可以穿过大多数的材料，但是往往会降低读取距离，适合近距离的安全交易。其数据传输速率比低频快，随着 13.56MHz RFID 产品的广泛应用，产品价格日益低廉。高频 RFID 产品主要应用于物流管理、门禁管理等领域。超高频 RFID 工作频率为 840MHz~925MHz 之间。该频段读取距离比较远，无源可达 10m 左右。超高频 RFID 产品主要应用于生产线自动化管理、航空/铁路包裹管理、集装箱管理等领域。

现阶段，超高频 RFID 的应用尚不普及，目前也还没有超高频 RFID 产品与手机结合的技术方案。但随着超高频 RFID 产品的价格不断降低，其工作距离远、应用范围广的技术特点日益被重视。在我国物联网的发展规划中，超高频的 RFID 标签被列为重点支持和发展的技术之一。未来在智能工业、智能农业、智能物流、智能交通、智能电网、智能环保、智能安防、智能医疗、智能家居等领域可能得到更多的应用。

有源 RFID 工作频率为 2.45GHz 或 5.8GHz。有源 RFID 具备低发射功率、通信距离长、传输数据量大、可靠性高和兼容性好等特点，与无源 RFID 相比，在技术上的优势非常明显，被广泛地应用到公路收费、港口货运管理等场景中。

2. 双界面卡（扩展）技术

1）概述

（1）双界面 SIM/UIM 卡是一种多功能的智能卡，具有 SIM/UIM 接触界面和 RFID 非接触界面两个工作界面。其接触界面可实现通信业务功能；非接触界面实现基于 13.56MHz 射频的非通信应用，如电子钱包、银行电子现金/借贷记应用、公交行业应用、校企一卡通等。通过接触界面和非接触界面都可以执行相同的操作。两个界面分别遵循两个不同的标准，接触界面符合 ISO/IEC7816，非接触界面符合 ISO/IEC14443。

（2）双界面 SIM/UIM 卡方案目前不支持读卡器、点对点等主动模式，应用范围受到一定限制。根据天线由智能卡自带还是集成在手机终端，又分为双界面卡定制终端方案和双界面天线卡方案。

（3）由于不需要终端支持，双界面天线卡产品实施简单、成本低，而且由于采用行业普遍应用的 13.56MHz 工作频率，可方便地应用于公交、金融等众多领域。因此，双界天线卡可迅速规模商用。截至 2011 年底，双界面天线卡在国内的发卡量已突破 800 万片，是应用最广泛的近场支付技术方案。但双界面天线卡有较大的 RFID 线圈，使得用户安装与使用不方便，较容易损坏，刷卡稳定性和适配性稍差，使用感知较差。同时，也占用了 C4. C8 触点，和国际标准应用中的大容量卡应用冲突。

课堂笔记

2）双界面卡（扩展）技术应用

（1）手机电子现金/借贷记应用：将金融机构的电子现金或借贷记账户加载到手机终端 SIM/UIM 卡上，刷卡进行小额消费。例如，中国联通和工商银行的牡丹沃银，中国电信与中国银行合作的天翼长城卡产品。

（2）手机公交一卡通：通信运营商与省市当地公交公司合作发行，将公交一卡通账户加载到手机终端 SIM/UIM 卡上，用户可用来乘坐公交、地铁等。例如，中国电信基于双界面卡的金陵翼卡通、天翼羊城通等产品。

（3）手机校企一卡通：面向校园和企事业单位基于手机终端提供门禁、考勤等后勤管理服务、内部消费服务等信息化应用综合服务产品。中国电信、中国移动、中国联通在一些省市已开展校企一卡通应用。

3. NFC 技术

NFC 是 Near Field Communication 的缩写，是一种短距离的高频无线通信技术，采用 13.56MHz 作为近距离通信频率标准，兼容 ISO14443. ISO15693. FeliCa 等射频标准。NFC 可以认为是工作于 13.56MHz 高频的 RFID 技术。NFC 采取了独特的信号衰减技术，其典型操作距离通常只有几厘米，运行距离在 20cm 内，数据传输速度可以选择 106kbit/s、212kbit/s 或 424kbit/s，将来可提高至 1Mbit/s 左右。因此，NFC 具有距离近、安全性高、速率快、能耗低等特点。2004 年，恩智浦（NXP）、索尼等国际厂商发起成立 NFC 论坛（NFC Forum），论坛的宗旨是通过开发基于标准的规范，确保各个设备和各项服务之间的互操作性，鼓励使用 NFC 论坛的规范来开发产品，并向全球市场讲解和推动 NFC 技术的使用。NFC 技术目前已经成为正式标准，得到越来越多主要厂商的支持，在门禁、公交、手机支付等领域内发挥着巨大的作用。

NFC 终端根据应用场景的不同可以采用 3 种不同的工作模式：卡模拟模式、读卡器模式、点对点模式。在卡模拟模式和读卡器模式下，终端与其他设备通信时采用被动通信模式。在点对点模式下，NFC 终端与其他设备通信可以采用被动通信模式，也可以采用主动通信模式。

课堂笔记

“卡模拟模式”中读卡器是主动设备，产生射频场；NFC 终端为被动设备，模拟一张符合 NFC 标准的非接触式卡片与读卡器进行交互。

“读卡器模式”中 NFC 终端是主动设备，产生射频场；而外部的非接触卡作为被动设备。NFC 终端具有符合 ISO 14443. ISO15693 或 FeliCa 标准的非接触式 IC 卡阅读器功能，可以读取采用相同标准的外部非接触式 IC 卡。

“点对点模式”中工作的双方都分别可作为主动设备或被动设备，进行点对点的数据传输。在点对点模式下，NFC 终端应符合 ISO 18092 中的相关规定。

NFC 的实现方案中，一般非接前端、天线都集成在手机终端中，而安全模块可根据情况存放在不同的位置。根据安全模块存放的位置不同，NFC 可分为不同的实现方案。将安全模块集成到手机终端上的 NFC 方案称为 NFC 全终端方案；将安全模块集成在 SIM/UIM 卡中的方案称为 eNFC 方案；安全模块存放在加载了安全芯片的 MicroSD 卡中的方案称为 NFC-SD 方案。

谷歌钱包就是基于 NFC 全终端方案的一个典型业务。谷歌于 2011 年 9 月 20 日正式发布了基于 NFC 的移动支付服务“谷歌钱包”（Google Wallet）。谷歌钱包是利用 NFC 技术实现的移动支付业务，用户在手机中输入卡号、过期日期、持卡人姓名等银行卡账号信息，将手机和银行卡（包括信用卡、借记卡等）账号进行绑定，绑定后，用户就可以在支持谷歌钱包支付的商店用手机像刷公交卡一样进行支付了。目前，谷歌钱包可绑定花旗银行 MasterCard 信用卡，可绑定多家银行的借记卡，并支持 MasterCard 的 PayPass 业务和谷歌预付卡业务。

任务五　移动支付安全与风险防范

5.5.1　移动支付安全

1. 病毒感染

大量手机支付类病毒猖獗爆发，包括伪装淘宝客户端窃取用户账号密

课堂笔记

码隐私的“伪淘宝”病毒、盗取20多家手机银行账号隐私的“银行窃贼”及感染首家建设银行APP的“洛克蛔虫”等系列高危风险的手机支付病毒。而移动支付类软件主要典型病毒，又分为电商类APP典型病毒、第三方支付类APP典型病毒、理财类APP典型病毒、团购类APP典型病毒及银行类APP典型病毒。据腾讯移动安全实验室统计显示，2014年，“盗信僵尸”等转发用户手机验证码的新兴手机支付类病毒给手机用户支付安全造成严重威胁。

2. 手机漏洞

2014年，手机支付安全的状况越加不容乐观。而Android系统漏洞却加剧了这一现状。2014年2月18日，国内漏洞报告平台乌云发布紧急预警称，淘宝和支付宝认证被爆存在安全缺陷，黑客可以简单利用该漏洞登陆他人淘宝/支付宝账号进行操作，不清楚是否影响余额宝等业务。对移动支付安全造成较大威胁的相关Android手机漏洞主要有3个，MasterKey漏洞、Android挂马漏洞及短信欺诈漏洞。

3. 诈骗电话及短信

诈骗短信、骚扰电话也造成了一定的手机支付风险。腾讯移动安全实验室监控到，诈骗分子除了通过诈骗骚扰电话诱导手机用户进行银行转账之外，主要还是通过发送带钓鱼网址或恶意木马程序下载链接的诈骗短信，这些恶意钓鱼网址往往会诱导用户登录恶意诈骗网址等，引导用户进行购物支付，中奖钓鱼类诈骗已呈现多发趋势。其中重点案例有3类，网银升级、U盾失效类诈骗，社保诈骗及热门节目中奖诈骗。

5.5.2　风险防范措施

移动安全技术在移动商务活动中保护着商家和客户的重要信息，维护着商务系统的信誉和财产，所以需要提升移动商务的安全技术防范能力，才能充分提高移动商务的可用性和可推广性。可以采取的方法是吸收传统电子商务的安全防范措施，并根据移动电子商务的特点，开发轻便高效的风险防范措施。

1. 端到端的安全

端到端的安全是要求保护移动电子商务中每个链接端口，确保数据从

课堂笔记

传输点到最后目的地之间所有端口的安全性，包括传输过程中的每个阶段。移动电子商务带来了许多的设备，它们运行不同的操作系统且采用不同标准，因此安全性已经成为更加复杂的问题。这就需要制定相应的规范，规定各终端安全标准：移动终端安全性要求和固定终端安全要求。

2. 采用无线公共密钥技术（WPKI）

WPKI 即“无线公开密钥体系”，它是将互联网电子商务中 PKI 安全机制引入到无线网络环境中的一套遵循既定标准的密钥及证书管理平台体系，用它来管理在移动网络环境中使用的公开密钥和数字证书，有效建立安全和值得信赖的无线网络环境。加密密钥与解密密钥各不相同，发送信息的人利用接收者的公钥发送加密信息，接收者再利用自己专有的私钥进行解密。这种方式既保证了信息的机密性，又能保证信息具有不可抵赖性。

3. 加强身份认证和移动设备识别管理

在移动商务的交易过程中加强移动电子商务用户的身份认证管理和用户的移动设备识别，使得移动设备与用户身份一一对应，保证每个用户的访问与授权的准确，和使用移动设备的唯一性。交易过程采用实名身份认证并设置交易移动设备，可以增强移动商务交易的安全性，保证交易双方的利益不受到侵害。在管理过程中要注意设置移动设备使用密码，防止在移动设备丢失时产生的不必要的损失。

4. 使用病毒的防护技术

开发和使用移动设备病毒防护软件，并经常更新及查看最新的移动设备病毒信息，定期清理移动设备中的病毒，可以防止处于潜伏期的病毒突然爆发，使移动设备终处于良好工作状态。

5. 规范移动电子商务行业管理

为了保证移动商务的正常、安全运作，需要建立移动商务的行业安全规范，明确在移动电子商务交易过程中的各主体责任，提升移动商务主体的安全意识，营造移动商务行业的整体诚信意识、风险营销意识和安全交易意识。把技术性安全措施、运营管理安全措施和交易中的安全警示进行整合，以形成一个整合的、安全的移动商务运营和防御策略，确保使用者免受安全威胁。通过移动商务安全规范的建设，建立整个交易过程的良性互动机制，促进移动商务的健康发展。

6. 完善移动电子商务相关法律

课堂笔记

移动电子商务较之传统电子商务模式更需要政策来规范其发展。国家应逐步建立移动电子商务相关法律和制度，明确行业的发展策略和政策导向，保障移动电子商务的公平竞争环境。有法律来保障交易的双方，才能使得用户改变固有的交易方式，使用更加方便快捷的移动电子商务。使用法律手段，是现阶段有效解决移动电子商务安全问题是所必需的。有法可依，有法必依才能使得企业能正常开展对电子商务安全体系的研究工作，才能保障移动电子商务的安全体系成型。

概念索引

移动支付　移动支付系统

闯关考验

1. 简述移动支付的含义，描述一下移动支付的流程。
2. 移动支付如何分类？
3. 移动支付有哪些要素？
4. 简述移动支付系统的架构。
5. 远程支付技术有哪些，举例说明？（至少举 3 例）
6. 近场支付技术有哪些？有哪些新技术出现？

课外修炼

通过网络分析 2015 年手机支付消费状况。

课堂笔记

项目六 网上支付与结算安全

案例导入

据国外媒体报道，2009 年 12 月 24 日下午，由于 DNS（域名解析系统）提供商 Neustar 遭到 DDoS（分布式拒绝服务攻击），导致亚马逊、沃尔玛和 Expedia 等大批电子商务网站周三下午无法访问。

Neustar 证实，本次攻击发生于周三下午，持续时间约为 1 小时。该公司一名发言人称，本次攻击的直接目标是 Neustar 位于加州圣荷塞帕洛阿尔托的机房。Neustar 副总裁艾伦·古德伯格（AllenGoldberg）则证实，攻击约开始于美国太平洋时间周三下午 4 点 45 分。

古德伯格表示，系统当时收到了异常多的请求，通过分析，将其定性为攻击。Neustar 随后迅速部署策略，并在 1 小时内将事态控制住，从而将问题限制在北加州地区。

与此同时，使用亚马逊网络托管服务的企业也受到了本次攻击的影响。亚马逊网络服务主管杰夫·巴尔（Jeff Barr）表示，亚马逊的 S3 和 EC2 云计算服务均受到了本次攻击的影响。

由于 Neustar 通过 UltraDNS 品牌提供服务，因此“UltraDNS”周三晚间曾一度成为谷歌上搜索量最大的关键词。

用户通常都是通过输入网址的方式访问网站，而要实现这种方式，网站就需要通过 DNS 提供商将字母组成的网址解析成 IP 地址。一旦 DNS 提供商收到过多恶意请求，系统就会过载，从而导致访问不畅。

亚马逊与其他几家大型网站于美国太平洋时间周三下午 5：40 左右恢复正常，但一些小的网站一直到下午 6：00 仍然无法正常访问。亚马逊于 6：40 表示，DNS 服务已经恢复正常。

课堂笔记

与此同时，使用亚马逊网络托管服务的企业也受到了本次攻击的影响。亚马逊网络服务主管杰夫·巴尔（Jeff Barr）表示，亚马逊的S3和EC2云计算服务均受到了本次攻击的影响。

由于Neustar通过UltraDNS品牌提供服务，因此“UltraDNS”周三晚间曾一度成为谷歌上搜索量最大的关键词。

用户通常都是通过输入网址的方式访问网站，而要实现这种方式，网站就需要通过DNS提供商将字母组成的网址解析成IP地址。一旦DNS提供商收到过多恶意请求，系统就会过载，从而导致访问不畅。

亚马逊与其他几家大型网站于美国太平洋时间周三下午5：40左右恢复正常，但一些小的网站一直到下午6：00仍然无法正常访问。亚马逊于6：40表示，DNS服务已经恢复正常。

UltraDNS今年早些时候也曾遭遇过类似的攻击，并导致亚马逊和Salesforce等网站无法访问。古德伯格称，周三的攻击比上次攻击规模小得多，但他拒绝透露受此影响的用户名单。Neustar目前尚未确定攻击来源。

但美国互联网数据监测机构Packet Clearing House研究主管比尔·伍德考克（Bill Woodcock）认为，此次攻击的影响范围恐怕不止于Ultra DNS一家服务提供商。他表示，虽然目前无法判断本次攻击所带来的损失，但是在攻击发生的同时，一些欧洲的大型交换机也出现了路由问题，并导致大型互联网服务提供商的路由器遭遇数据拥堵，数据包处理能力下降。

（资料来源：http：//www.chinaeclaw.com/show.php？contentid=14281）

任务一　网上支付安全概述

电子商务是一个社会与技术相结合的综合性系统，其安全性是一个多层次、多方位的系统概念：从广义上讲，它不仅与计算机系统结构有关，还与电子商务应用的环境、人员素质和社会因素有关；从狭义上讲，它是指电子商务信息的安全，主要包括两方面，即信息的储存安全和信息的传输安全。

课堂笔记

6.1.1 网上电子支付的安全要素

1. 网络安全

对于电子商务来说，网络安全是其中的基础环节。因此，为了使电子商务能够顺利地进行下去，首先电子商务平台要求安全、可靠，所提供的服务不能有中断。

2. 物理安全

电子商务在运行时，首先要根据国家的相关标准、实际资金状况及信息安全等，制定出科学的物理安全的相关要求，然后通过相关建设，使其达到标准；同时，对于通信电路、系统资源及物理介质等要采取一定的保护措施，使其处于物理 E 安全的位置。

3. 商务安全

这里指的是在网络媒介中，商务交易所出现的一些安全问题，包括进一步防止商务信息的泄露、伪造及篡改等，或者防止商务的交易行为出现变动，被加以抵赖。也就是说，要使电子商务的完整性、保密性及真实性得到实现。

4. 系统安全

对系统安全漏洞方面的问题早日解决，通过安全加固，进一步采用安全技术装备进行保护，使系统的安全防护能力得到加强。

6.1.2 网上支付存在的安全问题与要求

网上支付存在的安全问题有如下几个。

1. 网络协议安全性问题

由于 TCP/IP 本身的开放性，企业和用户在电子商务交易过程中的数据是以数据包的形式来传送的，恶意攻击者很容易对某个电子商务网站展开数据包拦截，甚至对数据包进行修改和假冒。

2. 用户信息安全性问题

目前最主要的电子商务形式是基于 B/S 结构的电子商务网站，用户使用浏览器登陆网站进行交易。由于用户在登录时使用的可能是公共计算机，那么如果这些计算机中中有恶意木马程序或病毒，这些用户的登录信

课堂笔记

息如用户名、口令就可能会有丢失的危险。

3. 电子商务的安全性问题

有些企业建立的电子商务网站本身在设计制作时就会有一些安全隐患，服务器操作系统本身也会有漏洞，不法攻击者如果进去电子商务网站，大量用户信息及信息交易信息将被窃取。

要想保证在网上进行交易的安全性，首先要确保网上交易的载体——计算机网络的安全及用户机终端的安全。有了计算机网络才有了电子商务交易，如果计算机网络不安全，可想而知我们在网上的交易肯定不安全。计算机网络安全的内容包括：计算机网络设备的安全、网络系统安全、数据库安全等。同时用户机终端的安全也会影响网上交易的顺利进行，如客户机上操作系统的漏洞、被植入木马、用户的不良使用习惯等。

上述 3 种安全问题不仅仅只存在于电子商务交易中，即使用户不使用计算机网络进行交易，而是进行普通的上网活动，也会受到这两种安全问题的威胁。由于非交易型的上网活动没有与金钱直接挂钩，用户如果碰到了这两种安全问题，受到的损失相对来说会小一些。

网上支付的安全除了上述两种安全问题外，还包括将传统的买卖交易搬到网上以后失去的一些在传统交易中不用考虑的安全性，包括以下几个方面。

（1）身份真实性。也称商务对象的认证性。传统的商务交易因为双方可以在见面后通过观察而不用担心身份的真实性，但网上交易的双方相隔甚远，互不了解，支付方不知道商家到底是谁，商家不能清晰确定银行卡等网络支付工具是否真实，以及由谁来支付和资金如何入账等。这就让一些不法商家或个人利用网络贸易的非面对面的特点进行欺诈活动有了可趁之机，所以需要为参与交易的各方提供可靠标识，使他们能正确识别对方并能互相证明身份。

（2）信息的完整性。网上交易简化了贸易过程，减少了人为的干预，同时也带来维护贸易各方商业信息的完整、统一的问题。数据输入时的意外差错或欺诈行为，可能会导致交易各方信息的差异。另外，数据传输过程中信息的丢失、信息重复或信息传送的次序差异也会导致交易各方信息的不同。假如有不法分子对支付的数据（如支付金额）进行修改而发生多支付或少支付的问题，那么势必给交易双方添加不少麻烦。

课堂笔记

（3）不可否认性，也称不可抵赖性。在传统的商务交易中，双方可通过书面文件上的手写签名或印章来预防抵赖行为的发生，但在网上则是不可能的。因此就有可能出现这样的情况，当交易一方发现交易行为对自己不利时，可能会否认电子交易行为，这必然会损害另一方的利益。

（4）数据保密性。有关交易的各种信息，如付款人和收款人的标识、交易的内容和数量等，这些信息只能让交易的参与者知道，有时甚至要求只让参与方的部分人知道。因此，网上支付就涉及数据保密性的问题了。

6.1.3 网上支付的安全管理框架

由于网上支付安全至关重要，就必须对网上支付的安全进行管理，构建网上支付的安全管理框架至关重要。

1. 技术策略

安装使用网络安全检测设备及相关软件。借助一些专用的网络安全监控设备和软件，加强对各种不法行为的监控。

（1）加强网络访问控制。访问控制是网络防范和保护的主要策略。

（2）采用防火墙技术。防火墙用来检查内部网和外部网间的信息往来，它可以鉴别网络服务请求是否合法，以便采取响应或拒绝的措施。

（3 数据加密。数据加密是采用一定的加密技术，以防在传输过程中数据一旦被截获造成信息的泄漏，其核心是加密方式及秘钥的分配和管理。

（4）引入鉴别机制。鉴别是查明另一个实体身份和特权的过程，以确定其合法性，并做出响应。

2. 管理策略

加强电子商务网络系统的日常管理和维护。

（1）建立严格的保密制度。

（2）加强对管理人员的监督和培训，落实工作责任制。

（3）建立跟踪、审计和稽核制度。

（4）完善病毒防范制度。

（5）建立健全相关法律法规。

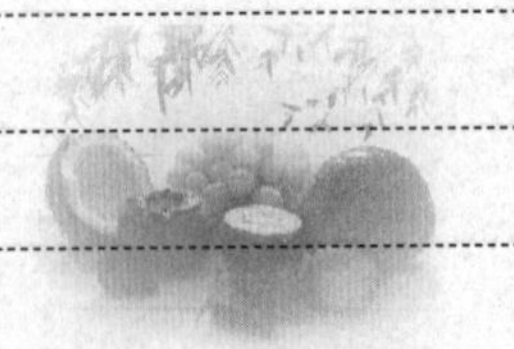

课堂笔记

任务二　信息安全技术

信息安全主要包括以下 5 方面的内容，即需保证信息的保密性、真实性、完整性、未授权拷贝和所寄生系统的安全性。信息安全本身包括的范围很大，其中包括如何防范商业企业机密泄露、防范青少年对不良信息的浏览、个人信息的泄露等。网络环境下的信息安全体系是保证信息安全的关键，包括计算机安全操作系统、各种安全协议、安全机制（数字签名、消息认证、数据加密等），直至安全系统，如 UniNAC、DLP 等，只要存在安全漏洞便可以威胁全局安全。信息安全是指信息系统（包括硬件、软件、数据、人、物理环境及其基础设施）受到保护，不受偶然的或者恶意的原因而遭到破坏、更改、泄露，系统连续可靠正常地运行，信息服务不中断，最终实现业务连续性。

为了解决这一难题，必须注重信息安全技术。先进的信息安全技术是网络安全的根本保证。用户对自身面临的威胁进行风险评估，决定其所需要的安全服务种类，选择相应的安全机制，然后集成先进的安全技术，形成一个全方位的安全系统。

6.2.1　信息加密技术

信息加密技术是指利用数学或物理手段，对电子信息在传输过程中和存储体内进行保护，以防止泄漏的技术。

1. 简介

保密通信、计算机密钥、防复制软盘等都属于信息加密技术。通信过程中的加密主要是采用密码，在数字通信中可利用计算机采用加密法，改变负载信息的数码结构。计算机信息保护则以软件加密为主。目前，世界上最流行的几种加密体制和加密算法有：RSA 算法和 CCEP 算法等。为防止破密，加密软件还常采用硬件加密和加密软盘。一些软件商品常带有一种小的硬卡，这就是硬件加密措施。在软盘上用激光穿孔，使软件的存储区有不为人所知的局部存坏，就可以防止非法复制。这样的加密软盘可以为不掌握加密技术的人员使用，以保护软件。由于计算机软件的非法复

课堂笔记

制，解密及盗版问题日益严重，甚至引发国际争端。因此，对信息加密技术和加密手段的研究与开发，受到各国计算机界的重视，发展日新月异。

2. 加密技术应用

在常规的邮政系统中，寄信人用信封隐藏其内容，这就是最基本的保密技术，而在电子商务中，有形的信封就不再成为其代表性的选择。为了实现电子信息的保密性，就必须实现该信息对除特定收信人以外的任何人都是不可读取的。而为了保证共享设计规范的贸易伙伴的信息安全性就必须采取一定的手段来隐藏信息，而隐藏信息的最有效手段便是加密。保密通信，计算机密钥，防复制软盘等都属于信息加密技术。通信过程中的加密主要是采用密码，在数字通信中可利用计算机采用加密法，改变负载信息的数码结构。计算机信息保护则以软件加密为主。

6.2.2 信息认证技术

信息认证（messageauthentication）是指验证消息的完整性。当接收方收到发送方的报文时，接收方能够验证收到的报文是真实的和未被篡改的。它包含两层含义：一是验证信息的发送者是真正的而不是冒充的，即数据起源认证；二是验证信息在传送过程中未被篡改、重放或延迟等。

1. 消息认证

（1）消息内容认证。消息内容认证常用的方法：消息发送者在消息中加入一个鉴别码（MAC、MDC 等）并经加密后发送给接受者（有时只需加密鉴别码即可）。接受者利用约定的算法对解密后的消息进行鉴别运算，将得到的鉴别码与收到的鉴别码进行比较，若两者相等，则接收，否则拒绝接收。

相对于密码系统，认证系统更强调的是完整性。消息由发送者发出后，经由密钥控制或无密钥控制的认证编码器变换，加入认证码，将消息连同认证码一起在公开的无扰信道进行传输，有密钥控制时还需要将密钥通过一个安全信道传输至接收方。接收方在收到所有数据后，经由密钥控制或无密钥控制的认证译码器进行认证，判定消息是否完整。消息在整个过程中以明文形式或某种变形方式进行传输，但并不一定要求加密，也不一定要求内容对第三方保密。攻击者能够截获和分析信道中传送的消息内

课堂笔记

容，而且可能伪造消息送给接收者进行欺诈。攻击者不再像保密系统中的密码分析者那样始终处于消极被动地位，而是主动攻击者。

（2）源和宿的认证。在消息认证中，消息源和宿的常用认证方法有两种。一种是通信双方事先约定发送消息的数据加密密匙，接收者只需要证实发送来的消息是否能用该密匙还原成明文就能鉴别发送者。如果双方使用同一个数据加密密匙，那么只需在消息中嵌入发送者识别符即可。另一种是通信双方实现约定各自发送消息所使用的通行字，发送消息中含有此通行字并进行加密，接收者只需判别消息中解密的通行字是否等于约定的通行字就能鉴别发送者。为了安全起见，通行字应该是可变的。

（3）消息序号和操作时间的认证。消息的序号和时间性的认证主要是阻止消息的重放攻击。常用的方法有消息的流水作业、链接认证符随机树认证和时间戳等。

2. 消息认证中常见的攻击和对策

（1）重放攻击：截获以前协议执行时传输的信息，然后在某个时候再次使用。对付这种攻击的一种措施是在认证消息中包含一个非重复值，如序列号、时戳、随机数或嵌入目标身份的标志符等。

（2）冒充攻击：攻击者冒充合法用户发布虚假消息。为避免这种攻击可采用身份认证技术。

（3）重组攻击：把以前协议执行时一次或多次传输的信息重新组合进行攻击。为了避免这类攻击，把协议运行中的所有消息都链接在一起。

（4）篡改攻击：修改、删除、添加或替换真实的消息。为避免这种攻击可采用消息认证码 MAC 或 hash 函数等技术。

3. 分类

边界安全（防火墙-网络安全隔离卡与线路选择器-安全隔离与信息交换产品）；通信安全（安全路由器）；身份鉴别与访问控制（智能卡 COS）；数据安全（数据备份与恢复产品）；基础平台（安全操作系统-安全数据库系统）；内容安全（反垃圾邮件产品）；评估审计与监控（入侵检测系统 IDS-网络脆弱性扫描产品-安全审计产品）；应用安全（网站恢复产品）。

课堂笔记

6.2.3 通信加密技术

通信加密技术分为两种，即 SSL 和 VPN。

（1）SSL 的英文全称是“SecureSocketsLayer”，中文名为“安全套接层协议层”，它是网景（Netscape）公司提出的基于 WEB 应用的安全协议，当前版本为 3.0。SSL 协议指定了一种在应用程序协议（如 HTTP、Telenet、NMTP 和 FTP 等）和 TCP/IP 协议之间提供数据安全性分层的机制，它为 TCP/IP 连接提供数据加密、服务器认证、消息完整性及可选的客户机认证。它已被广泛地用于 Web 浏览器与服务器之间的身份认证和加密数据传输。SSL 协议位于 TCP/IP 协议与各种应用层协议之间，为数据通信提供安全支持。SSL 协议可分为两层：SSL 记录协议（SSLRecordProtocol）：它建立在可靠的传输协议（如 TCP）之上，为高层协议提供数据封装、压缩、加密等基本功能的支持。SSL 握手协议（SSLHandshake Protocol）：它建立在 SSL 记录协议之上，用于在实际的数据传输开始前，通讯双方进行身份认证、协商加密算法、交换加密密钥等。

（2）VPN。虚拟专用网（VPN）被定义为通过一个公用网络（通常是因特网）建立一个临时的、安全的链接，是一条穿过混乱的公用网络的安全、稳定的隧道。虚拟专用网是对企业内部网的扩展。虚拟专用网可以帮助远程用户、公司分支机构、商业伙伴及供应商同公司的内部网建立可信的安全链接，并保证数据的安全传输。通过将数据流转移到低成本的压网络上，一个企业的虚拟专用网解决方案将大幅度地减少用户花费在城域网和远程网络链接上的费用。同时，这将简化网络的设计和管理，加速链接新的用户和网站。另外，虚拟专用网还可以保护现有的网络投资。随着用户的商业服务不断发展，企业的虚拟专用网解决方案可以使用户将精力集中到自己的生意上，而不是网络上。虚拟专用网可用于不断增长的移动用户的全球因特网接入，以实现安全链接；可用于实现企业网站之间安全通信的虚拟专用线路，用于经济有效地链接到商业伙伴和用户的安全外联网虚拟专用网。

6.2.4 物理安全控制

物理安全控制主要是指通过物理隔离实现网络安全。

网络面临的安全威胁。大体可分为两种：一是对网络数据的威胁；二是对网络设备的威胁。这些威胁可能来源于各种因素：外部和内部人员的恶意攻击，是电子商务、政府上网工程等顺利发展的最大障碍。我国的安全官员认为：没有与网络链接，网络安全威胁便受到限制。国家保密局2000 年 1 月 1 日起颁布实施的《计算机信息系统国际联网保密管理规定》第二章保密制度第六条规定："涉及国家秘密的计算机信息系统，不得直接或间接地与国际互联网或其他公共信息网络相链接，必须实行物理隔离。"许多机构要求有效地保障机密数据，防止通过内部环境与外界敌对环境之间的物理联系而遭受网络侵袭。

课堂笔记

任务三　网上支付的基本安全协议

互联网的不断发展，极大地改变着人们的生活。特别是电子商务的迅速发展，使得人们可以足不出户便可以在家里购物。电子商务必然涉及网上的电子支付。由于网络本身的开放性及复杂性，安全问题成了电子商务发展中的首要问题，能否确保信息安全、可靠的传输，为用户在网上从事商务活动提供信任保证，成为电子商务成败的关键。

当前主要有两种在线支付协议被广泛采用，即安全套接层 SSL（Secure Sockets Layer）协议和安全电子交易 SET（Secure Electronic Transaction）协议。

6. 3. 1　SSL 协议

SSL（Secure Socket Layer 即安全套接层）协议是 Netscape Communication 公司推出在网络传输层之上提供的一种基于 RSA 和保密密钥的用于浏览器和 Web 服务器之间的安全链接技术。它是国际上最早应用于电子商务的一种由消费者和商家双方参加的信用卡/借记卡支付协议。

1. SSL 协议提供的服务

（1）认证用户和服务器，确保数据发送到正确的客户机和服务器；

（2）加密数据以防止数据中途被窃取；

（3）维护数据的完整性，确保数据在传输过程中不被改变。

课堂笔记

2. SSL 协议的工作流程

服务器认证阶段：

（1）客户端向服务器发送一个开始信息“Hello”以便开始一个新的会话链接；

（2）服务器根据客户的信息确定是否需要生成新的主密钥，如有需要则服务器在响应客户的“Hello”信息时将包含生成主密钥所需的信息；

（3）客户根据收到的服务器响应信息，产生一个主密钥，并用服务器的公开密钥加密后传给服务器；

（4）服务器恢复该主密钥，并返回给客户一个用主密钥认证的信息，以此让客户认证服务器。

用户认证阶段：在此之前，服务器已经通过了客户认证，这一阶段主要完成对客户的认证。经认证的服务器发送一个提问给客户，客户则返回（数字）签名后的提问和其公开密钥，从而向服务器提供认证。

从 SSL 协议所提供的服务及其工作流程可以看出，SSL 协议运行的基础是商家对消费者信息保密的承诺，这就有利于商家而不利于消费者。在电子商务初级阶段，由于运作电子商务的企业大多是信誉较高的大公司，因此这个问题还没有充分暴露出来。但随着电子商务的发展，各中小型公司也参与进来，这样在电子支付过程中的单一认证问题就越来越突出。虽然在 SSL3. 0 中通过数字签名和数字证书可实现浏览器和 Web 服务器双方的身份验证，但是 SSL 协议仍存在一些问题，比如，只能提供交易中客户与服务器间的双方认证，在涉及多方的电子交易中，SSL 协议并不能协调各方间的安全传输和信任关系。在这种情况下，Visa 和 MasterCard 两大信用卡公组织制定了 SET 协议，为网上信用卡支付提供了全球性的标准。

6. 3. 2　SET 协议

SET（SecureElectonicTranscation 即安全电子交易协议）是美国 Visa 和 MasterCard 两大信用卡组织等联合于 1997 年 5 月 31 日推出的用于电子商务的行业规范，其实质是一种应用在 Internet 上、以信用卡为基础的电子付款系统规范，目的是为了保证网络交易的安全。SET 妥善地解决了信用卡在电子商务交易中的交易协议、信息保密、资料完整及身份认证等问题。SET 已获得 IETF 标准的认可，是电子商务的发展方向。

1. SET 支付系统的组成

课堂笔记

SET 支付系统主要由持卡人（CardHolder）、商家（Merchant）、发卡行（IssuingBank）、收单行（AcquiringBank）、支付网关（PaymentGateway）、认证中心（CertificateAuthority）等 6 个部分组成。对应地，基于 SET 协议的网上购物系统至少包括电子钱包软件、商家软件、支付网关软件和签发证书软件。

2. SET 协议的工作流程

（1）消费者利用自己的 PC 机通过因特网选定所要购买的物品，并在计算机上输入订货单、订货单上需包括在线商店、购买物品名称及数量、交货时间及地点等相关信息。

（2）通过电子商务服务器与有关在线商店联系，在线商店做出应答，告诉消费者所填订货单的货物单价、应付款数、交货方式等信息是否准确，是否有变化。

（3）消费者选择付款方式，确认订单签发付款指令。此时 SET 开始介入。

（4）在 SET 中，消费看必须对订单和付款指令进行数字签名，同时利用双重签名技术保证商家看不到消费者的账号信息。

（5）在线商店接受订单后，向消费者所在银行请求支付认可。信息通过支付网关到收单银行，再到电子货币发行公司确认。批准交易后，返回确认信息给在线商店。

（6）在线商店发送订单确认信息给消费者。消费者端软件可记录交易日志，以备将来查询。

（7）在线商店发送货物或提供服务并通知收单银行将钱从消费者的账号转移到商店账号，或通知发卡银行请求支付。在认证操作和支付操作中间一般会有一个时间间隔。例如，在每天的下班前请求银行结一天的账。

前两步与 SET 无关，从第 3 步开始 SET 起作用，一直到第 6 步，在处理过程中通信协议、请求信息的格式、数据类型的定义等 SET 都有明确的规定。在操作的每一步，消费者、在线商店、支付网关都通过 CA（认证中心）来验证通信主体的身份，以确保通信的对方不是冒名顶替，所以，也可以简单地认为 SET 规格充分发挥了认证中心的作用，以维护在任何开放网络上的电子商务参与者所提供信息的真实性和保密性。

课堂笔记

6.3.3 SSL 协议与 SET 协议的比较

（1）在认证要求方面，早期的 SSL 并没有提供商家身份认证机制，虽然在 SSL3.0 中可以通过数字签名和数字证书可实现浏览器和 Web 服务器双方的身份验证，但仍不能实现多方认证；相比之下，SET 的安全要求较高，所有参与 SET 交易的成员（持卡人、商家、发卡行、收单行和支付网关）都必须申请数字证书进行身份识别。

（2）在安全性方面，SET 协议规范了整个商务活动的流程，从持卡人到商家，到支付网关，到认证中心以及信用卡结算中心之间的信息流走向和必须采用的加密、认证都制定了严密的标准，从而最大限度地保证了商务性、服务性、协调性和集成性。而 SSL 只对持卡人与商店端的信息交换进行加密保护，可以看作是用于传输的那部分的技术规范。从电子商务特性来看，它并不具备商务性、服务性、协调性和集成性。因此，SET 的安全性比 SSL 高。

（3）在网络层协议位置方面，SSL 是基于传输层的通用安全协议，而 SET 位于应用层，对网络上其他各层也有涉及。

（4）在应用领域方面，SSL 主要是和 Web 应用一起工作，而 SET 是为信用卡交易提供安全，因此如果电子商务应用只是通过 Web 或是电子邮件，则可以不要 SET。但如果电子商务应用是一个涉及多方交易的过程，则使用 SET 更安全、更通用些。

任务四　信息加密技术概述

信息技术的飞速发展，使人们的生活面貌发生了很大改变，同时信息技术也促进了社会的发展。互联网是一个面向大众的开放系统，对于信息的保密措施和系统的安全性考虑得并不完备，由此引起的网络安全问题也就日益严重。如何保护计算机信息的内容，也即信息内容的保密问题显得越来越重要。

6.4.1　对称加密技术

课堂笔记

对称加密（也叫私钥加密）是指加密和解密使用相同密钥的加密算法，有时又叫传统密码算法，就是加密密钥能够从解密密钥中推算出来，同时解密密钥也可以从加密密钥中推算出来。而在大多数的对称算法中，加密密钥和解密密钥是相同的，所以也称这种加密算法为秘密密钥算法或单密钥算法。它要求发送方和接收方在安全通信之前，商定一个密钥。对称算法的安全性依赖于密钥，泄漏密钥就意味着任何人都可以对他们发送或接收的消息解密，所以密钥的保密性对通信的安全性至关重要。

（1）特点。对称加密算法的特点是算法公开、计算量小、加密速度快、加密效率高。不足之处是，交易双方都使用同样钥匙，安全性得不到保证。此外，每对用户每次使用对称加密算法时，都需要使用其他人不知道的唯一钥匙，这会使得发收信双方所拥有的钥匙数量呈几何级数增长，密钥管理成为用户的负担。对称加密算法在分布式网络系统上使用较为困难，主要是因为密钥管理困难，使用成本较高。而与公开密钥加密算法比起来，对称加密算法能够提供加密和认证却缺乏了签名功能，使得使用范围有所缩小。在计算机专网系统中广泛使用的对称加密算法有 DES 和 IDEA 等。美国国家标准局倡导的 AES 即将作为新标准取代 DES。

（2）具体算法。DES 算法，3DES 算法，TDEA 算法，Blowfish 算法，RC5 算法，IDEA 算法。

（3）加密算法。基于“对称密钥”的加密算法主要有 DES、TripleDES、RC2. RC4. RC5 和 Blowfish 等。对称密钥：DESTripleDES 算法。DES 算法把 64 位的明文输入块变为数据长度为 64 位的密文输出块，其中 8 位为奇偶校验位，另外 56 位作为密码的长度。首先，DES 把输入的 64 位数据块按位重新组合，并把输出分为 L0. R0 两部分，每部分各长 32 位，并进行前后置换，最终由 L0 输出左 32 位，R0 输出右 32 位，根据这个法则经过 16 次迭代运算后，得到 L16. R16，将此作为输入，进行与初始置换相反的逆置换，即得到密文输出。DES 算法具有极高的安全性，到目前为止，除了用穷举搜索法对 DES 算法进行攻击外，还没有发现更有效的办法，而 56 位长密钥的穷举空间为 256，这意味着如果一台计算机的速度是每秒钟检测 100 万个密钥，那么它搜索完全部密钥就需要将近 2 285 年的

课堂笔记

时间。因此，DES 算法是一种很可靠的加密方法；对称密钥：RC 算法。RC4 算法的原理是“搅乱”，它包括初始化算法和伪随机子密码生成算法两大部分。在初始化的过程中，密钥的主要功能是将一个 256 字节的初始数簇进行随机搅乱，不同的数簇在经过伪随机子密码生成算法的处理后可以得到不同的子密钥序列，将得到的子密钥序列和明文进行异或运算（XOR）后，得到密文。由于 RC4 算法加密采用的是异域方式，所以，一旦子密钥序列出现了重复，密文就有可能被破解，但是目前还没有发现密钥长度达到 128 位的 RC4 有重复的可能性，所以，RC4 也是目前最安全的加密算法之一。

（4）应用模式。ECB：在最基本的加密模式（表 6-1），也就是通常理解的加密，相同的明文将永远加密成相同的密文，无初始向量，容易受到密码本重放攻击，一般情况下很少用；CBC：明文被加密前要与前面的密文进行异域运算后再加密，因此只要选择不同的初始向量，相同的密文加密后会形成不同的密文，这是目前应用最广泛的模式。CBC 加密后的密文是上下文相关的，但明文的错误不会传递到后续分组，但如果一个分组丢失，后面的分组将全部作废（同步错误）；CFB：类似于自同步序列密码，分组加密后，按 8 位分组将密文和明文进行移位异域后得到输出同时反馈回移位寄存器，优点最小可以按字节进行加解密，也可以是 n 位的，CFB 也是上下文相关的，CFB 模式下，明文的一个错误会影响后面的密文（错误扩散）；OFB：将分组密码作为同步序列密码运行，和 CFB 相似，不过 OFB 用的是前一个 n 位密文输出分组反馈回移位寄存器，OFB 没有错误扩散问题。

表 6-1　加密应用模式

加密模式（英文名称及简写）	中文名称
Electronic Code Book（ECB）	电子密码本模式
Cipher Block Chaining（CBC）	密码分组链接模式
Cipher Feedback Mode（CFB）	加密反馈模式
Output Feedback Mode（OFB）	输出反馈模式

6.4.2　公开密钥加密技术

公开密钥加密也称为非对称密钥加密。该加密算法使用两个不同的密

课堂笔记

钥：加密密钥和解密密钥。前者公开，又称公开密钥，简称公钥。后者保密，又称私有密钥，简称私钥。这两个密钥是数学相关的，用某用户加密密钥加密后所得的信息只能用该用户的解密密钥才能解密。RSA 算法（由发明者 Rivest、Shmir 和 Adleman 姓氏首字母缩写而来）是著名的公开密钥加密算法。公钥加密的另一用途是身份验证：用私钥加密的信息，可以用公钥拷贝对其解密，接收者由此可知这条信息确实来自于拥有私钥的某人。公钥的形式就是数字证书。

1. 公开密钥加密的过程

假设两个用户 A，B 进行通信，A 先发送信息给 B，然后 B 发送信息给 A。B 先产生一对密钥 k1a 和 k1b，前者用来加密，后者用来解密；B 把密钥 k1a 发送给 A（因为 k1a 只能用来加密，截获方无法通过它来解密并读取密文）；A 用密钥 k1a 加密一条信息，使之变成密文 c1；A 把密文 c1 发送给 B；B 用密钥 k1b 解密，并读取解密后的信息；A 产生一对密钥 k2a 和 k2b，前者用来加密，后者用来解密；7. A 把密钥 k2a 发送给 B；

B 用密钥 k2a 加密一条信息，使之变成密文 c2；B 把密文 c2 发送给 A；A 用密钥 k2b 解密，并读取解密后的信息；

2. 优点

与对称密钥加密相比，优点在于无须共享的通用密钥，解密的私钥不发往任何用户。即使公钥在网上被截获，如果没有与其匹配的私钥，也无法解密，所截获的公钥是没有任何用处的。

6.4.3　PKI 加密技术概述

PKI 的基本定义十分简单。所谓 PKI 就是一个用公钥概念和技术实施和提供安全服务的具有普适性的安全基础设施。PKI 是一种新的安全技术。它是由公开密钥密码技术、数字证书、证书发放机构（CA）和关于公开密钥的安全策略等基本成分共同组成的。PKI 是利用公钥技术实现电子商务安全的一种体系，是一种基础设施。网络通信、网上交易是利用它来保证安全的。从某种意义上讲，PKI 包含了安全认证系统，即安全认证系统-CA 系统是 PKI 不可缺的组成部分。PKI（Public Key Infrastructure）公钥基础设施是提供公钥加密和数字签名服务的系统或平台，目的是为了

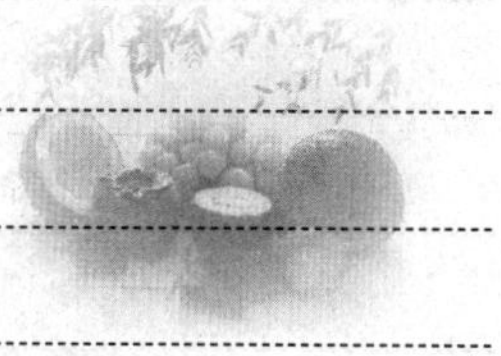

课堂笔记

管理密钥和证书。一个机构通过采用 PKI 框架管理密钥和证书可以建立一个安全的网络环境。PKI 主要包括 4 个部分：X. 509 格式的证书（X. 509V3）和证书废止列表 CRL（X. 509V2）；CA 操作协议；CA 管理协议；CA 政策制定。一个典型、完整、有效的 PKI 应用系统至少应具有以下 5 个部分。

（1）认证中心 CACA 是 PKI 的核心，CA 负责管理 PKI 结构下的所有用户（包括各种应用程序）的证书，把用户的公钥和用户的其他信息捆绑在一起，在网上验证用户的身份；CA 还要负责用户证书的黑名单登记和黑名单发布，后面有 CA 的详细描述。

（2）X. 500 目录服务器 X. 500 目录服务器用于发布用户的证书和黑名单信息，用户可通过标准的 LDAP 协议查询自己或其他人的证书和下载黑名单信息。

（3）具有高强度密码算法（SSL）的安全 WWW 服务器 Securesocketlayer（SSL）协议最初由 Netscape 企业发展，现已成为网络用来鉴别网站和网页浏览者身份，以及在浏览器使用者及网页服务器之间进行加密通信的全球化标准。

（4）Web（安全通信平台）Web 有 WebClient 端和 WebServer 端两部分，分别安装在客户端和服务器端，通过具有高强度密码算法的 SSL 协议保证客户端和服务器端数据的机密性、完整性和身份验证。

（5）自开发安全应用系统是指各行业自开发的各种具体应用系统。例如，银行、证券的应用系统等。完整的 PKI 包括认证政策的制定（包括遵循的技术标准、各 CA 之间的上下级或同级关系、安全策略、安全程度、服务对象、管理原则和框架等）、认证规则、运作制度的制定、所涉及的各方法律关系内容及技术的实现等。

任务五　数字证书及数字认证中心

为了保证网络各项业务的正常进行，提高网站的可信度，就需要有数字证书及数字认证中心。

6.5.1　数字证书

课堂笔记

数字证书是指互联网通信中标志通信各方身份信息的一串数字，提供了一种在 Internet 上验证通信实体身份的方式。数字证书不是数字身份证，而是身份认证机构盖在数字身份证上的一个章或印（或者说加在数字身份证上的一个签名）。它是由权威机构——CA 机构，又称为证书授权（CertificateAuthority）中心发行的，人们可以在网上用它来识别对方的身份。

1. 特点

安全性。为了避免传统数字证书方案中，由于使用不当造成的证书丢失等安全隐患，支付宝创造性地推出双证书解决方案：支付宝会员在申请数字证书时，将同时获得两张证书：一张用于验证支付宝账户；另一张用于验证会员当前所使用的计算机。第二张证书不能备份，会员必须为每一台计算机重新申请一张。这样即使会员的数字证书被他人非法窃取，仍可保证其账户不会受到损失。支付盾是一个类似于 U 盘的实体安全工具，它内置的微型智能卡处理器能阻挡各种的风险，让您的账户始终处于安全的环境下。目前（2015. 06）保证电子邮件安全性所使用的方式是数字证书；唯一性。支付宝数字证书根据用户身份给予相应的网络资源访问权限。申请使用数字证书后，如果在其他计算机登录支付宝账户，没有导入数字证书备份的情况下，只能查询账户，不能进行任何操作，这样就相当于您拥有了类似"钥匙"一样的数字凭证，增强账户使用安全；方便性。即时申请、即时开通、即时使用。量身定制多种途径维护数字证书。例如，通过短信，安全问题等不需要使用者掌握任何数字证书相关知识，也能轻松掌握。

2. 相关作用

基于 Internet 网的电子商务系统技术使在网上购物的顾客能够极其方便轻松地获得商家和企业的信息，但同时也增加了对某些敏感或有价值的数据被滥用的风险。买方和卖方都必须对于在因特网上进行的一切金融交易运作都是真实可靠的，并且要使顾客、商家和企业等交易各方都具有绝对的信心，因而因特网（Internet）电子商务系统必须保证具有十分可靠的安全保密技术，也就是说，必须保证网络安全的四大要素，即信息传输的

课堂笔记

保密性、数据交换的完整性、发送信息的不可否认性、交易者身份的确定性。

3. 授权机构

CA 机构，又称为证书授证（Certificate Authority）中心。作为电子商务交易中受信任的第三方，承担公钥体系中公钥的合法性检验的责任。CA 中心为每个使用公开密钥的用户发放一个数字证书，数字证书的作用是证明证书中列出的用户合法拥有证书中列出的公开密钥。CA 机构的数字签名使得攻击者不能伪造和篡改证书。它负责产生、分配并管理所有参与网上交易的个体所需的数字证书，因此是安全电子交易的核心环节。由此可见，建设证书授权（CA）中心，是开拓和规范电子商务市场必不可少的一步。为保证用户之间在网上传递信息的安全性、真实性、可靠性、完整性和不可抵赖性，不仅需要对用户的身份真实性进行验证，也需要有一个具有权威性、公正性、唯一性的机构，负责向电子商务的各个主体颁发并管理符合国内、国际安全电子交易协议标准的电子商务安全证书。

6.5.2 数字认证中心

数字认证是指为保证网上数字信息的传输安全而建立的一种信任及信任验证机制。它利用证书技术实现各类实体在网上信息交流及政务、商务活动中的身份证明。通常将提供数字认证服务的机构或实体称为数字认证中心。通常表现为 CA 中心，证书授权（Certificate Authority）中心。

1. CA 的架构

CA 认证的主要工具是 CA 中心为网上作业主体颁发的数字证书。CA 架构包括 PKI 结构、高强度抗攻击的公开加解密算法、数字签名技术、身份认证技术、运行安全管理技术、可靠的信任责任体系等。从业务流程涉及的角色看，包括认证机构、数字证书库和黑名单库、密钥托管处理系统、证书目录服务、证书审批和作废处理系统。从 CA 的层次结构来看，可以分为认证中心（根 CA）、密钥管理中心（KM）、认证下级中心（子 CA）、证书审批中心（RA 中心）、证书审批受理点（RAT）等。CA 中心一般要发布认证体系声明书，向服务的对象郑重声明 CA 的政策，保证安全的措施，服务的范围，服务的质量，承担的责任，操作流程等条款。

课堂笔记

根据 PKI 的结构，身份认证的实体需要有一对密钥，分别为私钥和公钥。其中的私钥是保密的，公钥是公开的。从原理上讲，不能从公钥推导出私钥。采用穷举法来求私钥则由于目前的技术、运算工具和时间的限制而不可能实现。每个实体的密钥总是成对出现，即一个公钥必定对应一个私钥。公钥加密的信息必须由对应的私钥才能解密，同样，私钥做出的签名，也只有配对的公钥才能解密。公钥有时用来传输对称密钥，这就是数字信封技术。密钥的管理政策是把公钥和实体绑定，由 CA 中心把实体的信息和实体的公钥制作成数字证书，证书的尾部必须有 CA 中心的数字签名。由于 CA 中心的数字签名是不可伪造的，因此实体的数字证书不可能伪造。CA 中心对实体的物理身份资格审查通过后，才对申请者颁发数字证书，将实体的身份与数字证书对应起来。由于实体都信任提供第三方服务的 CA 中心，因此，实体可以信任由 CA 中心颁发数字证书的其他实体，放心地在网上进行作业和交易。

2. 职责

CA 中心主要职责是颁发和管理数字证书。其中心任务是颁发数字证书，并履行用户身份认证的责任。CA 中心在安全责任分散、运行安全管理、系统安全、物理安全、数据库安全、人员安全、密钥管理等方面，需要十分严格的政策和规程，要有完善的安全机制。另外要有完善的安全审计、运行监控、容灾备份、事故快速反应等实施措施，对身份认证、访问控制、防病毒防攻击等方面也要有强大的工具支撑。CA 中心的证书审批业务部门则负责对证书申请者进行资格审查，并决定是否同意给该申请者发放证书，并承担因审核错误引起的、为不满足资格的证书申请者发放证书所引起的一切后果。因此，它应是能够承担这些责任的机构担任；证书操作部门（Certificate Processor，简称 CP）负责为已授权的申请者制作、发放和管理证书，并承担因操作运营错误所产生的一切后果，包括失密和为没有授权者发放证书等，它可以由审核业务部门自己担任，也可委托给第三方担任。

6.5.3　数字认证中心的安全机制

数字证书（Digital ID）含有证书持有者的有关信息，是在网络上证明证书持有者身份的数字标识，它由权威的认证中心（CA）颁发。CA 是一

课堂笔记

个专门验证交易各方身份的权威机构，它向涉及交易的实体颁发数字证书。数字证书由 CA 做了数字签名，任何第三方都无法修改证书内容。交易各方通过出示自己的数字证书来证明自己的身份。数字证书主要有客户证书、商家证书两种。客户证书用于证明电子商务活动中客户端的身份，一般安装在客户浏览器上。商家证书签发给向客户提供服务的商家，一般安装在商家的服务器中，用于向客户证明商家的合法身份。

任务六　防火墙技术概述

所谓防火墙指的是一个有软件和硬件设备组合而成、在内部网和外部网之间、专用网与公共网之间的界面上构造的保护屏障。

防火墙是一种保护计算机网络安全的技术性措施，它通过在网络边界上建立相应的网络通信监控系统来隔离内部和外部网络，以阻挡来自外部的网络入侵。

6.6.1　防火墙的含义和功能

防火墙技术，最初是针对 Internet 网络不安全因素所采取的一种保护措施。顾名思义，防火墙就是用来阻挡外部不安全因素影响的内部网络屏障，其目的就是防止外部网络用户未经授权的访问。它是一种计算机硬件和软件的结合，使 Internet 与 Internet 之间建立起一个安全网关（Security Gateway），从而保护内部网免受非法用户的侵入，防火墙主要由服务访问政策、验证工具、包过滤和应用网关 4 个部分组成，防火墙就是一个位于计算机和它所链接的网络之间的软件或硬件（其中硬件防火墙用得很少只有国防部等地才用，因为它价格昂贵）。该计算机流入流出的所有网络通信均要经过此防火墙。

6.6.2　防火墙的种类

从实现原理上分，防火墙的技术包括四大类：网络级防火墙（也叫包过滤型防火墙）、应用级网关、电路级网关和规则检查防火墙。它们之间各有所长，具体使用哪一种或是否混合使用，要看具体需要。

课堂笔记

1. 网络级防火墙

一般是基于源地址和目的地址、应用、协议及每个 IP 包的端口来做出通过与否的判断。一个路由器便是一个“传统”的网络级防火墙，大多数的路由器都能通过检查这些信息来决定是否将所收到的包转发，但它不能判断出一个 IP 包来自何方，去向何处。防火墙检查每一条规则直至发现包中的信息与某规则相符。如果没有一条规则能符合，防火墙就会使用默认规则。一般情况下，默认规则就是要求防火墙丢弃该包。其次，通过定义基于 TCP 或 UDP 数据包的端口号，防火墙能够判断是否允许建立特定的链接，如 Telnet、FTP 链接。

2. 应用级网关

应用级网关能够检查进出的数据包，通过网关复制传递数据，防止在受信任服务器和客户机与不受信任的主机间直接建立联系。应用级网关能够理解应用层上的协议，能够做复杂一些的访问控制，并做精细的注册和稽核。它针对特别的网络应用服务协议即数据过滤协议，并且能够对数据包分析并形成相关的报告。应用网关对某些易于登录和控制所有输出输入的通信的环境给予严格的控制，以防有价值的程序和数据被窃取。在实际工作中，应用网关一般由专用工作站系统来完成。但每一种协议需要相应的代理软件，使用时工作量大，效率不如网络级防火墙。应用级网关有较好的访问控制，是目前最安全的防火墙技术，但实现困难，而且有的应用级网关缺乏“透明度”。在实际使用中，用户在受信任的网络上通过防火墙访问 Internet 时，经常会发现存在延迟并且必须进行多次登录（Login）才能访问 Internet 或 Intranet。

3. 折叠电路级网关

电路级网关用来监控受信任的客户或服务器与不受信任的主机间的 TCP 握手信息，这样来决定该会话（Session）是否合法，电路级网关是在 OSI 模型中会话层上来过滤数据包，这样比包过滤防火墙要高两层。电路级网关还提供一个重要的安全功能：代理服务器（Proxy Server）。代理服务器是设置在 Internet 防火墙网关的专用应用级代码。这种代理服务准许网管员允许或拒绝特定的应用程序或一个应用的特定功能。包过滤技术和应用网关是通过特定的逻辑判断来决定是否允许特定的数据包通过。一旦

课堂笔记

判断条件满足，防火墙内部网络的结构和运行状态便"暴露"在外来用户面前，这就引入了代理服务的概念，即防火墙内外计算机系统应用层的"链接"由两个终止于代理服务的"链接"来实现，这就成功地实现了防火墙内外计算机系统的隔离。同时，代理服务还可用于实施较强的数据流监控、过滤、记录和报告等功能。代理服务技术主要是通过专用计算机硬件（如图 6-1 所示的工作站）来承担的。

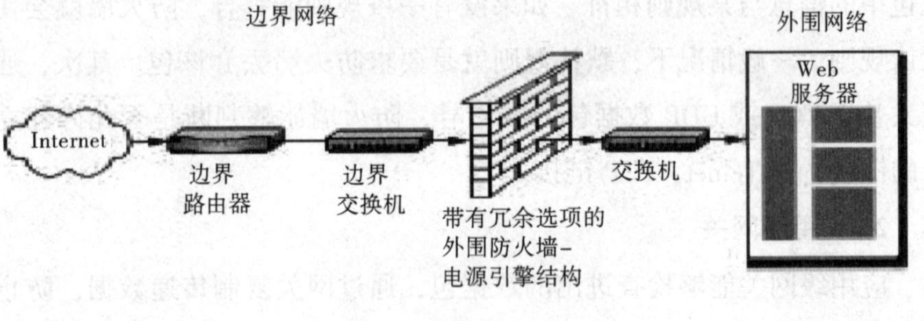

图 6-1　计算机工作站

4. 折叠规则检查防火墙

该防火墙结合了包过滤防火墙、电路级网关和应用级网关的特点。它同包过滤防火墙一样，规则检查防火墙能够在 OSI 网络层上通过 IP 地址和端口号，过滤进出的数据包。它也像电路级网关一样，能够检查 SYN 和 ACK 标记和序列数字是否逻辑有序。当然它也像应用级网关一样，可以在 OSI 应用层上检查数据包的内容，查看这些内容是否符合企业网络的安全规则。规则检查防火墙虽然集成前三者的特点，但是不同于一个应用级关的是，它并不打破客户机/服务器模式来分析应用层的数据，它允许受信任的客户机和不受信任的主机建立直接链接。规则检查防火墙不依靠与应用层有关的代理，而是依靠某种算法来识别进出的应用层数据，这些算法通过已知合法数据包的模式来比较进出数据包，这样从理论上就能比应用级代理在过滤数据包上更有效。

6.6.3　防火墙技术的发展趋势

防火墙可说是信息安全领域最成熟的产品之一，但是成熟并不意味着发展的停滞，恰恰相反，日益提高的安全需求对信息安全产品提出了越来越高的要求，防火墙也不例外。

课堂笔记

1. 模式转变

传统的防火墙通常都设置在网络的边界位置，不论是内网与外网的边界，还是内网中的不同子网的边界，以数据流进行分隔，形成安全管理区域。但这种设计的最大问题是，恶意攻击的发起不仅仅来自于外网，内网环境同样存在着很多安全隐患，而对于这种问题，边界式防火墙处理起来是比较困难的，所以现在越来越多的防火墙产品也开始体现出一种分布式结构，以分布式为体系进行设计的防火墙产品以网络节点为保护对象，可以最大限度地覆盖需要保护的对象，大大提升安全防护强度，这不仅仅是单纯的产品形式的变化，而是象征着防火墙产品防御理念的升华。

防火墙的几种基本类型可以说各有优点，所以很多厂商将这些方式结合起来，以弥补单纯一种方式带来的漏洞和不足。例如，比较简单的方式就是既针对传输层面的数据包特性进行过滤，同时也针对应用层的规则进行过滤，这种综合性的过滤设计可以充分挖掘防火墙核心功能的能力，可以说是在自身基础之上进行再发展的最有效途径之一。目前较为先进的一种过滤方式是带有状态检测功能的数据包过滤，其实这已经成为现有防火墙产品的一种主流检测模式了，可以预见，未来的防火墙检测模式将继续整合进更多的范畴，而这些范畴的配合也同时获得大幅的提高。

就目前的现状来看，防火墙的信息记录功能日益完善，通过防火墙的日志系统，可以方便地追踪过去网络中发生的事件，还可以完成与审计系统的联动，具备足够的验证能力，以保证在调查取证过程中采集的证据符合法律要求。相信这一方面的功能在未来会有很大幅度的增强，同时这也是众多安全系统中一个需要共同面对的问题。

2. 功能扩展

现在的防火墙产品已经呈现出一种集成多种功能的设计趋势，包括VPN、AAA、PKI、IPSec等附加功能，甚至防病毒、入侵检测这样的主流功能，都被集成到防火墙产品中了，很多时候我们已经无法分辨这样的产品到底是以防火墙为主，还是以某个功能为主了，即其已经逐渐向我们普遍称之为IPS（入侵防御系统）的产品转化了。有些防火墙集成了防病毒功能，这样的设计会对管理性能带来不少提升，但同时也对防火墙产品的另外两个重要因素产生了影响，即性能和自身的安全问题，所以我们的意见是应该根据具体的应用环境来做综合的权衡，毕竟这个世界暂时还不存

课堂笔记

在什么完美的解决方案。

防火墙的管理功能一直在迅猛发展，并且不断地提供一些方便好用的功能给管理员，这种趋势仍将继续，更多新颖实效的管理功能会不断地涌现出来。例如，短信功能，至少在大型环境里会成为标准配置。当防火墙的规则被变更或类似的被预先定义的管理事件发生之后，报警行为会以多种途径被发送至管理员处，包括即时的短信或移动电话拨叫功能，以确保安全响应行为在第一时间被启动，而且在将来，通过类似手机、PDA 这类移动处理设备也可以方便地对防火墙进行管理。当然，这些管理方式的扩展需要首先面对的问题还是如何保障防火墙系统自身的安全性不被破坏。

3. 性能提高

未来的防火墙产品由于在功能性上的扩展，以及应用日益丰富、流量日益复杂所提出的更多性能要求，会呈现出更强的处理性能要求，而寄希望于硬件性能的水涨船高肯定会出现瓶颈，所以诸如并行处理技术等经济实用、并且经过足够验证的性能提升手段将越来越多的应用在防火墙产品平台上；相对来说，单纯的流量过滤性能是比较容易处理的问题，而与应用层涉及越密，性能提高所需要面对的情况就会越复杂；在大型应用环境中，防火墙的规则库至少有上万条记录，而随着过滤的应用种类的提高，规则数往往会以趋近几何级数的程度上升，这是对防火墙的负荷是很大的考验。使用不同的处理器完成不同的功能可能是解决办法之一。例如，利用集成专有算法的协处理器来专门处理规则判断，在防火墙的某方面性能出现较大瓶颈时，我们可以单纯地升级某个部分的硬件来解决。这种设计有些已经应用到现有的产品中了。也许未来的防火墙产品会呈现出非常复杂的结构。当然，从某种角度来说，我们祈盼这种状况最好还是不要发生。

另外，根据经验，除了硬件因素之外，规则处理的方式及算法也会对防火墙性能造成很明显的影响。所以，在防火墙的软件部分也应该会融入更多先进的设计技术，并衍生出更多的专用平台技术，以期缓解防火墙的性能要求。

综上所述，不论从功能还是从性能来讲，防火墙产品的演进并不会放慢速度，反而产品的丰富程度和推出速度会不断地加快。这也反映了安全需求不断上升的一种趋势。而相对于产品本身某个方面的演进，更值得我们关注的还是平台体系结构的发展及安全产品标准的发布，这些变化不仅仅关系到某个环境的某个产品的应用情况，更关系到信息安全领域的安全。

课堂笔记

概念索引

信息安全　网上支付安全协议　信息加密　数字证书　CA 中心
防火墙

闯关考验

一、多选题

1. 网上电子支付的安全要素有(　　)

A. 网络安全　　B. 物理安全

C. 商务安全　　D. 系统安全

2. 信息安全技术有(　　)

A. 信息加密技术　　B. 信息认证技术

C. 通信加密技术　　D. 物理安全控制

3. 网上支付的基本安全协议有(　　)

A. SSL 协议　　B. SOL 协议

C. SET 协议　　D. SEL 协议

4. 对称加密技术具体算法有(　　)

A. DBS 算法　　B. 3DES 算法

C. TDEA 算法　　D. Blowfish 算法

5. 防火墙的种类有(　　)

A. 网络级防火墙（也叫包过滤型防火墙）

B. 应用级网关

C. 电路级网关

D. 规则检查防火墙

二、判断题

1. 数字证书也叫私有钥匙证书。　　(　　)

课堂笔记

2. 对称加密是指利用公共钥匙加密。 (　　)

3. RSA 算法被用于对称加密中。 (　　)

4. 数字签名支持的信息具有不可抵赖性。 (　　)

5. 防火墙就是用来阻挡外部不安全因素影响的内部网络屏障 (　　)

三、名词解释

1. 信息安全

2. 数字证书

3. CA 中心

4. 防火墙

四、简答题

1. 网上支付的安全管理技术策略

2. SSL 协议与 SET 协议的比较

3. 防火墙的功能

课外修炼

MBA 智库 http：//wiki. mbalib. com/wiki/

道客巴巴 http：//www. doc88. com/

百度文库 http：//wenku. baidu. com/

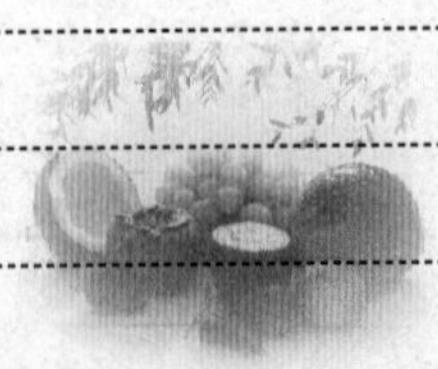

课堂笔记

教学资源库

项目六　网上支付与结算安全

【阶梯案例】

案例讨论题：2009年3月下旬银监会向各大银行下发了《关于“支付宝”业务的风险提示》。该文件中共提出五大风险，分别包括第三方支付机构信用风险、网络黑客盗用资金风险、信用卡非法套现风险、发生洗钱等犯罪行为风险及法律风险。请讨论分析这五大风险的内容及规避方法。

案例分析答案：

答：（一）第三方支付机构信用风险。

1. 网络安全风险

第三方网上支付的业务及风险控制工作均是由计算机程序和软件系统完成的，故网上支付系统的安全是第三方网上支付面临的重要风险。虽然目前网上银行和第三方网上支付平台都设计有多层安全系统，并不断开发和应用具有更高安全性的技术及方案，以保护支付平台的平稳运行，但是从总体来说，其安全系统仍然是第三方网上支付业务中最为薄弱的环节。这种风险可来自计算机内部，比如系统停机、磁盘损坏等不确定因素，也会来自网络外部的黑客攻击，以及计算机病毒破坏等因素。安全风险主要体现在3个方面：一是数据传输过程中遭到攻击，威胁用户资金安全；二是网上支付应用系统本身存在的安全设计上的缺陷可能被黑客利用，危害整个系统的安全，造成重大损失；三是计算机病毒可能突破网络防范，入侵网上支付的主机系统，造成数据丢失等严重后果。

2. 金融风险

（1）资金滥用。在第三方网上支付平台中，除支付宝等少数几个并不直接经手和管理来往资金，而是将其存在专用账户外，其他公司大多代行银行职能，可直接支配交易款项，这就可能出现不受有关部门的监管，而越权调用交易资金的风险。

（2）诈骗犯罪。由于网上交易的匿名性和隐蔽性，使第三方支付可能成为通过制造虚假交易来实现诈骗的手段。有些不法分子利用购买者对第三方支付流程以及后果的不熟悉，利用安全漏洞来骗取钱财。比如说，支付平台的网上操作中有取消支付的选项，在取消支付后，如果直接撤销刚

课堂笔记

才的取消操作来再次确认支付，顾客的钱就在未收到购买物品之前就打到了销售者的账户中，造成诈骗。

(3) 盗卡恶意支付。虽然越来越多的银行已经不再默认银行卡可直接上网，而是用户通过申请并认证的方式，才可开通网上银行，但多数情况下，用户只需要使用自己的银行卡卡号和密码，在网上提交一个申请，即可开通网上银行。如何防范盗卡者在网上恶意支付，对于第三方支付厂商来说，在缺少必要信息支持的环境下，建立这样的风险控制系统就更为艰难。

(4) 资金沉淀。第三方网上支付平台通过对交易资金的暂时保管，在交易过程中监督和约束买卖双方。在交易过程中，当买方把资金转到第三方的账户，此时第三方起到了一个对资金的保管作用，买方仍然是资金的所有权人。当买方收到商品，确认付款时，所有权转到卖家。所以，第三方作为资金的保管人，始终不具备对资金的所有权，只是保管的义务。根据目前的交易规则，支付金额可以在第三方网上支付平台上停留 3~7 天。这样，支付平台中随时都有数以千万计的资金沉淀。随着将来用户数量的增长，这个资金沉淀量将非常巨大。而对于这笔资金，第三方将可取得一笔定期存款或短期存款的利息，且利息的分配会引发新的问题。如缺乏有效资金管理，就有可能引发支付风险和道德风险。

(5)《反洗钱法》带来的洗钱风险。央行在发布的《反洗钱报告》中称，网上银行在银行业务中占据的比重上升很快，而且交易大多通过电话、计算机网络进行，银行和客户很少见面，这给银行了解客户带来了很大的难度，也成为洗钱风险的易发、高发领域。

(二) 法律风险

其一，第三方支付平台利用资金的暂时停留，在交易过程中约束和监督了买家和卖家。但是，不能忽视这样一个事实：当买方把资金划入第三方的账户，第三方就将起到了资金保管人的作用。资金的所有权并没有发生转移，买方仍然是资金的所有人，当买方和卖方达成某笔交易，买方收到商品，通过第三方向卖方付款时，此时款项的所有权应仍属于买方所有，直至款项进入卖方账户，或者买方确认接受付款后，所有权转为卖家。可以看到，第三方作为款项的保管人，始终不具备对资金的所有权，只是保管的义务。随着将来用户数量的增长，这个资金沉淀量将会非常巨

课堂笔记

大。根据结算周期不同，第三方支付公司将可以取得一笔定期存款或短期存款的利息，而利息的分配就成为一大问题。

其二，在这些第三方支付平台中，除支付宝等少数几个并不直接经手和管理来往资金，而是将其存在专用账户外，其他公司大多代行银行职能，可直接支配交易款项，这就可能出现不受有关部门的监管，而越权调用交易资金的风险。

其三，第三方支付可能成为某些人通过制造虚假交易来实现资金非法转移套现，以及洗钱等违法犯罪活动的工具。比如，据一位网友介绍，如果信用卡持卡人利用亲戚或朋友的身份证和银行卡在网上开店，然后用自己的信用卡去店里买东西，第三方也无从查证该笔交易是否真实，全凭买家和卖家在网上的确认而进行付款。因此，用这种方法完全可以实现信用卡的套现而不花任何费用。

作为一种新型的支付方式，第三方支付在法律、资金等方面存在一定的风险隐患。但是，第三方支付方式能够促进电子商务的发展是毋庸置疑的，第三方支付平台也是目前最适合我国电子商务发展的支付方式。据相关调查数据显示，66.7%的商户认为第三方支付公司能够有效地帮助他们处理交易流；另有30.1%的商户认为，与之合作省去了与多家银行谈判的麻烦。商户、银行和第三方支付公司在支付市场这个舞台上扮演着不同的角色，三方是市场的共同培育者，缺一不可。第三方支付方式应该受到社会和政府的普遍关注，政府以及相关部门应为这种新型模式的发展提供良好的经济、法律和政策环境，使整个电子商务网上支付健康、快速地发展。

（三）网络黑客盗用资金风险

（1）及时更新杀毒软件及套件。

（2）建议下载遨游淘宝浏览器。

（3）不要打开陌生人发给你的链接。

（4）购物支付时要留意不安全因素。

（5）如果经常网上支付的话建议买一个Ukey等密保工具。

（四）信用卡非法套现风险 信用卡套现的主要风险

（1）增加了信用卡套现资金的使用成本，从而增加套现者偿还银行资金违约的风险，这个风险最后是由银行来承担的。

课堂笔记

(2) 信用卡套现产生的这种虚拟的交易会影响持卡人的信用记录，造成银行对持卡人信用评估的失真。如果银行根据这些虚拟的交易调高持卡人信用等级的话，就会造成一个恶性循环，一旦提现水平超过了自身的偿付能力的话，最终银行将会承担无法偿付的后果。

(3) 恶意套现行为也造成了银行信用卡坏账率的不断上升。

(4) 恶意套现行为乃不法行为，银行明知商户进行恶意套现行为而依然向商户提供POS机，银行可能会承担一定的法律责任。

(5) 信用卡套现将为洗钱犯罪培育温床，使洗钱分子利用套现方式掩盖其疯狂的洗钱行为。

(五) 防控措施

1. 加强发卡的风险管理

(1) 总行卡中心要对申请人进行必要的征信审核；分行对于推荐的客户要及时掌握其收入水平变化、工作调动、经营场所变更等变化信息，应及时通报卡中心；发卡后分行应加强对持卡人在分行资金账户的监控，对账户有频繁大额资金进出、同一客户或同一账户向多张信用卡还款等异常情况应记录相关的账号和卡号并及时向总行卡中心报告。

(2) 应严格执行对申请人身份证件的亲核政策，确保集团办卡业务的企业情况和员工雇佣关系真实，确保提供的我行现有客户的业务信息真实；加强发卡源头的风险控制与管理，并以正确的考核激励机制来开拓信用卡市场。

(3) 分行如发现有连续购买高价物品或在限额之下多次取款的持卡人，以及其他异常消费行为时应向总行卡中心报告，卡中心应根据调查核实情况采取相应的风险防范措施

2. 严格审查特约商户的准入条件

分行和卡中心要加强对特约商户的日常监控和现场巡查，完善对特约商户和POS机具的管理措施，严格POS机具布放审查程序，完善与商户签约和与收单外包机构的签约条款，严禁将POS机具布放在个人名下，并对商户交易行为进行不定期抽查。对可疑和异常的商户交易应及时检查商户的交单质量，如有问题应及时通知纠正，以降低收单风险。

课堂笔记

3. 加强对持卡人的贷后管理和对特约商户的检查监督

（1）卡中心应对持卡人的账户行为进行监控，对持卡人不良用卡及风险隐患及时采取降额、止付和加强催收等风险控制措施，并将相关信息录入不良客户名单系统等措施净化市场。分行应积极配合卡中心在当地的催收工作；

（2）分行要加强商户监督，可以通过检查商户 POS 的布放和使用是否有异常，复核签购单上客户签名是否与持卡人姓名一致，交易金额和频次是否过于大额和集中等。

4. 加大协同打击非法套现活动的力度

（1）商业银行应与银联加强合作，共同提升商户异常交易监控和查处力度。一方面，银联和收单银行要共同做好异常交易监控；另一方面，银联要会同收单银行加强对 POS 机具的后续跟踪管理，防止出现 POS 机具被租赁等违规现象发生。

（2）完善信用卡信息共享机制。建议银监部门将违规用卡客户纳入“黑名单”范畴和个人征信系统，以个人信用度的惩处来约束违规行为。

（3）增强网上支付系统的监控能力。有关管理部门应督促“淘宝网”等第三方支付平台改进、提升网上支付系统的监控效能，加强对网上交易真实性的审查力度，特别是对频繁、大额交易的用户实施重点监控，建立与监管部门、银行的信息沟通机制，为打击“网上套现”行为承担社会责任

（六）洗钱

监管主体。目前，国内移动支付以第三方提供商、银行、运营商为主体的多种商业模式共存，由此产生了人民银行、银监会、工业和信息化部不同的监管主体，分别行使相关监管职能。从金融安全和行业监管两个角度分析，建议移动支付监管体系建立以人民银行为主，其他部门为辅的移动支付业务监管体系，由人民银行统筹负责对移动支付业务监管与管理。反洗钱的法律法规。当前反洗钱法律、规章只对金融机构和特定的非金融机构在履行反洗钱义务方面做出了规定，而对移动运营商经营金融业务则没有相关规范与制约，导致反洗钱主管部门无法依照反洗钱法律、规章对其开展相应的监督、检查与行政调查。因此，应尽快出台移动运营商经营金融业务反洗钱相关法律法规，并尽快细化完善支付服务商（比如，银

课堂笔记

行、银联等）移动支付业务的客户身份识别制度、可疑交易报告制度、客户身份资料保存制度。

【拓展实训】

理解网上支付与结算安全重要性

一、实训目标

加强学生网上支付与结算安全认识和理解，认识到加强网上支付结算安全重要性。

二、实训内容

1. 登录中国工商银行、中国人民银行、中国农业银行。

2. 了解该行的安全策略。

3. 分析安全策略的种类及有效性。

三、实训组织

1. 以每10个学生为一个小组进行调研完成此次调查工作。

2. 调查完成后，要求学生撰写实训报告，在班级内进行交流展示。

项目七　网上支付与结算的增值业务

课堂笔记

案例导入

方正证券股份有限公司（以下简称“方正证券”或“公司”）是中国首批综合类证券公司，上海证券交易所、深圳证券交易所首批会员，于2010年改制为股份有限公司，并于2011年在上海证券交易所上市（股票代码：601901）。

公司目前已设立投行、期货、直投、合资基金、另类投资、香港金控等6家子公司，并持有盛京银行股份有限公司5.17%的股权。2014年8月，公司完成对中国民族证券有限责任公司的收购，民族证券成为方正证券的第7家子公司，公司总股本扩增至82.32亿股。

通过多年积累，方正证券及其子公司取得了多项业务资格，范围涵盖：证券经纪、期货经纪、投资银行、证券自营、资产管理、研究咨询、IB业务、QFII业务、融资融券、直投业务、证券投资基金业务、场外市场业务、质押式报价回购业务、代销金融产品业务、受托管理保险资金业务、私募基金托管业务、新三板做市业务、收益凭证业务、OTC业务、私募客户资产托管业务、互联网证券业务试点及证监会核准的其他业务。

方正证券致力于为高端机构投资者及有理财、投资与增值服务需求的客户搭建全方位、多层次的金融服务体系，并凭借深厚的产品研发实力、卓越的市场服务水平及广泛的业务渠道，拥有了业内领先的综合金融服务终端。

配合公司五大业务板块、多项业务发展需要，公司设立了辐射全国的财富管理中心和电子商务平台、电话理财中心，重要渠道已覆盖国内大型投资基金、金融机构、知名企业投资者和海外大型QFII等。公司现拥有证

课堂笔记

券营业部295家，区域分公司10家，期货营业部26家，分布在全国28个省（市、自治区）的重要中心城市。

在证券行业创新发展的大背景下，公司倡导卓越领先的金融服务理念，以“通道与非通道并重、散户与机构并重、大力发展资本中介业务、内涵与外延增长并重；推进公司各项业务均衡发展，良性互动，全面发展高端与机构业务”为基本战略，致力于成为行业领先的大型综合类证券公司。

任务一　网上证券交易

电子商务的发展，为金融业提供了新的服务领域和服务方式。而金融服务的内容也在迎合电子商务的要求并提供相应的业务支持。网上金融服务包括了人们需要的各种内容，如网上消费、网上银行、网上证券交易等。随着网络技术在中国的迅猛发展及金融与信息科技行业的日趋融合，电子金融在中国将具有更为广阔的发展前景。下面以网上证券为例，介绍电子商务在金融服务领域的应用。

7.1.1　网上证券交易概述

7.1.1.1　网上证券交易概念

狭义的网上证券交易是指因特网完成证券交易全过程的一种活动；广义的网上证券交易是指投资者利用因特网的网络资源，获取国内外各证券交易所的及时报价，查找国际、国内各类与投资者相关的经济、金融信息和分析市场行情，并通过互联网进行网上委托下单，实现实时交易。

7.1.1.2　网上证券交易的特点

（1）互联网为载体，通过高速、有效的信息流动，突破了地域的限制，将身处各地的投资者有机地聚集在无形的交易市场中。

（2）网上证券交易通过国际互联网，克服了传统市场上信息不充分的缺点，有助于提高证券市场的资源配置效率。

(3) 网上证券交易可以降低证券交易的交易成本和交易风险。

7.1.2　网上证券交易的经营模式

传统证券业务由于受到营业部地理位置和投资咨询手段的限制，对客户服务主要采取以下 4 种主要模式：散户厅模式、大户室模式、工作室模式和准经纪人模式。网上证券交易模式体现在营业部的集中和分散；经营主体的资源整合。

第 1 种模式是由券商与 IT 技术商合作。如闽发证券（上海、深圳营业部）与技术商盛润公司合作，港澳信托（上海证券营业部）与证券之星合作等。这种模式是目前相当一部分券商所采用的模式，具有投入少、运行成本低、周期短的优势。采用这种模式的往往是较早尝试网上交易的券商营业部。在这种模式下，网上交易软件由技术商开发，客户只有通过该网上交易软件才能登录券商营业部的服务器进行证券交易。客户可直接从网上下载或从券商处获得该交易软件。交易指令则是指从客户的计算机通过互联网直接访问营业部的服务器。采取这种模式的主要原因在于：券商在网络技术方面明显落后。因此，券商通常借助 IT 技术企业的技术和信息的力量，以迅速进入网上交易。

第 2 种模式是由券商与财经网站合作。如国泰君安与财经网站金网一百合作。这种模式与第一种模式的区别在于，交易直接在浏览器进行，客户无须下载和安装行情分析软件或安全系统。这是一种真正意义上的网上在线交易，对用户而言更加便捷。当然，从安全的角度出发，对技术要求更高。同样，券商必须依赖于财经网站的技术力量和交易平台。这种模式，交易指令是通过财经网站再转发到达证券营业部的服务器。

第 3 种模式是券商依靠自己的力量，开设独立交易网站。如国通证券的牛网、青海证券的数码证券网等。虽然，券商在建设网站和交易系统时可能并不是完全依靠自己的技术力量，但其交易平台和品牌都为券商所拥有，并且能够在全公司范围内统筹规划、统一交易平台和品牌，避免日后重新整合的成本。因此，目前在政策已经明朗的情况下，券商要全面进入网上交易，这种模式往往是首选。不过，这需要较大的资金投入和较长的周期，日常维护网站运行的成本也较高。

国泰君安证券的经纪人模式始于 1998 年推行进程中主要存在两大问

课堂笔记

题：一是经纪人拥有一定的客户资源后难以控制；二是其营销手段单一，借鉴保险和直销营销，但证券营销在组织结构、人员素质等方面与保险、直销有很大的区别。

富友证券的保险营销模式是以成本核算来倒推，留出一定的利润空间，充分调动经纪人的创业热情。但其在实际操作中，目标发生了偏差，不是做大做强经纪业务，而是想做大市场后整体出售。因此，没有真正考虑成本因素，不顾一切地来客户抢市场。

广发证券的 e 对一模式是对公司资源整合的一个尝试，成立了一个号称“博士团”的服务队伍，主要是通过网络向客户提供一对一的服务。但是，该模式的缺点是成本太高，投入与产出难成比例。

大鹏证券的 FC 模式脱胎于美林证券的 FC 模式，在整合公司资源的基础上组建 FC 团队为客户提供服务，其后又吸收了爱德华·琼斯模式的优点，发展成为“FC+技术服务站”的新模式。这一模式要求券商有很强的资源整合能力、FC 队伍、公司品牌及技术支持，同时要有长远的战略投资眼光。

瑞银华宝的类公司模式相对而言更接近于经纪公司，其每一个经纪人后面都有一名或几名研究人员，几个经纪人组成一个小组，几个小组由一名经理管理。其成功关键在于两点：一、瑞银华宝的研究员的研究水平相当高，如揭穿欧亚农业造假骗局的张化桥就是该公司的研究员，在市场具有很大的影响力和竞争力；二、其经纪人的营销能力很强，他们甚至成功地将产品卖给了索罗斯管理的几个基金。

7.1.3 网上证券交易的业务

网上证券交易的业务与传统的交易相比，有许多不同之处。必须到证券公司开通网上交易账户，同时在计算机中安装交易软件，再接入互联网，方可进行交易。网上证券交易的业务有四大块：提供报价查询，委托，撤单，成交单据及结算。

（1）提供报价查询。通常网上报价是实时报价，投资者在看报价的同时应当确认报价时间，否则会带来投资风险。

（2）委托。委托是指网上委托，它和传统委托方式大致相同，由证券公司发出。

课堂笔记

(3) 撤单。投资者撤单时，必须确定原先发出的委托尚未执行。

(4) 成交单据及结算。委托执行后证券公司会把最新情况传送给客户，或者向客户发出电子邮件确认交易，投资者应当保留交易确认的书面或电子记录。

任务二　网上保险

保险电子商务也称网上保险，指保险公司或保险中介机构以互联网和电子商务技术为工具来支持保险经营管理活动的经济行为。目前，保险电子商务可以大致分为企业对消费者（B2C）和企业对企业（B2B）两种。其中前者是保险公司对个人投保人或被保险人的电子商务平台，而后者则是保险公司对企业客户提供的电子商务平台。

7.2.1　网上保险概述

7.2.1.1　网上保险的定义

网上保险是指保险企业或新型的网上保险中介机构以现代信息技术为基础，以互联网为主要渠道来支持保险经营管理活动的经济行为。通俗地讲，网上保险就是通过互联网进行保险咨询、险种费率查询、承保、理赔等一系列业务活动。其核心内容是保险企业建立网络化的经营管理体系，并通过互联网与客户交流信息，利用网络进行保险产品的宣传、营销和提供服务，最终目标是实现保险电子交易，即通过网络提供整个保险各个环节的服务、使整个业务流程，如保险信息咨询、保险计划书设计、投保、核保、缴费、承保、保单信息查询、续期缴费、理赔和给付等保险全过程实现网络化。

网上保险包含两层涵义。从狭义上讲，网上保险是指保险企业或新型的网上保险中介机构通过互联网开展电子商务活动，即为客户提供有关保险产品和服务的信息并实现“网上签单”，直接完成保险产品和服务的销售，由银行将保险费划入保险公司；从广义上讲，网上保险还包括保险企业利用互联网络技术进行内部管理，即利用互联网对公司员工和代理人进

课堂笔记

行培训、管理，利用互联网与公司股东、代理人、保险监督、税务、工商管理等机构之间的交易和信息交流活动。

7.2.1.2　网上保险的特点

1. 网上保险交易虚拟性

网络时代的保险机构通常表现为没有保险公司的建筑物，没有公司的地址，只有网址，他的顾客是网络用户。企业看不到他的顾客，顾客也接触不到企业，大家都是通过互联网络进行沟通，所有的交易只在网络中进行，没有面对面地接触，没有现实纸币乃至金属货币，一切金融往来都是在网络上以数字化形式进行。通过开展这类网上保险业务，保险公司只需支付低廉的网络服务费，可免去代理人、经纪人等中介环节。从而在很大程度上降低保险机构的运作成本。据美国实验表明，个人保险的网上推销方式比传统方式节约12%的成本。

2. 超越时空限制

网络没有时间的限制，一年365天，一天24小时，随时都可以在网上展业。网络上更没有地域的限制，在世界的任何角落的客户都可以登录到网站上去可咨询业务，投保。同时省去了代理人等中间环节直接开展业务，消除了传统条件下双方活动的时间、空间和规模限制，可以深入到不同年龄、不同性格的人群，接触到那些保险代理人不易联系的人群（因为许多市民对陌生访客有戒备心理，许多单位不让推销人员进入）。开展网上保险有利于克服这一障碍，实现更加灵活方便的推销。此外，中国上网人数已达上亿人，多数网络用户的个人收入是中等以上，年纪较轻，文化程度较高，崇尚快节奏高效率的生活，在传统保险方式下，虽然他们的投保意识也很强，但由于时间缺乏而又不喜欢经常被陌生人打扰，他们接触或参与保险的机会并不多。如果保险公司在网上开展保险业务，他们将很可能成为新保户。

3. 网上保险电子化

通过计算机互联网络进行的网上保险，交易双方从磋商、签订保险合同以及承保、保全变更、续期缴费、理赔和给付等保险全过程，无须当面进行，均通过计算机互联网络完成，整个交易过程电子化（电子单据、电子传递、电子货币交割等），省去了许多繁琐环节对客户的打扰，简化了

课堂笔记

整个流程。

4. 网上保险低风险性

传统的投保方式，不可避免地在中介环节上知悉或有意无意地侵犯投保人的隐私。网上保险可以排除中介环节上知悉投保人的隐私，使投保人感到安全，最大限度地满足客户的要求。同时由于网上信息的透明性，投保人可以通过互联网比较各保险公司推出的各类险种，自行计算保费，从而减少中介环节因利益驱动给投保人带来的风险。当然我们也应看到由于目前网络本身的安全性问题也给网上保险带来一定的风险，但是随着网络技术的进步和措施的完善，这一风险会逐步降低。

7.2.2　网上保险的运营模式

就目前在实际应用中，由于网上保险经营的内容与形式的不同，可以划分为以下。

7.2.2.1　网上保险信息服务模式

这类网上保险主要限于介绍保险产品，主要是进行信息咨询服务，很少提供交易。例如，北京保险网（http：//www.pa88.com/）、华泰保险网（http：//www.ehuatai.com）等。目前，多数传统保险公司以及提供保险信息的中介类财经公司多属于这种类型。有些传统保险公司的网站上也有部分险种的在线销售，但多数是起点缀作用，并不能从根本上改变其销售方式。例如，新华人寿网（http：//www.newchinalife.com）等，如图 7-1 所示。

图 7-1　北京保险网首页

课堂笔记

7.2.2.2　网上保险超市模式

这是一种“金融门户”，即新型保险中介提供的保险产品“一站式”服务方式。保险中介将有关联的所有保险公司的产品信息进行介绍，并将进行交易的用户与保险公司联系起来，从中收取较低的佣金或手续费，或者收取广告费。例如，易保网（http：//www.ebao.com/）、保网的保险超市（http：//www.ins.com.cn/）等。如图 7-2 所示。

图 7-2 易保网首页

7.2.2.3　竞价销售网上保险模式

其实质是网上保险超市，只不过是它的另一种特殊表现形式，即销售的方式是通过竞价进行的。它的表现是因为对于网上投保人而言，产品价格与产品品牌及公司的财务保障级别相比显得非常重要。典型的代表如 Ebix 公司，其经营领域涉及汽车险、寿险、医疗险等各个类型，它与一些大的保险公司如 Hartford Principal Midland 等公司达成协议，为客户提供来自保险公司、代理人和经纪人等具有竞争力的报价

7.2.2.4　网上经纪人模式

新型保险中介公司建立的供保险经纪人展业的虚拟网上保险交易平台，主要利用互联网进行多种定期产品的经纪销售。“网上经纪人”可以说是网上保险最有销售力的方法。网上经纪人与传统经纪人销售相比，主

课堂笔记

要在于能为顾客提供有吸引力的产品。实际上，这种网上推销被公认为是一种更有效、更直接的经纪人销售方法。例如，Inswed 公司（http：//www. insweb. com/）。如图 7-3 所示。

图 7-3　ININSH INSWEB 公司网站首页

7. 2. 3　我国网上保险的现状

从 1979 年 12 月恢复办理国内保险业务至今，我国大陆保险公司已经由 1 家发展到 26 家，险种由 30 多个增加到 1 000 多个。虽然我国保险业务的全面开展和发达程度远远落后于美国等一些国家或地区，但是我国的网上保险几乎和国外同时起步。1997 年 11 月 28 日，国内第 1 个面向保险市场和保险公司内部信息化管理需求的保险行业的中文专业网站中国保险信息网（http：//www. china-insurance. com）诞生，后更名为中国保险网。目前 已有中国太平洋保险公司北京分公司、中国人寿保险公司营业部、泰康保险公司和平安保险公司北京分公司在中国保险网上，通过在线投保、实时核保或延时核保的方式销售保险。据统计，共收人保费近 200 万元，用信用卡支付的占实时核保的 30% 以上。而同年 12 月，新华人寿公司在网上完成的第 1 份网上保单更是标志着我国保险业已经搭上了网络快车。2000 年 3 月 9 日，国内推出首家电子商务保险网站——“网险”（http：//www. 0risk. com）。该网站由太保北京分公司与朗络电子商务公司合作开发，真正实现了“网上投保”。“网险”目前推出了包括网上个人和团体保险两大类 30 余个险种。2000 年末，我国已有近 80 家保险网站，经营险种涵盖了人寿保险、财产保险、意外伤害保险、旅游交通保险等近 100 个险种。2000 年 8 月 16 日．中国太平洋保险公司宣布其全国性电子商

课堂笔记

务网站（http：//www. cpic. com. cn/）全线开通。它是我国保险业界第 1 个贯通全国、链接全球的保险网络系统。据介绍，中国太平洋保险公司计划在 3 年内将电子商务业务量提高到整体业务量的 10% 至 15%。2000 年 9 月 22 日，由泰康人寿保险公司独家投资建设的大型保险电子商务网站泰康在线正式全面开通。它是我国第 1 家由寿险公司投资建设的、真正实现在线投保的网站；也是国内首家通过保险类 CA 认证的网站。2001 年 9 月，泰康人寿完成了国内第 1 例网上保险理赔案。据计算机世界市场研究中心调查结果显示（2002），目前国内已有 60% 的保险公司开通了自己的网站；24% 的保险公司计划在近期内开通。在这些已经开通了网站的保险公司中，有 20. 8% 的保险公司已经实现了某些险种的网上销售；8. 3% 的保险公司正在建设中；41. 7% 的公司计划实施；只有 29. 2% 的保险公司近期没有实施网上保险的计划。

而中国社会调查事务所最近对北京、上海、广州、天津、武汉和哈尔滨等城市作的调查结果显示，中国公众对于网络车辆保险的态度是：47% 的被调查者希望尝试网上保险；而被调查者希望通过上网保险的险种主要集中在机动车辆保险（40%）、人寿保险（31%）和儿童保险（19%）。在未来，车辆保险在因特网的运用和发展前景将是最为看好的，保守估计，网络车险的总成交额将可能达到 50 亿人民币。

任务三　金融信息增值服务

7. 3. 1　客户信息与服务

“个性客户营销”时代，电子银行系统都以“为客户提供最优质量的服务”为最高宗旨。客户信息评估系统利用先进的数据仓库理论为指导，定期将各业务系统中账务型原始数据经过过滤、转换、抽取到数据中按时间序列长期保存，并按数据种类或主题划分成不同的数据集市；再将集中的数据在时间、业务种类、客户分类等几个维度上进行层次划分和数据聚合处理，建立起具有完备而准确的客户信息，为数据分析处理和报表编制服务，从而提高客户经营、管理和决策水平。

课堂笔记

系统主要包括以下内容：①业务信息系统。它通过交互式的界面为管理人员提供情报一个较为全面的管理分析办公平台，系统功能包括存款管理、贷款管理、效益管理等内容。②报表系统。按统一格式，提供各种主题的统计报表分析。③决策辅助系统决策。该子系统的内容包括：客户分类及存款效益类客户分析、贷款效益类客户分析、结算效益类客户分析和综合类客户分析；潜在客户挖掘；客户还贷能力分析；客户市场细分决策；各类客户的存款、贷款和效益的发展趋势分析等。系统旨在向中高级管理者提供银行客户管理整体的分析决策信息，为银行管理决策科学地分析市场及预测市场趋势提供准确的决策信息，从而指导银行日常工作及其计划。④贷款效益类客户的综合评价。对贷款客户综合效益的评价是客户贷款管理决策人员的重要决策依据。决策支持系统误差运用模糊数学的模糊综合评价法实现对贷款客户综合效益的评价。根据对贷款客户信息指标：客户存贷款比例、客户中长期贷款比例、客户逾期贷款率、客户呆滞贷款率、客户应收利息率等来评价客户的综合效益水平。

一方面，客户信息评估系统必须直接与前台的综合业务处理系统相连，实时地提取和更新有关客户及其交易的信息，并加以集成；同时，还要为各种业务处理系统提供客户的综合信息。因此，它又是实现业务处理一体化的重要基础。另一方面，客户信息评估系统还必须链接后台的各种管理信息系统和决策支持系统，为这些系统提供集成的、既含历史数据又能反映当前状态的客户信息，提供市场营销和客户风险管理等多种应用。

建立客户信息模型和评估模型，或者说，制定银行对客户进行管理的战略，是建立客户信息评估系统的关键。因此，客户信息评估系统是业务处理系统和管理决策信息系统这两大系统的桥梁，也是商业银行经营管理的核心。

7.3.2　信贷经营管理

首先，建立完善的信贷业务管理系统的前提是必须建立完善的客户信息评估系统，如果没有企业范围内的统一的客户信息，要实施有效的信贷风险管理也是不可能的。当前不少金融机构使用的信贷管理系统，是基于有关精力指标数据采集汇总机制建立的，数据采集主要靠手工，数据的准确性、实进性差。有这种系统进行信贷业务管理的效果就可想而知了。

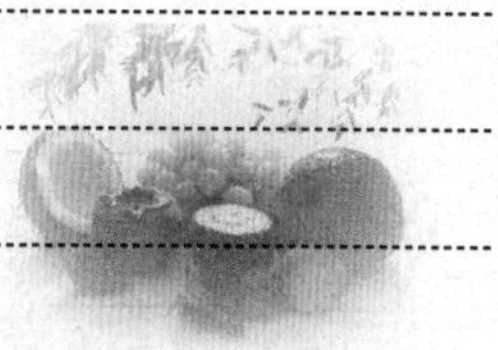

课堂笔记

其次，我国现代综合业务系统虽然运用“大客户、大会计、大集中”的原则，能处理有关信贷账务及相关业务信息，但在有效监控信贷风险动作方面，仍很难满足商业银行信贷管理日益增长的需求。而建立独立的、高质量的信贷业务管理与决策支持系统，可以在业务系统之间设置一道屏障，将风险阻挡在外。

最后，信贷业务管理系统应可以实现现代商业银行的以下需求：有效集中客户信息，选择性地保存有关历史信息，如将分散于客户信息系统、贷款系统、存款系统、结算系统、公共信息系统的客户信息有选择地进行集中，为信贷人员全面评估客户提供有用信息；及时度量信贷风险；量化绩效考核标准；增强业务部门信息管理的自主性；强化数据分析能力等内容。

值得一提的是，建立完善的信贷业务管理的决策支付系统的关键就是要建立企业信贷管理模型，才能适应业务的发展和变化。并且，该模型一般要满足以下要求。

面向客户。系统将客户科学分类，按性质分为集体客户和私人客户；按贷款及结算情况分为贷款型、存款型、结算型。并采取不同的营销对策：贷款类客户属严密监管型，资料要求高；结算型客户是紧密追踪型，优质的客户必须充分主动挖掘，甚至上门主动推销产品；存款型客户大多是行政事业单位，需要感情公关，配之以代收代付等服务，属于需求稳定型。

面向流程管理。这主要涉及信贷流程管理规范化的自动化。新的设计将以流程的思想为指导，充分利用信息技术，实现贷款申请、贷款调查、贷款审查、贷款审批、贷后追踪、贷款收回、不良贷款管理等贷款业务操作流程的“无纸化”。

面向风险管理。提供多层面的风险管理工具，做到实时监控信贷风险。主要包括两大内容：一种是在一段时间内保持不变的诸如信贷风险分类管理等静态风险控制；另一种是如风险权重管理、信贷咨询、风险预警制度、客户信贷授信额度、最高风险限额制度等的动态风险控制。

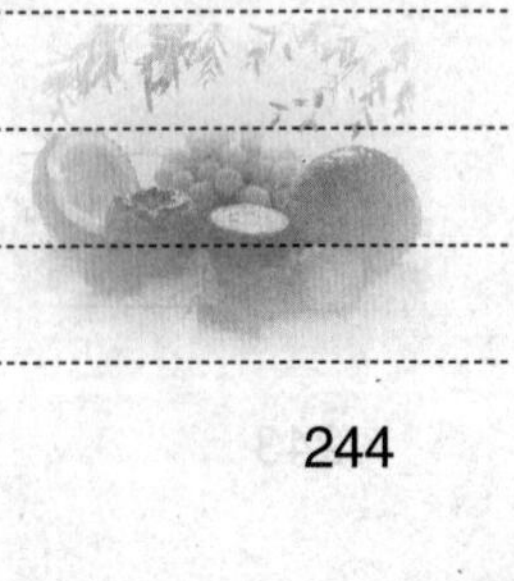

面向管理决策。主要内容包括提供各种信贷精力的组合查询；对日均存款余额和收益率数据信息的纵深分析和深层次搜集功能；利用数据挖掘工具，从大量的、不完全的、模糊的、可能有污染的随机数据中提取隐含

课堂笔记

的、潜在有用的、事先不知道的信息和知识等。

通过信贷管理模型对客户基础数据及整个流程数据进行深层分析，可以识别客户资信情况的关键指标，辨识价值客户和高贡献客户，如通过分析按揭贷款客户的区域结构、年龄结构、职业结构、性别结构、婚姻状况、收入状况及贷款金额、供款方式、贷款期限、还本付息、担保信息等等情况，可以从中挖掘地一些共性的、有价值的信息，从而有效支持决策部门进行相应信贷政策的制定，也便于营销部门有针对性地开展贷款推销活动等等。

总之，信贷业务管理系统通过对数据的统计、分析、归纳和推理，提示其间的相互关系、预测其未来的发展趋势，起到辅助实际工作问题的求解、支持决策的作用。

7.3.3　金融监控和预警

金融监控与预警系统主要包括 3 个层次：一是商业银行层面的经营管理分析监控与预警系统；二是中央银行层面的智能化金融监控和预警系统；三是国家层面的金融安全系统。

商业银行的经营管理分析与监控系统。主要是运用现代技术对前台业务处理系统产生的大量原始数据进行加工整理的过程，它一般提供以下主要功能：

（1）客户和科目的查询和分析。这里的客户，应包括存、贷款客户，特别是公司大户。科目应包括重点科目、一般科目、挂息贷款科目、呆滞和呆账贷款科目等。

（2）资金头寸的查询和分析。包括全行科目、资金调拨日报、资产负载结构、内部资金变动、同业存放款等的查询和分析。

（3）资金效益的查询和分析。包括存款结构成本、贷款结构成本、联行资金等的查询和分析。

（4）资金负载比例的管理和监控。主要根据中央银行下达的资产比例管理指标进行管理和监控。

（5）各种报表的查询和打印。

（6）采用数据挖掘与数据仓库技术，提示预测模型，为领导决策提供依据。

课堂笔记

中央银行的金融监控管能力是金融机构整体防范金融风险的关键。特别是一旦人民币可自由兑换，我国的金融业将直接面临国际金融市场的冲击，中央银行的金融监管作用就越加重要。由于我国的金融业务处理系统中去原始信息主要来源于各金融机构的各种报表。这样，源信息的及时性、精确度和完整性都偏低。此外，信息加工处理机制也有待完善。这些都影响了中央银行的金融监管能力。现在，我国正中加快中国国家金融通信网和现代化中国支付系统的建设，这个系统处理的支付活动，应能实时、完整地反映我国整体的经济和金融活动。在此基础上，应不失时机地建立相应的数据仓库上的金融预警系统和智能化的金融监控系统，还应建设好完善、高效的中央银行办公自动化系统。一旦这些系统建成，并能实现互动操作，就将组成完整的中央银行的支付体系和金融监控体系，将为有效地履行中央银行的职能提供强有力的保证。

国家级别的金融安全体系是金融监控与预警系统的最高层次，它从一国的国防安全出发，以保障本国的经济和金融体系稳定有序的进行为最高目标。这里，主要涉及的将是金融信息安全保密问题，系统要求做到：一是实时监视网络活动，保障安全管理的持续性和安全策略的动态性；二是实时监控，把握金融系统风险点，及时采取有效措施，弱化并堵塞安全漏洞；三是利用各种先进的统计分析方法，甚至用神经网络分析进行金融风险分析，提出监控报告，为安全管理人员及时制定新的安全策略提供依据。

概念索引

网上证券交易　网上保险　金融信息增值服务

闯关考验

1. 概述网上证券交易？
2. 网上证券交易的经营模式是什么？
3. 网上保险的运营模式是什么？

课堂笔记

课外修炼

MBA 智库 http：//wiki. mbalib. com/wiki/

道客巴巴 http：//www. doc88. com/

百度文库 http：//wenku. baidu. com/

课堂笔记

参考文献

[1] 纪琳．网上支付与结算．北京：机械工业出版社，2014.

[2] 张宽海．网上支付与结算．北京：电子工业出版社，2013.

[3] 蔡元萍．网上支付与结算．大连：东北财经大学出版社，2013.

[4] 于雷．刑志良．网上支付与结算（第 3 版）．南京：东南大学出版社，2014